Dieter Kremp
Schöner, bunter Jahreskreis

Dieter Kremp

Schöner bunter Jahreskreis

Schatzkästlein nützlicher Weisheiten,
Rezepte und Geschichten
von
Januar bis Dezember

Pattloch

Die Deutsche Bibliothek – CIP-Einheitsaufnahme

Kremp, Dieter:
Schöner, bunter Jahreskreis : Schatzkästlein nützlicher
Weisheiten, Rezepte und Geschichten von Januar bis Dezember
/ Dieter Kremp. – Augsburg : Pattloch, 1996
ISBN 3-629-00686-8

Pattloch Verlag, Augsburg
© Weltbild Verlag GmbH, 1996
Umschlagfoto: Bavaria/LA
Einbandgestaltung: Peter Engel, Grünwald
Satz: 11/14 p Aldus von Cicero Lasersatz, Dinkelscherben
Druck und Bindung: Bercker, Kevelaer
Printed in Germany

ISBN 3-629-00686-8

Inhalt

Inhaltsverzeichnis

April

Mai

Inhaltsverzeichnis

Juni

Juli

August

Inhaltsverzeichnis

September

Oktober

November

Inhaltsverzeichnis

Dezember

Anhang

Januar

Am janusköpfigen Beginn des Jahres

Der Januar, von unseren Vorfahren auch Hartung oder Jänner genannt, hat seinen Namen von dem altrömischen Morgengott Janus, der an der Schwelle des Jahres in Vergangenheit und Zukunft, rückwärts und vorwärts sieht. Sprichwörtlich ist der „Januskopf", dessen Augen nichts entgeht. Janus ist gleichzeitig der Gott der Zeit, der die Tage im Kalender für das kommende Jahr schon längst auf das genaueste gezählt hat. Die Römer überließen sich ganz seiner guten Vorsehung. Kelten und Germanen huldigten ehrfurchtsvoll alten Baumpatriarchen, in denen sie die Götter der Zeit vermuteten. Ein Stammquerschnitt erzählt die Lebensgeschichte eines Baumes: Die Jahresringe sind so aufschlußreich wie die Falten im Gesicht eines alten Menschen.

Bäume strahlen zu jeder Jahreszeit durch ihren ästhetischen Reiz eine besondere, eine gefühlvolle Faszination aus. Jetzt, mitten im Winter, enthüllen sie ihr Gesicht und lassen die Spuren des Alters deutlich durch ihre knorrigen Äste erkennen. Da scheint unsere Verbundenheit zum Baum besonders tief zu sein.

Mit dem Alter des Baumes wächst die Verwurzelung, wächst die Freundschaft des Menschen zu ihm. Je älter ein Baum ist, um so wertvoller und größer wird er. Je tiefer seine Wurzeln reichen, um so standhafter widersteht er Stürmen. Je dichter seine Äste sind, um so sicherer bietet er Schutz. Je stärker sein Stamm ist, um so mehr ver-

kraftet er das Anlehnen. Je höher seine Krone ist, um so einladender wirkt sein deckender Schatten.

Wir haben heute vielfach den Glauben an die Geborgenheit verloren. Wir sollten im neuen Jahr wieder mehr Zeit haben für uns selbst und für andere: Nichts ist in unserem hektischen und streßgeplagten Dasein so kostbar wie die Zeit, die leider zu schnell verrinnt, was uns erst im Alter bewußt wird. Unsere Dichter und Denker haben die „Zeit" klangvoll in Verse und Sprüche gekleidet:

„Pflück' dankbar jeden gottgeschenkten Tag,
mit Segen füll' die unschätzbare Stunde,
benutze klug die flüchtige Sekunde."

„Ein Tag kann eine Perle sein und ein Jahrhundert nichts", sagt Gottfried Keller. „Wir sind Wanderer. Ein jeder Schritt ist die Überwindung des Vergangenen, eine Eroberung des Jetzt und ein Hineinschreiten in die Zukunft" (Johann Adam). Die Sprüche des Konfuzius, von deutschen Dichtern vielfach abgewandelt, auch von Schiller, lenken uns in die gleiche Richtung:

„Dreifach ist der Schritt der Zeit:
Zögernd kommt die Zukunft hergezogen,
pfeilschnell ist das Jetzt entflogen,
ewig still steht die Vergangenheit."

Jedes neue Jahr schüttet uns – wenn wir nur fest daran glauben – eine Fülle farbenfroher Blumen und Blüten ins Leben. Der Geber ist die

Natur, vielfach geschunden und bedrängt, vernachlässigt und zerstört. Vieles sagt uns die Natur gleichermaßen mit Blumen: mit der kleinen Blüte am Wegesrand, der stolzen Rose im Garten, dem Blütenzauber von Duft und Farben an Sträuchern und Bäumen, auf Hecken und Wiesen. So wird jeder Monat und jedes Jahr zu einem Blumenstrauß, den uns die Festzeiten stecken und binden. Jeder Monat hat nicht nur in der Natur seine ihm eigene Blütenpracht, sondern auch im Kalender sein ihm eigenes Programm: Hoffnung und Erwartung im Advent, Einkehr und Vorfreude in der Fastenzeit, Jubel und Freude an Ostern und Pfingsten. Alles wird für uns zu Auftrag und Sendung, findet seinen festlichen Rahmen im Pfingstfest: die Zeit der Rosen ist gekommen.

Das Goldgelb und die Erdfarben des Herbstes laden zu Dankbarkeit und Freude ein, die in vielen Volksfesten und Erntedankfeiern mit viel Brauchtum, in Umzügen und Tradition zum Ausdruck kommen. Überall spielen Blumen, Zweige und Blätter eine Rolle; sie werden für uns zum Dolmetscher, der uns im farbenprächtigen oder kunstvoll gesteckten Bild zu einer Familie verbindet: „Nur die guten Erinnerungen gibt uns Gott auf den Weg, damit wir im Winter Blumen haben" (Alexandra von Pipal).

Das vor uns liegende Jahr möchte das alles mit Blumen sagen: mit kleinen, unscheinbaren, aber sorgfältig gesteckten. Möge der wohltuende Duft uns Freude bereiten: „Gib jedem Tag einen Tropfen Freude, dann wird das Jahr einen Becher mit Blumen bereithalten" (Aeschylos).

Auf dem Weg von vorgestern nach übermorgen lagere ich unter dem Schatten meines Lebensbaumes für einen Bruchteil meiner Zeit.

Glücksbringer für das Jahr

„Scherben bringen Glück", nicht nur dem jungen Paar am Polterabend, auch dem Haus und seinen Bewohnern am Morgen des Neujahrstages. Unsere Vorfahren glaubten, mit dem Gepolter und Geklapper zerschellender Krüge und Töpfe die bösen Geister fortscheuchen zu können. Doch müssen die Scherben aus Steingut, Ton oder Porzellan bestehen, in keinem Falle dürfen es Glasscherben sein, denn die bringen Unglück.

Glas ist das Symbol für Glück, und gerade das soll in der künftigen Ehe hell bleiben. Doch „Glück und Glas, wie leicht bricht das". Und wehe, wem gar ein Spiegel am Neujahrstag zerbricht! Der soll sieben Jahre lang „sein Glück nicht finden".

Das Glück ist blind und schon gar nicht vollkommen. „Jeder ist seines Glückes Schmied": Das Hufeisen, an der Schwelle des Jahres geschmiedet, verheißt seinem Besitzer ein Jahr lang Geborgenheit und Schutz.

Wer seinem Glück hinterherläuft, ist selbst schuld daran, wenn er am Ende des Jahres vor einem Scherbenhaufen steht. „Dem Glücklichen schlägt keine Stunde": Dieser Spruch bezieht sich auf das „Glück in der Liebe", nicht auf das „Glück im Spiel".

Das neue Jahr ist immer mit großen Hoffnungen und Erwartungen begrüßt worden. Alter Aberglaube aus vorchristlicher Zeit und frommer Glaube haben sich am Jahresanfang so durchdrungen, daß der jeweilige Ursprung oft in Vergessenheit geraten ist. So hat man das neue Jahr in Gesellschaft begrüßt, weil man sich durch die Gemeinschaft des geschlossenen Kreises vor den dämonischen Mächten sicherer gefühlt hat. Ring und Kranz sind magische Zeichen für den geschlossenen Kreis. Sie verstärken die schützende Wirkung und sind Garanten für dauerndes Glück.

Der guten Vorbedeutung wegen wünscht man sich am Neujahrstag Glück und möchte selber möglichst viele Glückwünsche bekommen. Glückszeichen gibt es viele: Marienkäfer und Glücksschwein, das vierblättrige Kleeblatt und der Lorbeerzweig, Rosmarin und Myrtenkranz, Glücksei und Hufeisen, Schornsteinfeger und Glückspfennig, Herz und Ring, Holzschuhe und Sternkreiszeichen, Sonnenrad, Efeu, Mistel, Lebensbaum und glückbringende Ammoniten.

Der Holzschuh symbolisierte lange Zeit hindurch eheliches Glück und Fruchtbarkeit. Er tauchte deshalb häufig bei den Riten der Brautwerbung auf. Heute ist der tiefere Sinn dieses Brauchs verlorengegangen. Man verwendet Holzschuhe als rustikales Schmuckelement in Neubauten und in Vorgärten. Das Rad ist seit den frühesten Zeiten

der Menschheit ein in allen Kulturen anerkanntes Sonnensymbol. Das Sonnenrad symbolisierte in der Zeit der Wintersonnenwende den Sieg des Lichts über die Mächte der Dunkelheit.

Findet man ein Hufeisen, so bringt das Glück. Schon die Römer hegten diesen Glauben. Man trug es bei sich, nagelte es über die Eingangstür, über den Kaminsims oder über das Scheunentor. Der Kult um das Hufeisen liegt wohl darin begründet, daß Eisen als Metall ursprünglich sehr kostbar war. Das Hufeisen als Glückssymbol weist aber auch auf das Hufeisen von Wotans Pferd aus der Wilden Jagd. Ebenso erinnert das Glücksschwein an den wilden Eber, das heilige Tier der germanischen Götter. Der Marienkäfer (Siebenpunkt) soll besonders Kindern Glück bringen. Er weist auf die magische Glückszahl Sieben hin. Das Herz war stets ein glückbringendes Symbol und Zeichen der Treue zu Mensch, Haus und Hof. Das Ei galt in allen Kulturen als Sinnbild für Fruchtbarkeit und Wiedergeburt.

Rosmarin und Myrte mit ihren immergrünen Blättern sind Pflanzen, die Segen und Lebenskraft verheißen. Als Hochzeitspflanzen tauchen sie schon bei den Griechen auf. Im Brautkranz verbunden, bedeuten sie ein ewiges Eheglück. Beide Pflanzen waren der Aphrodite heilig, später der germanischen Göttin Hulda. Sie sind auch Symbole der heiligen Liebe.

Storch und Schwalbe zählen überall als Symbole für Wohlergehen, Glück und Erfolg in Haus und Hof. Ihre regelmäßige Rückkehr im Frühjahr, ihre Treue zum Nest mögen der Grund für diese Vorstellung sein. Sie sind die vom Volk verehrten Tiere schlechthin. Man schützt sie und hilft ihnen, sich am oder auf dem Haus niederzulassen. Storch und Schwalbe symbolisieren die soziale Eintracht, die Dauerhaftigkeit der Beziehung des Ehepaares.

Glück sollen auch die Münzen bringen, die wir in den Brunnen werfen. Das wissen wir von den Münzen im Trevi-Brunnen von Rom, die uns wieder in die Ewige Stadt zurückkehren lassen. Auch das ursprünglich römische Amulett und der arabische Talisman werden gern in Form von Münzen als schützende Gegenstände am Körper getragen. Es ist nicht so sehr das kostbare, metallische Erz, dem nach der Vorstellung unserer Vorfahren Zauberkraft innewohnt, es ist vielmehr die Rundheit und das Glitzern des Metalls, worin die lichtspendende Sonne, die Geborgenheit und Leben verheißt, gesehen wurde.

Der Hecht im Karpfenteich

Ursprünglich sollte er nur als Lückenbüßer dienen, als Fleischersatz in Zeiten strenger mittelalterlicher Fastengebote. Doch schon bald wurde der Karpfen, den man auch „Klosterfisch" nannte, weil Mönche ihn in Teichen züchteten, zum appetitlichen Mittelpunkt des Silvesteressens.

Zur Jahreswende nahm man gerne Speisen zu sich, die – wie der Karpfen – Fruchtbarkeit und Leben symbolisierten. Auch heute noch kommt in Millionen deutscher Haushalte an diesem Festtag Karpfen auf den Tisch – am liebsten „blau", zuweilen auch gebacken.

Bei soviel Tradition entwickelte sich um den Karpfen eine Fülle von Bräuchen und abergläubischen Praktiken: Glück und Segen im neuen Jahr sollten die Schuppen des gegessenen Karpfens bringen. Deshalb streute man sie im ganzen Haus umher. Wer vom Glück in erster Linie Geldsegen erwartete, trug solche Schuppen stets bei sich.

Es hieß, daß ihm dann das Geld nie ausginge. Noch heute hofft ja so mancher Anhänger dieses harmlosen Aberglaubens, mit Hilfe der Glücksschuppe in seinem Portemonnaie einen größeren Lottogewinn machen zu können.

Neben der uralten Fruchtbarkeitssymbolik des Fisches, von der man wahrscheinlich die Hoffnung auf eine wundersame Vermehrung des Geldes ableitete, dürfte auch die an Münzen erinnernde Form der silbrig glänzenden Schuppen zur Entstehung dieser Sitte beigetragen haben.

Heutzutage sind dem großzügigen Verstreuen von Karpfenschuppen allerdings Grenzen gesetzt. Denn der im Handel hauptsächlich angebotene Spiegelkarpfen ist nahezu „nackt". Die Schuppen haben ihm findige Mönche schon vor langer Zeit „weggezüchtet". Seine kurze, hochrückige Form ist ebenfalls ein Zuchterfolg der Klosterbrüder von einst. Der Grund dafür soll eine kuriose Fastenregel gewesen sein, die angeblich vorschrieb, daß der Fisch nicht über den Tellerrand ragen dürfe.

Viel Wundersames wußte der Volksmund über andere Körperteile des Karpfens zu berichten. In Österreich heißt es noch heute, daß alles in Erfüllung geht, was man sich wünscht, wenn man die Blase des verspeisten Karpfens mit einem Knall zum Platzen bringt.

Der außerordentlich körnerreiche Rogen (Eier) dieses Speisefisches – ein zwei Kilogramm schweres Karpfenweibchen trägt bis zu fünf Millionen Eier – hat ebenfalls eine Symbolik: Zu Silvester gegessen, bringt er Glück und Geld getreu dem Spruch „so viel Körner, so viel Gold". Glück soll auch der sogenannte „Karpfenstein" bringen, ein dreieckiges Knöchelchen im Kopf des Fisches. Wer es auf seinem Teller findet, soll mit einem sehr erfolgreichen neuen Jahr rechnen können.

Daß ein solchermaßen symbolbeladenes Tier auch in der Volksmedizin seinen Stammplatz hatte, versteht sich von selbst. Getrocknete und pulverisierte Teile des Karpfens waren beliebte Heilmittel gegen alle möglichen Leiden. Besonders der geheimnisvolle „Karpfenstein" hatte es den Menschen früher angetan. Man verwendete ihn vor allem zur Behandlung von Epilepsie, Schlaganfall und Gallenkolik.

Und „Hand aufs Herz": Wenn wir heute an Silvester einen Karpfen essen, denken wir nicht daran, im neuen Jahr „der Hecht im Karpfenteich" zu sein?

Vom Hartung bis zum Wolfsmond

Der altrömische Gott Janus, der Beschützer des Hauses, öffnet im Gregorianischen Kalender die „Tür des Jahres". Mit seinem Doppelgesicht schaut Janus zugleich nach drinnen und draußen, hütet den Eingang und den Ausgang. Janus wird mit einem Schlüssel und einem Pförtnerstab als Beigaben sowie mit einem jungen und einem alten Gesicht dargestellt. Das alte Gesicht blickt zurück in die Vergangenheit, das junge in die Zukunft.

Unsere Monate tragen Namen lateinischen Ursprungs. Bis in die Mitte des 19. Jahrhunderts waren vornehmlich auf dem Land auch noch altdeutsche Monatsnamen gebräuchlich, die zum großen Teil auf Karl den Großen zurückgehen. In oberdeutschen Mundarten, namentlich in Gebirgsgegenden Österreichs, sind auch heute noch alte deutsche Monatsnamen im Gebrauch.

Jänner oder Jenner heißt der Januar. Auch Hartung wird er genannt, weil er von all seinen Brüdern die härteste Kälte mitbringt. Eis- oder Schneemond und „Tür des Jahres" waren andere volkstümliche Bezeichnungen.

Der Februar hieß früher Hornung. Dieser alte, einheimische Name hat wahrscheinlich gar nichts damit zu tun, daß sich das Vieh in diesem Monat hörnt, wie die Bezeichnung gelegentlich gedeutet wird. „Hornung" ist eigentlich ein anderes Wort für „Bastard". Im übertragenen Sinne bedeutet dies für den Februar so viel wie „der an Tagen zu kurz Gekommene", hat er doch nur 28 oder 29 Tage. Weitere Bezeichnungen beziehen sich auf das Wetter und auf weltliche und kirchliche Festtage: Taumond, Schmelzmond, Narren- und Lichtmeßmonat. Schließlich heißt der Monat in Österreich heute noch Feber.

Er war im altrömischen Kalender der letzte Monat des Jahres und galt deshalb als Sühne- und Reinigungsmonat.

Der März hat seinen Namen vom römischen Kriegsgott Mars. „Martius", der Marsmonat, eröffnete bis zur Kalenderreform das römische Jahr mit verschiedenen Opferfesten. Die alten deutschen Namen „Lenzing" oder „Lenzmond" bedeuten nichts anderes als „Frühling". Das Wort „Lenz" kommt von „lang": Die Tage werden wieder länger.

Das lateinische Wort „aperire" (= öffnen) gab dem April seinen Namen. Die Knospen öffnen sich, die Natur erblüht. Der wetterwendische, launische April trägt die altdeutschen Namen „Launing" und „Wandelmond", letztere Bezeichnung vielleicht auch deshalb, weil sich die Natur verwandelt. Der Ausdruck „Grasmond" kommt von den grünen Wiesen, die ab 1. April für die Dorfbewohner „gesperrt" waren. Ostermonat heißt er auch, weil in der Regel der Jahre im April Ostern gefeiert wird.

Der „Wonnemonat" Mai hat vermutlich seinen Namen von der griechisch-römischen Wachstumsgöttin Maja. Im „Weidemond" wurde früher das Vieh aus dem Stall auf Wiesen und Almen getrieben. Die Ungenauigkeiten in der Umgangssprache haben dann später aus diesem „Winni-" oder „Wunnimond" großzügig den bekannten „Wonnemonat" entstehen lassen. Unter diesem Namen wurde der Mai der Monat der Liebe und der Liebenden. Frommen Christen gilt der Mai als „Marienmonat" und Gärtnern als „Blumenmonat".

Juno, die römische Göttin der Jugend, gab dem Juni ihren Namen. Ihr, der Gemahlin des Göttervaters Jupiter, war er geweiht. Sie wurde nicht nur als Beschützerin der Ehe und der Hochzeit angesehen, sondern auch als Beistand während der Geburt. Der Juni heißt volkstümlich auch „Rosenmond", beginnt doch um die Monatsmitte die „Königin der Blumen" zu blühen. „Johannismond" heißt er, weil um „Johanni" (24. Juni) die Tage am längsten sind. Der altdeutsche Name aber war „Brachert" oder „Brachmond". In der alten Dreifelderwirtschaft unserer Vorfahren wurde im Juni mit der Bearbeitung des dritten, brach und ungenutzt liegenden Feldes begonnen.

Im Juli denkt der Landwirt an die Ernte. Darauf gehen die alten deutschen Namen „Heumond", „Heuet" oder „Heuert" zurück. Die volkstümlichen Bezeichnungen „Bärenmond" und „Honigmond" sind leicht zu erklären: Im Juli hielten sich der Fleiß der Bienen und der genießerische Raub der Bären wohl in etwa die Waage, jedenfalls

als es noch genug Wildbienen und Bären gab. Schließlich belegte der erste Kalenderreformator Julius Cäsar den 7. Monat mit seinem Namen.

Hinter Julius Cäsar wollte auch Kaiser Augustus nicht zurückstekken, der in „seinem Monat August" angeblich viel Glück hatte. Der August ist die herkömmliche Zeit der Getreideernte. Daraus lassen sich die alten deutschen Namen leicht ableiten: „Ernting", „Erntemond", „Ährenmond", „Sicherling" und „Sichelmond". Letztere Namen verweisen auf das frühere Abmähen des Getreides mit der Sichel.

Weil im September der Sommer scheidet, hieß der Monat früher „Scheiding". Karl der Große hieß ihn „Herbstmond" oder „Holzmond", weil man wieder zu fällen begann.

„Weinmond" hieß der Oktober wegen der Weinlese, die in ihm ihren Höhepunkt hat. Weil das Laub im Oktober gelb wird (zu gilben beginnt), trug der Monat den schönen Namen „Gilbhart". Im Oktober waren früher die Dachsjagd, so hieß der Monat bei den Jägern „Dachs-mond". Dankbare und fromme Leute bezeichneten ihn als „Kirch-weihmond", wobei sie wohl auch ein wenig an das Erntedankfest dachten.

Seine alten deutschen Namen „Nebelung", „Nebelmond" oder auch „Windmond" drücken das triste Wetter im November aus. Das Sterben und Vergehen in der Natur, nicht die kirchlichen Feste, ließen den November zum „Totenmonat" werden. In vielen Gegenden begann am 11. November die Schlachtzeit. Schlachtfeste und Spinn-abende waren eine willkommene Abwechslung in der nun beginnen-den dunklen Vorwinterzeit. So hieß der November auch „Schlacht-mond" und „Spinnmond".

In vorchristlicher Zeit nannte man den Dezember „Wolfsmond", weil er wie ein Wolf mit seinem dunklen Rachen das Licht verschlang. Auch die späteren christlichen Bezeichnungen wie Heilmond, Christ-mond, Wintermonat, Heiligmond konnten sich nicht durchsetzen. Die Bezeichnung „Julmond" geht zurück auf das Julfest der Germanen, das in der Wintermitte gefeiert wurde. „Jul" war das Sonnenrad, das als Licht beschworen wurde. Bis zur Kalenderreform von Julius Cäsar im alten Rom war er der zehnte Monat („decem" = „zehn").

Das Hohelied von Weihrauch und Myrrhe

Als sie den Stern sahen, wurden sie von sehr großer Freude erfüllt. Sie gingen und sahen das Kind und Maria, seine Mutter. Da fie-len sie nieder und huldigten ihm. Dann holten sie ihre Schätze her-vor und brachten ihm Gold, Weihrauch und Myrrhe als Gaben dar" (Mt 2,11).

So spricht die Bibel von Weihrauch und Myrrhe, den wertvollsten und beliebtesten Duftharzen, die neben anderen wohlriechenden Kräutern die kostbarsten Handelsgüter im Orient zur Zeit der Geburt des Herrn waren. Ursprünglich waren sie nur Königen vorbehalten.

So waren Weihrauch und Myrrhe jene Geschenke, die die „Drei Weisen aus dem Morgenland" dem „neugeborenen König der Juden" brachten.

Duftende Kräuter wurden in der antiken Welt täglich zur Herstellung von Parfümen, Kosmetika, Gewürzen und Medikamenten gebraucht. Schon die Phönizier brachten sie über die berühmte Gewürzroute nach Südarabien und von ostafrikanischen Häfen aus nach Ägypten und nach Israel. Karawanen transportierten die begehrte Handelsware auf langen Wüstenreisen zu ihren Bestimmungsorten. Aus den „Weisen aus dem Morgenland", von deren Reise hinter dem Stern her die Bibel erzählt, machte die Kirche die „Heiligen Drei Könige". Der weiten, beschwerlichen Reise wegen, die sie vom Morgenland nach Bethlehem führte, wurden sie auch zu den Schutzpatronen der Reisenden.

Als sie dann beim Essen saßen und aufblickten, sahen sie, daß gerade eine Karawane von Ismaelitern aus Gillad kam. Ihre Kamele waren mit Tragahant, Mastix und Ladanum beladen. Sie waren unterwegs nach Ägypten (Gen 37,25). An diese Händler von Spezereien wurde Josef nach Ägypten verkauft.

Die frühe Verwendung dieser aromatischen Pflanzen wird durch die Tatsache bestätigt, daß bei der Öffnung von Pharaonengräbern im Jahre 1884 etwa 3000 Jahre nach der Bestattung immer noch der angenehme Geruch von Weihrauch und Myrrhe wahrnehmbar war. Wahrscheinlich spielte bei der Einbalsamierung der Leichen auch die antiseptische Wirkung der wohlriechenden Kräuter eine Rolle. Der Evangelist Johannes spricht von einer Mischung aus Myrrhe, Aloe und Weihrauch zum Tränken der leinenen Tücher, in die der Leichnam Jesu eingehüllt wurde.

Eines der Sieben Weltwunder, die „Hängenden Gärten" in Babylon, war bekannt wegen seiner starken Blumendüfte. Myrrhen- und

Weihrauchsträucher mit ihren knorrigen Ästen und den ätherischen Harzen, die in Form kleiner Tropfen aus der Rinde ausgeschieden werden, waren auch Charakterpflanzen im „Paradies", im „Garten Eden", in dem Land zwischen Euphrat und Tigris, in dem „Milch und Honig flossen".

Salben aus Milch und Honig, aus Myrrhen- und Weihrauchöl wurden als kosmetische Gesichtspackungen im alten Ägypten verwandt. Auch Kleopatra hatte die Schönheit ihrer Haut den heiligen Ölen zu verdanken. Ovid, der römische Dichter der Liebe, pries in seiner „Liebespoesie über die Gesichtspflege der Frauen" die betörenden Düfte von Rosen- und Narzissenöl und die sinnerregenden aromatischen Substanzen der Myrrhe.

Das „Hohelied Salomos" beschreibt an vielen Stellen Duftstoffe der biblischen Zeit: „Ich stand auf, um zu öffnen meinem Freunde die Hand an den Griffen des Riegels. Da troffen meine Hände von Myrrhe, von flüssiger Myrrhe meine Finger." Oder es heißt: „Seine Wangen sind wie Balsambeete, in denen Weihrauch wächst. Seine Lippen sind die Lilien, die von fließender Myrrhe triefen." „Du bist gewachsen wie ein Lustgarten von Granatäpfeln mit edlen Früchten, Zypernblumen mit Narden, Lilien und Safran, Kalmus und Zimt, mit allerlei Weihrauchsträuchern, Myrrhe und Aloe, mit allen feinen Gewürzen. Ein Gartenbrunnen bist du, ein Born lebendigen Wassers, das vom Libanon fließt", preist das „Hohelied" die Liebe.

Die Juden begannen ihren Auszug aus Ägypten vielleicht um 1240 vor Christus. Für ihren Weg in das Gelobte Land brauchten sie etwa vierzig Jahre. Kurz nach ihrem Aufbruch erhielt Moses vom Herrn auch eine Anweisung zur Herstellung eines heiligen Öls und eines heiligen Räucherwerks: „Nimm dir Spezerei: Balsam, Galbanaum, Myrrhe und reinen Weihrauch, von einem soviel wie vom andern, und mache Räucherwerk daraus, gemengt nach der Kunst des Salbenbereiters, gesalzen, rein, zum heiligen Gebrauch." Dieses Räucherwerk war nur zum Gebrauch bei religiösen Zeremonien gedacht.

Die Verdunstung von ätherischen Ölen an der Oberfläche von Pflanzen wird heute als ein Abwehrmechanismus gegen die Infektion durch Bakterien und Pilze angesehen. Aromatische Pflanzen besäßen demnach eine schützende Aura aus Wohlgeruch. Kann es nicht sein, daß die Pflanzen durch den Duft, den sie verströmen, miteinander in Verbindung treten und einander in einer Weise wahrnehmen, die viel wunderbarer ist als das Mittel der menschlichen Sprache, die nur selten voller Zärtlichkeit und Duft ist – außer vielleicht bei Liebenden?

Die Sieben – Eine Zahl, die es in sich hat

Die mystische Zahl Sieben spielte in der Vorstellungswelt unserer Vorfahren eine große Rolle. Der Glaube, daß nach sieben Jahren gleiches Wetter wiederkehre, war im Mittelalter weit verbreitet. Es war aber nicht nur Aberglaube, der zu dieser Meinung führte, sondern auch die Wettererfahrung dieser Zeit: Alle sieben Jahre war ein Flohjahr, alle sieben Jahre ein Raupenjahr, alle sieben Jahre ein Käferjahr und alle sieben Jahre ein Krankenjahr.

1991 war ein „Blattlausjahr" und demzufolge gab es auch eine Massenvermehrung ihrer natürlichen Feinde, der Marienkäfer. Es mag Zufall sein, daß auch der Sommer 1984 ein „Blattlaussommer" war. Heute wissen wir, daß bestimmte Forstschädlinge zu Waldverwüstern werden, wenn es eine massenhafte Vermehrung gibt, die im Laufe mehrerer Jahre periodisch auf- und abschwillt. In Monokulturen vermehren sich die Schädlinge bei dem reichlich vorhandenen Futter und bei günstiger Witterung von Jahr zu Jahr: wahre Schädlingsheere wachsen heran. Sie fressen schließlich den Forst über viele tausend Hektar kahl. Haben die Raupen dann ihre Nahrungsquelle vernichtet, müssen sie zugrunde gehen, und die Plage hört ganz plötzlich auf.

Auch die mit jeder Massenvermehrung eines Schädlings einhergehende Zunahme seiner Vertilger trägt zum Rückgang des Übels bei. Die endgültige Vernichtung der Schädlingsmassen geschieht vielfach durch parasitische Seuchen. Dieses regelmäßige Auf- und Abschwellen von Schädlingsheeren in rhythmischen Zeitabständen wurde auch schon von unseren Vorfahren beobachtet. Oft mußte dabei die biblische Zahl Sieben herhalten, gab es doch im alten Ägypten die „sieben fetten und sieben mageren Jahre".

Die Lektüre der Landbevölkerung in früheren Jahrhunderten bestand neben der Bibel aus Kalendern, die mit allerlei Tips und Traktätchen angereichert waren. Diese Prognostiken und Bauernregeln, oft in Verse gekleidet, waren sehr beliebt. Den größten Erfolg aber hatte, bis in unsere Tage hinein, der sogenannte „Hundertjährige Kalender" von Dr. Maurizius Knauer, Abt im Kloster Langheim bei Kulmbach. Als Kind seiner Zeit in dem damaligen astrologischen Geist befangen, brachte er den jährlichen Planetenwechsel mit dem Wetterwechsel in Verbindung. Er ging davon aus, daß die sieben damals bekannten beweglichen Himmelskörper der Reihe nach die Witterung eines Jahres bestimmen würden. Es genügten ihm sieben Jahre Wetterbeobachtung (1652 bis 1659), um einen „beständigen, siebenjährigen" Kalender aufzuschreiben.

Sonne, Venus, Merkur, Mond, Saturn, Jupiter und Mars wurden als Planeten gezählt, und in genau dieser Reihenfolge sollte jeder das

Wetter eines Jahres bestimmen. Nach sieben Jahren kam stets derselbe Planet an die Reihe und sollte wieder das gleiche Wetter bringen. Ein geschäftstüchtiger thüringischer Arzt hat vierzig Jahre später den siebenjährigen Kalender des Abtes Maurzizius in einen „hundertjährigen" Kalender umgearbeitet, weil sich ein solcher besser verkaufen ließ.

Venusjahre sollen danach „feucht und warm" sein. Das stimmte für die Jahre 1983 und 1990 nur zum Teil: Beide waren sehr warm, aber trocken, wobei der Sommer 1983 einer der schönsten Sommer dieses Jahrhunderts war. In einem Merkurjahr soll es „sehr veränderlich und unbeständig, kalt und trocken" sein. Das Merkurjahr 1991 war ein extrem trockenes Jahr, kalt im Frühjahr und im Juni, aber extrem heiß im Sommer. Das Mondjahr 1985 war kühl und naß, so wie es nach dem siebenjährigen Planetenkalender sein soll: „Kalt und feucht, doch etwas wenig warm dabey." 1993 war ein Saturnjahr, was „eine kalte Natur und etwas wenig trucken" verhieß.

„Mit dem Mond muß man gut Freund sein", meinte Goethe, denn so mancher hat seine Schlafprobleme bei Vollmond, was von der Wissenschaft nicht mehr geleugnet wird. Und helle Mondnächte haben unsere Dichter und Denker inspiriert, unvergängliche Lyrik zu schreiben.

Die Anthroposophen sind übrigens davon überzeugt, daß der Mond besondere Einflüsse auf das Keimen, Wachsen und Reifen unserer Kulturpflanzen ausübt. So werden eigene Saat- und Erntekalender herausgegeben.

Die gute und die böse Sieben sind Zahlen, die es in sich haben. Die Sieben hat schon im grauen Altertum in den Geistern gespukt. In sieben Tagen schuf Gott die Welt. Sieben Erzengel umkreisen Gottes Thron. Es gibt sieben Todsünden, sieben Schmerzen und Freuden Mariens. Sieben Wochen dauert die Fastenzeit, Pfingsten liegt sieben Wochen nach Ostern. Die Kirche kennt sieben Sakramente. Den sieben Todsünden stehen sieben Werke der Barmherzigkeit gegenüber. Sieben Kreuzesworte des Erlösers werden aufgezählt, sieben Bitten des Vaterunsers.

Auch im Märchen kehrt die Sieben wieder: Die sieben Berge, die sieben Zwerge, die sieben Geißlein, die sieben Schwaben, die sieben Raben, die Siebenmeilenstiefel. Selbst in Kinderreimen findet sich die Sieben an erster Stelle: „Wer will schöne Kuchen backen, der muß haben sieben Sachen." – Oder die Frage: „Hast du deine sieben Sachen zusammen?" Wenn es am Siebenschläfertag regnet, soll es sieben Wochen lang regnen.

Rom wurde auf sieben Hügeln erbaut, am Rhein ragt das Siebengebirge auf, obwohl es weit mehr Hügel hat. Geheimnisvolles steht im Buch mit sieben Siegeln. Das Haus der göttlichen Weisheit hat sieben Säulen, ein Hauptstück religiösen Kults war der siebenarmige Leuchter.

Sieben Winde und sieben Meere kannte die Antike, die Griechen sieben Weltreiche, sieben Köpfe der Hydra und sieben Weltwunder. „Sieben kommen durch die Welt" und „sieben auf einen Streich" heißt es in Sprichwörtern, und Verliebte fühlen sich „im siebten Himmel".

Der Dreikönigstag

Dreikönigstag! Fest der Erscheinung des Herrn. Es ist das dritte Hochfest der Weihnachtszeit. Es ist auch das Dreikönigsfest, das Fest der drei Weisen aus dem Morgenland, von deren Reise hinter dem Stern her das Evangelium dieses Tages erzählt. Die drei Magier, Kaspar, Melchior und Balthasar, haben die weite Reise vom Morgenland nach Bethlehem unternommen. So wurden sie die Schutzpatrone der Reisenden. Die Wirtshäuser „Zur Krone", „Zum Stern", „Zum Mohren" oder „Zu den drei Königen" kündigen von ihrer Reise.

Im Mittelalter entwickelten sich in Kirchen und Klöstern die Dreikönigsspiele. Aus ihnen entstand später das Sternsingen, das in allen katholischen Gegenden Deutschlands und Österreichs verbreitet ist. Am Vorabend des 6. Januars ziehen die Kinder durchs Dorf, verkleidet als Kaspar, Melchior und Balthasar. Sie tragen den großen goldenen Stern am langen Stecken. Sie singen vor den Häusern ihr Sternsingerlied. Zum Lohn erhalten sie Weihnachtsgebäck, Obst und Geld. Manchmal ist mit dem Sternsingerlied auch ein kleines Spiel verbunden, das sich auf die Geschichte der Heiligen Drei Könige bezieht. Heute sammeln die Kinder oft für wohltätige Zwecke.

Die Überlieferung schreibt den Heiligen Drei Königen starke Schutzkräfte zu. Sie sollen Schicksalsschläge und alles Böse von

Mensch, Haus und Vieh abhalten. Deshalb schrieb früher der Hausvater die Anfangsbuchstaben der Namen der drei Weisen über die Tür und setzte drei Kreuze und die Jahreszahl dazu. Das kann auch anders gedeutet werden. Die drei Buchstaben CMB bedeuten für den frommen Christen: Christus mansionem benedicet, Christus möge mein Haus beschützen.

Der Dreikönigstag, an dem bis ins Mittelalter hinein das neue Jahr begonnen hat, kennt auch Orakelsprüche. An Dreikönig kann man das Wetter des beginnenden Jahres ablesen. Man legt zwölf Weizenkörner auf den Ofen; jedes symbolisiert einen Monat. Die Körner, die am weitesten fortspringen, deuten auf Monate voll Glück, Gesundheit und gute Ernte.

Frau Holle und die Schneeflocken

„Schneeflöckchen, Weißröckchen, wann kommst du geschneit …?" Auf den ersten Schnee warten die Kinder immer noch. Wenn man den seit rund 100 Jahren aufgestellten Wetterstatistiken glauben darf, liegt die Hoch-Zeit der Schneefälle in Mitteleuropa zwischen dem 6. und 8. Januar und dem 5. und 9. Februar. Letzteres bestätigt auch eine alte Bauernregel: „St. Dorothee (6. Februar) bringt meistens Schnee." Sehr oft aber schwemmt danach ein warmer Regen die ganze weiße Pracht wieder weg. Alte Bauernweisheiten besagen auch, wenn sich das regnerische Wetter bis zum Dreikönigstag hält, sei der Winter gelaufen.

Nicht das bloße Auge, erst die Vergrößerung durch die Lupe offenbart uns auf einer Entdeckungsreise ins Reich der gefrorenen Edelsteine die faszinierende Wunderwelt der Schneeflocken. Die Zartheit ihrer glitzernden Kristalle, strahlenden Prismen und Eissternchen gleich, zieht uns sanft an, nimmt uns gefangen und erzählt die Märchen unserer Kindheit: „Schneeweißchen" und „Frau Holle".

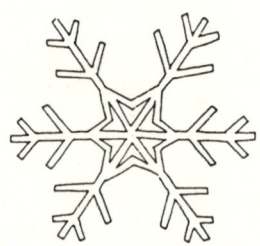

Schneeflocken sind aus zahlreichen Sternchen wundersam zusammengefügt zu einer schwingenden Symphonie in Weiß. Kein Künstler kann die vielfältigen Formen je nachvollziehen. Sie gehören zu den schönsten Kunstformen der Natur, den geheimnisvollen Blüten gleich, doch viel vergänglicher als diese und unberührbar durch die Wärme der Hand. Schon ein leichter Atemhauch läßt sie vergehen.

Immer sind sie sechsstrahlig, gezaubert nach einem gemeinsamen Grundmuster, doch keines unter Milliarden von Sternchen ist einem anderen vollkommen gleich. Jeder Schneekristall ist für sich einzigartig.

Die Stätte ihrer Geburt liegt viele Kilometer über der Erde, in sehr kalten Wolken, im „Reich der Frau Holle", der winterlichen Märchenfee der Deutschen. Um winzige Staubpartikelchen lagern sich zarte Eisschichten. Während die Körnchen im Wind auf und ab tanzen, scheidet sich immer mehr Feuchtigkeit daran ab – der Eiskristall wächst und sinkt schließlich als Schneeflocke zur Erde hinab.

Wechselnde Temperatur- und Feuchtigkeitsbedingungen führen nicht nur zu unterschiedlichen Formen, sondern auch zu unterschiedlichen Flockengrößen. Je kälter die Luft ist, um so kleiner sind die Flocken. Bei strenger Kälte fallen keine Schneeflocken, sondern feine

Eisnadeln aus heiterem Himmel zu Boden. Große, weiche, lockere Flocken kommen nur nahe null Grad vor.

Was aber hat Frau Holle mit dem Schneefall zu tun? In ihr begegnet uns die altgermanische Naturgöttin Hulda, die ursprünglich als „Erdmutter" die Kinder zur Welt bringt, diese beschützt und die verstorbene Seelen wieder in ihr Reich zurückholt.

Brunnen und Höhlen sind im Volksglauben unserer Vorfahren Eingänge in ihre Welt. Auch im Märchen kommt das fleißige Mädchen durch einen Brunnen zu Frau Holle, einer schönen, weißen Frau mit langen, goldenen Haaren. Das Mädchen schüttelt ihre Betten aus, und die weißen Flaumfedern verwandeln sich auf der Erde in flockigen Schnee.

Frau Holle war aber auch die Anführerin der Wilden Jagd Wotans, die in der Zeit des Mittwinters durch die Wolken braust, wobei durch das Lärmen und Poltern die bösen Mächte der Dunkelheit verscheucht werden. Der herabfallende Schnee ist Reinigungs- und Fruchtbarkeitssymbol, wodurch die nackte Erde vor der todbringenden Kälte geschützt wird.

Ergo bibamus!

Sie sind wieder „in" – die Stammtische in den kleinen Städten und Dörfern. Allabendlich trinkt man hier sein „Helles", spielt Skat, philosophiert im kleinen über die große Politik, über lokale Besonderheiten und bevorstehende Ereignisse.

Der Stammtisch ist wie eine Zeitungsredaktion – hier laufen laufend Meldungen ein. Er ist das „Kaffeekränzchen" der Männer – man sollte dies nur zugeben.

Der alte Stammtisch hat seine eigene Philosophie. Er ist eine der philanthropischsten Erfindungen der zivilisierten Menschheit. Böse Zungen lästern über ihn und wünschen seine „Biertischpolitik" zum Teufel.

Es gibt kaum einen von uns, der nicht gelegentlich an einem Stammtisch wenigstens mal gastweise zu finden war. Er übte eine magische Kraft auf die Dichter und Denker unseres Volkes aus. So hat Goethe den geselligen Umtrunk besungen: „Hier sind wir versammelt zu löblichem Tun, drum, Brüderchen, ergo bibamus (lat: also laßt uns trinken!)!" Oder Schiller bittet an der Tafelrunde: „Brüder, fliegt von eurem Sitze, wenn der volle Becher kreist, laßt den Schaum zum Himmel spritzen: Dieses Glas dem guten Geist!"

Sind wir froh, daß der Stammtisch als Souvenir der gutbürgerlichen alten Zeit in unserer hektischen Welt weiterlebt!

Der heilige Antonius und das Schwein

Der „wilde Eber" der Germanen wurde zu unserem Glücksschwein. Dazu trug auch der heilige Antonius bei, der auf Darstellungen seinen schützenden Mantel um die Schweine legt. Am 17. Januar feiern wir seinen Namenstag.

Der heilige Antonius ist der Patron der Ritter, Haustiere und Schweine, der Metzger, Schweinehirten und ein mächtiger Helfer gegen Viehseuchen. Er wird besonders in den Alpenländern, in Frankreich und Italien verehrt. Die gefürchtete Schweinepest war bei unseren Vorfahren als „Antonius-Seuche" bekannt und konnte nur geheilt werden, wenn der greise Mönchsvater sein „Antoniuskreuz", das er als Krücke trug, über den Kopf des Schweines hielt.

Doch würde sich der Patron der Hausschweine im Grabe umdrehen, würde er erfahren, daß es heute keine „glücklichen Schweine" mehr gibt. Von allen Haustieren erleidet das Mastvieh Schwein die größten Qualen in den fleischverarbeitenden Betrieben. Die gentechnische Manipulation am Hausschwein führte zu schnellwachsenden Monstern ohne Ringelschwanz, Borsten, Ohren, Schnauze und Augen. „Glücksschweine" gibt es nicht mehr: Wer soll da noch „Schwein haben"? Und wenn jetzt gar der „EG-Eber" den Deutschen aufgetischt wird, riecht das Fleisch nicht mehr nach „Schwein", sondern nach „Pissoir".

Antonius begründete um 320 n. Chr. die bis dahin unbekannte Lebensform der Einsiedlergemeinde, aus der dann später die erste Mönchsgemeinde wurde. Antonius hat auch die „Angelica", das Mönchsgewand, eingeführt. Der greise Mönchsvater starb im Alter von 105 Jahren und erhielt nach seinem Tode den Beinamen „der Große".

Ein französischer Adeliger, dessen Sohn durch Reliquien des Antonius von einer Seuche geheilt wurde, gründete 1095 den Antoniterorden. Albert von Bayern stiftete 1382 den Antonius-Ritter-Orden, woraufhin der heilige Antonius zum Patron und Vorbild des Ritterstandes wurde. Viele Burgen und Kapellen wurden ihm geweiht.

Eine hübsche Geschichte gibt es auch zum sogenannten „Antonius-Schwein". Die Antoniter durften für die Krankenpflege ihre Schweine frei weiden lassen. Als Kennzeichen trugen sie ein Glöckchen, so daß kein Tier im Eichenwald verlorenging. Immer am 17. Januar wurde ein Schwein geschlachtet, sein Fleisch nach der Segnung an die Armen verschenkt.

Das Thema „Schweinezucht" war früher im ländlichen Bereich in den Dorfschulen Unterrichtsstoff. Noch früher wurden die Schweine ausschließlich mit gekochten Kartoffeln gemästet. Das waren die „Saugrumbeere", die bei der Kartoffelernte als kleine und zerhackte Kartoffeln in besondere Körbe kamen. „In die Mast treiben" war eine andere Methode, die Schweine zu mästen. Dafür standen auf dem Dorf die Schweinehirten zur Verfügung. Diese trieben die Schweine in die Eichenwälder. Der Speck von in der Eichelmast fett gewordenen

Schweinen soll sehr fest und schmackhaft gewesen sein. Der Beruf des Schweinehirten war geachtet.

Ein „Glücksschwein", gerne als „Sparschweinchen" aufgestellt, erinnert an den wilden Eber, das Opfertier der Germanen. Durch seine Opferung sollten die Götter milder gestimmt werden. Vielleicht bedeutete es aber auch ein besonderes Jagdglück, ein derart wildes Ungetüm zu erbeuten. Auch im Hochzeitsessen spielte das Schwein früher auf dem Lande eine besondere Rolle. Es war gewissermaßen das Opfer, das man bei der Hochzeit brachte. Deshalb eröffnete ein Schweinskopf, ursprünglich mit einem Rosmarinstengel im Maul, später mit einer Zitrone oder Rose, das Hochzeitsessen. Dieses erste Gericht wurde feierlich von einer Jungfrau aufgetragen. In anderen deutschen Gegenden tischte man als erstes Hochzeitsessen ein gebratenes Spanferkel auf, das eine Blume, einen Zweig Rosmarin oder auch Immergrün unter dem Ringelschwänzchen trug. Das Schwänzchen war für die Braut reserviert, war es doch ein Symbol der Fruchtbarkeit.

Februar

Der Hornung,
der „Bastard" unter den Monaten

Februar! Taumond oder Schmelzmond nannten ihn unsere Vorfahren. Ob es wirklich der letzte Wintermonat ist? Ab und zu hört man schon die Meisen, die ihre Stimmen für den erwarteten Frühling üben. Noch ist Kälte die dominierende Kraft in der Natur: An einigen Tagen tragen die Zweige der Bäume und Sträucher, ja auch die Drähte der Zäune, dicke Eismäntel. Schwer hängen Birkenäste dem Boden entgegen – der leichte Wind bewegt die zarten kalten Äste mächtig-gemächlich, jeden Moment denkt man ans Abbrechen – aber die Birke weicht aus, federt zurück, ist geübt und auserwählt, derartigen Belastungen zu widerstehen. Und unter dem Eis wissen wir die kleinen grünen Blätter, die sich bald, hoffentlich bald entfalten.

Der Februar hat vier verschiedene Gesichter. Es ist ein Monat zwischen den Jahreszeiten, zwischen Winter und Frühjahr, ein Monat der Wende von der Dunkelheit zum Licht, die Scheidung von Nacht und Kälte, die Hinwendung und Erwartung der Wärme in der Freude auf den Vorfrühling. Der Februar ist der kürzeste Monat, kann der kälteste sein, ebensogut aber auch frühsommerlich warme und lichte Tage bringen. Bis ins 16. Jahrhundert hieß der Februar „Hornung". Dieser alte deutsche Name hat wahrscheinlich nichts damit zu tun, daß sich in diesem Monat das Vieh „hörnt", wie das Wort gelegentlich gedeutet wird. Eher hängt der Ausdruck mit den wenigen Tagen zusammen, die der „Lichtmeßmonat" im Vergleich zu den anderen Monaten besitzt: „Hornung" ist eigentlich ein anderes Wort für „Bastard". Im übertragenen Sinne bedeutet das für den Februar so viel wie „der an Tagen zu kurz Gekommene".

In allen Jahren, die ohne Rest durch die Zahl vier teilbar sind, taucht der 29. Februar als Schalttag im Kalender auf. Wer an diesem Tag geboren ist, kann sich scherzhaft als Zehnjähriger ausgeben, wenn er eben vierzig Jahre alt wird. Schließlich feiert er seinen wirklichen Geburtstag nur alle vier Jahre. Behörden und Standesämter stören jedoch diesen privaten Jungbrunnen. Und so wird eben amtlicherseits keineswegs akzeptiert, daß ein achtzigjähriges Geburtstagskind sich noch als zwanzigjährig ausgibt.

Mit dem Februar verbunden ist die Freude am Trubel, an der Heiterkeit und Ausgelassenheit, ja am Mummenschanz, mit denen früher die dämonischen Mächte der Dunkelheit vertrieben wurden. Damit soll sowohl der Gedanke der Unsterblichkeit, respektive der Wiedergeburt, ausgedrückt werden, wie auch die Idee, daß das Materiell-Körperliche und das Geistig-Seelische zwar miteinander verbunden sind, daß dieser Zusammenhang aber nur lose ist.

Schließlich ist der Februar auch der Monat der Blumen, die Sinnbilder der Wertschätzung und der Bewunderung für einen lieben Menschen sind. So deuteten einst Nelken auf Anhänglichkeit, Tulpen verkörperten die innere lautere Schönheit und waren Sinnbilder der Verehrung, Wertschätzung und der grenzenlosen Bewunderung, Rosen waren immer Zeichen der Liebe und der Dankbarkeit. Strohblumen deuteten auf Unwandelbarkeit, Efeu auf eheliche Treue und Einigkeit, Flieder auf bevorstehende Hochzeit, Narzissen und Kaiserkronen auf glühende Sehnsucht, Veilchen auf Sittsamkeit und Bescheidenheit und Vergißmeinnicht auf unerfüllte Liebe und brennenden Liebesschmerz.

Die Japaner, in besonderer Weise Verehrer der Blüten und des Blumensteckens kundig, haben in ihrem Ikebana den höchsten Ausdruck der Sinndeutung der Blumen und Pflanzen gefunden.

„Keine Rose, keine Nelke kann blühen so schön, als wenn zwei verliebte Herzen beieinander tun stehn", heißt es in einem unserer schönsten Volkslieder. Und Heinrich Heine betet seine Geliebte an: „Du bist wie eine Blume, so schön, so hold, so rein. Ich schau dich an, und Sehnsucht steigt mir ins Herz hinein." Die „Blaue Blume" der deutschen Romantik hat nie jemand gefunden. Es ist die Sehnsucht, die nie gestillt wird.

Ein Strauß voll Blüten ist immer ein Kompliment. Komplimente öffnen Herzen, wenn sie dem richtigen Menschen zur rechten Zeit zu Füßen gelegt werden: Rosen auf den Weg gestreut! Komplimente werden nicht nur an Worten gemessen, Blumen nicht nur an Farbe und Schönheit. Komplimente und Blumen sind immer Geschenke, wenn sie von Herzen kommen und zu Herzen gehen. Es kann auch „von Apfelblüten ein Zweig" oder ein Kranz sein, dazu ein Blick, ein Händedruck. Herz und Blumen sind Symbole des Valentinstages, der seit dem späten Mittelalter das eigentliche Fest der Jugend und der Liebe ist. Der Ursprung ist nicht ganz geklärt: Vermutlich geht die Sitte auf ein altes römisches Fest zurück, bei dem die jungen Männer ein Los mit dem Namen des Mädchens zogen, mit dem sie ein Frühlingsfest feierten.

„Durch die Blume sprechen" sollte man nicht am Valentinstag, wohl aber „Blumen sprechen lassen", und nicht nur an diesem Tag, sondern an allen Tagen, an denen wir das Bedürfnis haben, einem lieben Menschen unsere Dankbarkeit zu beweisen. Valentinstag kann alle Tage sein.

Die Tage werden wieder länger

Die Tage werden wieder sichtbar länger. Das Licht verklärt die Natur und erlöst sie langsam aus ihrem Winterschlaf. Auch die Gärten „spitzen langsam wieder ihre Ohren", so wie es ein alter Bauernspruch sagt: „Mit Fabian und Sebastian (20. Februar) fängt der Saft zu steigen an."

Ein Tag mit Tauwetter oder warmem Föhn läßt die Vögel pfeifen und zwitschern, das Wasser glucksend versickern: Jetzt heißt es hinausgehen! Ein erster Spaziergang durch den Park oder den Garten sollte ganz einfach dem Schauen dienen: Man muß die Augen nur ein wenig offenhalten, um an allen Ecken und Enden etwas zu entdecken, das schon eine deutliche Vorahnung von der kommenden Pracht des Frühlings vermittelt.

Krokusse! Kaum eine andere Blume verspricht uns manchmal schon Anfang Februar so charmant, daß der Lenz vor der Tür steht. Die da so mutig bunte Farbkleckse in den spätwinterlichen Garten malen, sind keine großblumigen Gartensorten, sondern „botanische" oder „Wildkrokusse": „Ein Krokus kommt selten allein!" Die lustigen, blauen, weißen oder gestreiften Krokusse lassen fast vergessen, daß die Blütenkelche ihrer Vorfahren einst nur in leuchtend gelber Farbe prangten: „Safran macht den Kuchen gel" heißt es in einem alten Kinderlied. Als der gelbe Krokus noch „Safran" hieß, waren 100 000 Krokusblüten nötig, um daraus ein Kilogramm Safran zu gewinnen.

Der Haselstrauch entfaltet jetzt seine festen Walzen zu lockeren, gelblichen, bepuderten „Würstchen", die im Wind stäuben. Die gelben Blütenbüschel der Kornelkirsche oder der Zaubernuß (Hamamelis) wirken auf den sonst kahlen Ästen richtig herausfordernd: Winter ade! Überhaupt scheint Gelb die Farbe zu sein, die den Frühling aus seinem winterlichen Versteck hervorlockt.

Denn Gelb heißt Licht! Mit diesem Monat zwischen Tod und Leben verknüpft sich der Gedanke und das Wissen um die Wiederkehr des Lichtes. Und unsere Ahnen nannten den Februar auch „Lichtmond".

Ja, unsere Vorfahren richteten sich nach den Grundgesetzen des Lebens. Werden diese Grundgesetze mißachtet, so rächt sich dies stets nach dem Gesetz von Säen und Ernten, wie Feuchtwanger es beschreibt: „Die Natur treibt ein unbarmherziges Gericht, langsam, aber unerbittlich. Und mancher Enkel fragt sich verzweifelt nach der Ursache seiner Leiden, die Generationen vor ihm hervorgerufen haben." Wenn wir krank werden, so hilft nur die Plage des neuen Säens und Kultivierens, nicht das radikale und primitive Unterpflügen dessen, was vorhanden ist, denn der Zweck heiligt nicht die Mittel;

niemals! Es gibt kein Säen durch das Schwert.

Jesus wird das Wort zugeschrieben: „Nicht das, was in euren Mund hineingeht, wird Euch krank machen, sondern das, was aus ihm herauskommt." Dies legt jedem von uns eine ungeheure Verantwortung auf die Schultern. Aber wir werfen sie zu jeder Stunde mit einem Achselzucken ab, weil wir die Mühen scheuen, die mit der Verantwortung verknüpft sind.

Es gibt eine Stelle in uns, welche die Verknüpfung mit allem Existierenden besonders fühlt. Sie ist das Bindeglied, das „Bindegewebe, welches uns an die Schöpfung, an die Gedanken und die Ethik der Schöpfung anknüpft." Das Herz ist hier gemeint; nicht das transplantierbare Spenderorgan, sondern das emotionale. Und um dieses herum legen wir zumeist eine Mauer, die verhindern soll, daß es mit anderen „Herzen" mitbebt, weil wir uns sonst gründlich ändern müßten und die Verantwortung für das, „was aus unserem Mund herauskommt", doch auf unsere Schultern legen müßten! Lassen wir in uns das Herz auftauen, wie die Sonne den Schnee im „Taumond" Februar!

So verstehen wir eins der schönsten aber rätselhaftesten Worte Friedrich Rückerts:

„Wie von der Sonne geh'n die Strahlen erdenwärts,
so geht von Gott ein Strahl in jedes Dinges Herz.
An diesem Strahle hängt das Ding mit Gott zusammen,
und jedes fühlt sich dadurch von Gott entstammen.
Von Ding zu Dinge geht seitwärts kein solcher Strahl,
nur viel verworr'nes Streiflicht allzumal.
An diesen Lichtern kannst du nie das Ding erkennen;
die dunkle Scheidewand wird stets von ihm dich trennen.
An deinem Strahl vielmehr mußt du zu Gott aufsteigen
und in das Ding hinab an seinem Strahl dich neigen.

Dann siehest du das Ding, nicht wie es scheint,
wenn du es siehest mit dir selbst in Gott vereint."

So rätselhaft soll der Februar für uns nicht werden, sondern vom Licht verklärt, das die winterliche Dunkelheit durchbrochen hat, erhellt von den noch milden Strahlen einer jungen Sonne.

Lichtmeß, das Spinnen vergeß!

Das Wort „blaumachen" kennt jeder. Wer aber weiß, daß der Begriff auf den „licht-blauen Montag" unserer Vorfahren zurückgeht? Mit Maria Lichtmeß (2. Februar) hörte für das Handwerk die Arbeit bei künstlichem Licht wieder auf, die am Montag nach Michaelis (29. September) begonnen hatte. Am Lichtmeß-Nachmittag gaben die Meister ihren Gesellen oft frei.

Man war froh, daß die Tage wieder merklich länger wurden: „An Fabian und Sebastian (20. Februar) fängt der Tag zu wachsen an." „Der Tag nimmt zu an Sebastian eine Stund, an Lichtmeß merkt man erst drum."

Warum merkte man es an Lichtmeß? „An Lichtmeß, die Supp' beim Tag eß!" Das war aber nur möglich, wenn die Suppe um fünf Uhr nachmittags gegessen wurde. Tatsächlich ist heute noch bei Bauern im Alpenraum eine Vesper um diese Zeit üblich.

Am Lichtmeßtag ist der Winter schon fast vergessen. Überall zeigen sich schon die ersten Vorboten des Frühlings. Die Spinnstube, in der sich die Mädchen und Burschen die Winterabende vertrieben hatten, wurde geschlossen: „Lichtmeß, das Spinnen vergeß! Das Rad hinter die Tür, das Rebmesser herfür!" Die gemeinsame Arbeit in den „Lichtstuben" war zu Ende, die erste Arbeit mit der Hacke oder an den Rebstöcken begann.

„Spinnen am Abend, erquickend und labend, spinnen am Morgen, Kummer und Sorgen." Was Mißverständnis und Mißdeutung aus einem alten Bauernspruch machen können, das zeigt die Rede von der „Spinne". Die Spinne kann gar nichts dafür, daß man ihr solche Sachen nachsagt. Dieser alte Spruch bedeutet, daß die Armen ihr Geld mit Spinnen verdienen mußten, also schon morgens am Spinnrad saßen und oft Sorgen um das tägliche Brot hatten. Im Gegensatz zu den Armen konnten die Wohlhabenden das Spinnen auf den gemütlichen Abend legen. Nicht recht ersichtlich ist, warum dieser Spruch heute auf jene Tiere angewandt wird, die zu jeder Tageszeit Netze auslegen, um darin ihre Beute zu fangen.

Ein besonders schlauer Kalendermann fügte dieser verfälschten Regel noch einen Reim hinzu: „Spinnen am Mittag – Freude am dritten Tag." Und so ging die Mär von der zukunftsverheißenden Spinne um die Welt.

An Lichtmeß trieb der Aberglaube Blüten. In Baden zog der Bauer oder sein Sohn eine Kette dreimal ums Haus; das galt als todsicheres Mittel zur Vertreibung von Schlangen und Mäusen. Und wenn man in Hessen Hirsebrei und eine überlange Bratwurst aß, so sollte der Flachs im Sommer recht lang ausfallen.

In der Lichtmeßwoche hatten Bäuerin und Bauer alle Hände voll zu tun: „Um Lichtmeß kalbt die Kuh, dann legt das Huhn, dann zickelt die Geiß, dann macht der Bauer am allermeist."

Vom Wetter am 2. Februar schlossen unsere Vorfahren auf die Zukunft: „Wenn's an Lichtmeß stürmt und schneit, ist der Frühling nicht mehr weit. Ist es aber klar und hell, kommt der Lenz wohl nicht so schnell. Gibt es an Lichtmeß Sonnenschein, wird es ein spätes Frühjahr sein. Sonnt sich der Dachs in der Lichtmeßwoche, geht

er auf vier Wochen wieder zu Loche. Wenn der Nebel zu Lichtmeß fällt, wird es gewöhnlich noch sehr lange kalt."

Obwohl St. Dorothee (6. Februar) Schutzpatronin der Gärtner ist, haben wetterkundige Bauern keine gute Meinung von ihr: „St. Dorothee bringt meistens

Schnee." Und wenn man den seit rund 100 Jahren aufgestellten Wetterstatistiken glauben darf, dann liegt die Hoch-Zeit der Schneefälle in Mitteleuropa zwischen dem 6. bis 8. Januar und dem 5. bis 12. Februar.

In protestantischen Gegenden, wo Maria Lichtmeß nicht so überschwenglich gefeiert wurde, stoppte Sankt Blasius (3. Februar) den Winter, zumindest schien mit ihm das Schlimmste überstanden zu sein: „St. Blasius stößt dem Winter die Hörner ab."

Hochzeit an Sankt Dorothee

Herz, Blumen und Früchte sind Symbole der heiligen Dorothee, der Patronin der Gärtner, Blumenhändler, der Bräute, Neuvermählten und der Wöchnerinnen. Im Gegensatz zum „Vielliebchentag" des heiligen Valentin (14. Februar), der ursprünglich nur in Frankreich, Belgien und England als Tag, an dem man Blumen verschenkte, gefeiert wurde, hat man in Italien, der Schweiz, in Österreich und in Deutschland seit dem frühen Mittelalter den Tag der heiligen Dorothea (6. Februar) festlich begangen. Dorothea (griechisch: „Gottesgeschenk") und die Verkleinerungs- und Koseformen wie Dora, Dore, Dorle, Doris und Dorte waren bis Anfang dieses Jahrhunderts als Vornamen im deutschen Sprachraum weit verbreitet. Zur Beliebtheit des Namens trug auch Goethes Epos „Hermann und Dorothea" bei.

Die Geschichte der heiligen Dorothea beruht zum größten Teil auf Legende. Auf ihrem Weg zur Richtstätte sprach die Märtyrerin immer wieder den Namen ihres Bräutigams Jesus Christus aus. Dies hörte ein des Weges kommender junger Rechtsanwalt heidnischen Glaubens mit Namen Theophilus. Er scherzte und meinte zu der Todgeweihten, wenn sie ihm Blumen und Früchte aus dem Garten ihres Bräutigam schicke, dann wolle auch er an Jesus glauben. Da kam ein Engel hernieder und brachte ihr aus dem Paradiesgarten einen Korb voller

Rosen und Äpfel. Theophilus kniete nieder und bekannte sich zu Jesus Christus. Beide wurden daraufhin enthauptet. Der Legende entsprechend, wird die heilige Dorothea meist mit Blumen und Früchten abgebildet; oft trägt sie einen Blumenkranz um die Stirn.

In der Biedermeierzeit wurde Sankt Dorothee, wie sie in Bayern heißt, besonders verehrt. Verliebte schenkten am Tag der hl. Dorothea ihrer Angebeteten einen Biedermeierstrauß, wohl wissend, was die Sprache der Blumen bedeutete:

Nelke: „Glühende Sehnsucht nach Dir durchbebt meine Brust.“
Weiße Narzisse: „Willst Du mich vergessen?“
Lupine: „Stille meine Seufzer!“
Lavendel: „Du sprichst in Rätseln.“
Rose: „An Deinem Busen, Du Blühende, laß mich ruhen!“
Schneeglöckchen: „Reinheit des Herzens strahlt aus Deinen Blicken.“
Weinrebe: „Rücke mir näher und sei mir treu!“
Flieder: „Eilen wir zum Altare, ehe die Jugendzeit verstreicht!“
Efeu: „Keine irdische Macht soll mich von Dir trennen!“
Vergißmeinnicht: „Höre wohl, was dies Blümchen flüstert!“

Da Dorothea auch die Patronin der Bräute und Neuvermählten ist, galt ihr Namenstag auf dem Land auch als „Hochzeitstag“: Am 6. Februar wurden früher besonders viele Ehen geschlossen, insbesondere in Bergbaugebieten, galt doch die heilige Dorothea neben der heiligen Barbara auch als Schutzpatronin der Bergleute. Das bedeutete für einen Bergmann doppeltes Eheglück: Eheliche Gemeinschaft bis ins hohe Alter und reicher Kindersegen. Der Brautkranz um die Stirn

symbolisierte den Blumenkranz der heiligen Dorothea. Als Hochzeitspflanze war Rosmarin begehrt. Oft wurde das bei der Hochzeit getragene Rosmarinzweiglein in einen Blumentopf gepflanzt. Schlug es Wurzeln, so galt das als gutes Zeichen für die Zukunft der Ehe.

Viel Schnee an Sankt Dorothee bedeutete eine besonders fruchtbare Ehe. Dieser Aberglaube, von Bauern einst in eine Wetterregel gefaßt, war weit verbreitet: „Sankt Dorothee bringt meist Schnee." Eine über hundertjährige Wetterstatistik beweist, daß die Hoch-Zeit der Schneefälle in Mitteleuropa zwischen dem 5. und 12. Februar liegt.

Was früher einmal in Deutschland der Dorotheentag war, ist heute vielfach der Valentinstag. Ganz gleich, Blumen kann man immer schenken!

Der Valentinstag: Das Fest der Jugend

Blumen sind die schönen Worte und Hieroglyphen der Natur", meint Johann Wolfgang von Goethe im „Westöstlichen Diwan". Und wie wahr sind heute noch Dantes Worte, daß nur drei Dinge aus dem Paradies geblieben seien: Sterne, Kinder und Blumen. In der Bibel ist die Lilie die Blume der Blumen. Die weiße Lilie zierte die Säulenkapitelle im Tempel Salomos in Jerusalem. Sie war ein Symbol der Schönheit, oft auch von Fruchtbarkeit und Reichtum. Unter christlichem Einfluß wurde sie zum Sinnbild für geistige Reinheit, Heiligkeit und Auferstehung. Deshalb wurde sie häufig in der Nähe und Umgebung von Kirchen angepflanzt. Die geistlichen Eigenschaften, die in früheren Zeiten der weißen Lilie zugeschrieben wurden, fanden durch einen päpstlichen Erlaß im 17. Jahrhundert ihre offizielle religiöse Anerkennung. Der Erlaß verweist auf diese Blume im Zusammenhang mit der künstlerischen Darstellung der Verkündigung Mariä. In der Tat zeigen viele Madonnenbilder der Renaissance das auffallende Weiß und die anmutige Form der weißen Lilie, so u. a. die

Werke von Tizian und Botticelli. Unter dem Namen „Marienlilie" oder „Madonnenlilie" taucht die Blume immer wieder auf alten Kirchengemälden auf, die Maria mit ihr in der Hand zeigen.

„Ich bin eine Blume auf den Wiesen des Scharon, eine Lilie der Täler. Eine Lilie unter Disteln ist meine Freundin unter den Mädchen." So spricht die Bibel im Hohen Lied Salomos von der Lilie, die die Christenheit der Jungfrau Maria weihte.

Die deutsche Romantik spricht von der „Madonnenlilie" und Friedrich von Hardenberg (Novalis) singt das „Marienlied" dazu: „Ich sehe dich in tausend Bildern, Maria, lieblich ausgedrückt, doch keins von allen kann dich schildern, wie meine Seele dich erblickt. Ich weiß nur, daß der Welt Getümmel seitdem mir wie ein Traum verweht, und ein unnennbar süßer Himmel mir ewig im Gemüte steht."

Vornehmlich Tulpen, Nelken und Lilien schenkt man Frauen seither zu besonderen Anlässen, wobei man Tulpen gerne als Blumengeschenke zum Valentinstag nimmt. Aber es müssen keine Tulpen sein. Blumen sollte man mit Bedacht verschenken. Niemals kommt es darauf an, ob es wenige oder viele, ob sie selbst gepflückt, billig oder teuer. Blumen sollten immer ein „teures" Geschenk sein, um damit zu zeigen, wie teuer einem ein geliebter Mensch ist.

Für viele Menschen ist das Verschenken von Blumen sicherlich nur eine äußere Geste, weil sie gar nicht mehr wissen, welche Symbolik darin liegt. Denken wir heute noch darüber nach, wenn wir einen

Strauß Blumen verschenken, welche Bedeutung ehemals einem solchen Vorgang zuerkannt wurde? Ein Blumenstrauß war anfangs sicherlich nichts weiter als ein bildgewordener Brief, zumal man den einzelnen Blumen bestimmte Sinnbilder zuschrieb.

Herz und Blumen sind die Symbole des Valentinstages, der seit dem späten Mittelalter das eigentliche Fest der Jugend und der Liebe ist. Der Ursprung ist nicht ganz geklärt: Vermutlich geht die Sitte auf ein altes römisches Fest zurück, bei dem die jungen Männer ein Los mit dem Namen des Mädchens zogen, mit dem sie das Frühlingsfest feierten. Der Valentinstag heißt auch „Vielliebchentag", denn die Mädchen glaubten früher, sie würden den Mann heiraten, den sie am Valentinstag als ersten vor dem Haus am frühen Morgen erblickten.

Mattheis bricht das Eis

Der heilige Matthias galt bei unseren Vorfahren als Frühlingsherold. Er brachte mit der einsetzenden Blüte des Schneeglöckchens den Beginn des Vorfrühlings. So spielte der Apostel Matthias als Wetterheiliger eine bedeutende Rolle: „Mattheis bricht das Eis." Hoffnungsfroh war man am Matthias-Tag (24. Februar), wenn die Sonne schien: „Taut es auf Mattheis, geht kein Fuchs mehr übers Eis." „Wenn Matthias kommt herbei, legen Gans und Huhn das erste Ei." „Matthias hab ich lieb, gibt dem Baum den Trieb."

Durch das Schütteln von Obstbäumen und gleichzeitiges Schreien sollte in früheren Zeiten die Obsternte günstig beeinflußt werden. Der Lärm war dazu da, die letzten Winterunholde und damit die Kälte zu vertreiben, das Schütteln und Schlagen der Zweige mit Ruten war ein Fruchtbarkeitszauber. Am Matthiastag wurden von den Korbflechtern die letzten Weidenruten geschnitten, bevor der Saftstrom einsetzte.

Der Apostel mußte an seinem Namenstag auch für allerlei Orakel herhalten. Efeublätter wurden am Abend in eine mit Wasser gefüllte

Schüssel gelegt. War eines der immergrünen derben Blätter am anderen Morgen durchgeweicht, mußte man vor Krankheiten der Atmungsorgane, wie Husten, Bronchitis, Lungenentzündung und „Schwindsucht" Angst haben. Ist es nicht seltsam, daß aus einem Wirkstoff des Efeu heute die besten Hustenmedikamente hergestellt werden? Matthias ist bis heute der Patron gegen Keuchhusten geblieben.

Vor allem im Westen und Südwesten Deutschlands hat sich um den Apostel Matthias ein reges Brauchtum entwickelt, ist er doch der Patron des Bistums Trier. Trier kann sich nicht nur seiner 2000jährigen Geschichte rühmen, es besitzt auch als einziger Ort in Deutschland die Reliquien eines Apostels: Der Schrein mit den Gebeinen des heiligen Matthias steht in der Abteikirche St. Matthias. Die Reliquien waren ein Geschenk von Kaiserin Helena.

Matthias zählt als einer der Jünger Jesu. Nach der Himmelfahrt Jesu wurde er von den Aposteln zum Nachfolger des Verräters Judas Iskariot gewählt, da Jesus die Zahl der Apostel auf zwölf festgelegt hatte. Das Los entschied zugunsten von Matthias. Dargestellt wird der Märtyrer mit den Marterwerkzeugen Beil und Steinen; so bricht er mit dem Beil auch im Vorfrühling das Eis auf.

„Matthias" (griechisch: Geschenk Gottes), in Deutschland einst ein sehr beliebter Taufname, oft auch Bestandteil zahlreicher Familiennamen, ist seit zwei Jahrzehnten wie „Andreas" und „Michael" wieder modern geworden.

„Kopf ab" war kein Todesurteil

Die Korbflechter waren die ersten Naturschützer. Schon vor Jahrhunderten zogen sie im Februar hinaus, um noch vor dem ersten Saftstrom die Weidenruten zu schneiden. Als letzter „Rutentag" galt der 24. Februar, brachte doch der heilige Matthias die Baumsäfte zum Fließen. „Kopf ab!" Alle drei Jahre wird dieses „Urteil" über die

Kopfweide gesprochen. Dann wird ihr mit Säge, Messer oder Schere Ast für Ast abgeschnitten, bis der Stamm ratzekahl dasteht. Aber für eine Kopfweide ist es nicht schlimm, wenn sie ihren „Kopf" verliert. Im Gegenteil – das „Köpfen" rettet ihr das Leben! Würden ihre Äste noch länger und schwerer, könnten sie einem Sturm nicht mehr standhalten. Er würde sie abbrechen oder sogar den ganzen Baum umreißen.

Kopfweiden sind Menschengeschöpfe, frisierte Bäume. Wir pfuschen der Natur ins Handwerk. Ausnahmsweise fügen wir ihr damit keinen Schaden zu, sondern betätigen uns als Naturschützer.

Durch den häufigen Rückschnitt der Korb- oder Bachweide, wie die Kopfweide im Volksmund auch heißt, werden die Stämme mit der Zeit hohl. Zwischen den Aststummeln sammelt sich auf ihren „Köpfen" Regenwasser. Im Winter gefriert es und reißt den Stamm auf. Das weiche Weidenholz wird morsch, Vertiefungen entstehen. Blätter fallen hinein und vermodern. Baumpilze siedeln sich an. Auch immergrüne Misteln bohren sich in den Stamm und fühlen sich als Halbschmarotzer hier „sauwohl".

Die Vögel finden in der rissigen Weidenrinde viele Raupen und Insekten. Auf einer Kopfweide können die Raupen von 25 verschiedenen Schmetterlingsformen leben, 183 Insektenarten und all jene Vogelarten, die in Höhlen brüten. In alten, mehrfach geköpften Weidenstämmen entstehen viele Höhlungen, die je nach Größe von Gartenrotschwanz bis zum Turmfalken benutzt werden.

Auch Fledermäuse richten sich hier ein Zuhause ein, Iltisse, Steinmarder und Siebenschläfer. Je mehr die Kopfweide von innen heraus abstirbt, um so mehr Tiere finden ihren Unterschlupf darin. Bei den Kopfweiden wird deutlich, wie Leben und Tod ineinander übergehen. Somit war sie auch gleichzeitig zwei Göttinnen geweiht: Demeter, die antike Göttin der Ähren, des Wachstums und der Fruchtbarkeit wohnte im Weidenbaum, und manchmal tauchte ihre Tochter Persephone auf, die Göttin des Todes und der Wiedergeburt.

Die gekrümmten Gestalten, in zottige Fetzen gehüllt, mit aufgedunsenen Köpfen und wild zu Berge stehenden Haaren haben schon so manchem Wanderer einen furchtbaren Schrecken eingejagt. Zur Zeit der Hexenverfolgungen wähnte man unter den Weiden die Hexen, denn jeder wußte, daß diese ihre Zauberbesen mit Vorliebe aus den Ruten der Weiden fertigten. Die Kopfweide war der Hexenbaum. Die knorrigen Kopfweiden sind meist geköpfte Silberweiden (Salix albe). Ihre biegsamen Ruten werden gewässert und auch heute noch zum Flechten verwendet. Mit ihrem recht weichen Holz brachte es die Silberweide nur zu bescheidenem Ruhm: es waren daraus Holzschuhe, Kricketschläger und Zündhölzer hergestellt. Doch früher machten sich die Weiden auch anders nützlich: Schafe, Ziegen und Pferde wurden „zu den Weiden" getrieben. Nachdem die Bäume kahlgefressen waren, wuchsen sie mit unbändiger Kraft wieder nach. Aus den größten ausgehöhlten Baumstämmen wurden Backtröge.

Warum so viele Kopfweiden früher entlang von Wiesengräben standen? Unsere Vorfahren zersägten hier Weidenäste und schlugen sie als Zaun ein. Wo der Untergrund feucht genug war, schlug der „Weidenzaun" Wurzeln. Aus Pfählen wurden Bäume! Die Weide liebt das Wasser und einen nassen Fuß.

Heute erlebt die alte Kopfweide eine Renaissance. Im Zuge der Renaturierung von Bächen wird sie verstärkt wieder an Bachufern gepflanzt, ökologisch doppelt wirksam: Mit ihren Wurzeln hält sie die Uferböschung zusammen, im Alter „geköpft" wird sie zu einem Eldorado für Tiere.

Ein Krokus kommt selten allein

Krokusse, sie bilden die ersten bunten Farbtupfer im noch spätwinterlichen Vorgarten, auf Rasen und in Parkanlagen. Kaum eine andere Blume verspricht uns manchmal schon im Februar so charmant, daß es nun bald wieder Frühling wird. Um keine Mißverständnisse aufkommen zu lassen: Bei den so früh blühenden Krokussen handelt es sich nicht um die bekannten großblumigen Gartensorten. Die da so mutig bunte Farbkleckse in den nach-winterlichen Garten malen, sind „Wildkrokusse" oder „botanische" Krokusse, die immer mehr Anhänger in Stadtgärtnereien und bei Hausbesitzern finden. Die großblumigen Gartenkrokusse blühen erst rund sechs Wochen später als ihre kleinblütigen Verwandten. In großen Gruppen sind die zart violett, weiß, gelb und blau blühenden Vorfrühlingsboten am allerschönsten; denn „ein Krokus kommt selten allein".

Die lustigen, blauen, lilafarbenen, weißen und gestreiften Krokusse lassen fast vergessen, daß die Blütenkelche ihrer Vorfahren einst nur in leuchtend gelber Farbe prangten. Und manche erinnern sich an das alte Kinderlied: „Backe, backe, Kuchen, der Bäcker hat gerufen. Wer will guten Kuchen backen, der muß haben sieben Sachen: Butter und Schmalz, Eier und Salz, Milch und Mehl, Safran macht den Kuchen gel." Doch die kleinen Plappermäulchen wußten natürlich nicht, daß sie den Krokus mit dem arabischen Wort („sa farar" = „gelbfärben") besangen.

Keine Märchen aus „Tausendundeiner Nacht" aber sind die wunderlichen Hintergründe für die Namensgebung dieses reizvollen Vorfrühlingsboten. Aus Safran gewannen die alten Griechen die beliebte gelbe Farbe, mit der sie ihre Prunkgewänder färbten. Aus gelbem Krokus entstanden auch begehrte Gewürze für Speisen und Getränke. Eine mühselige Arbeit, wenn man der Überlieferung Glauben schenken darf, daß 100 000 Krokusblüten nötig waren, um zu einem Kilogramm Safran zu kommen.

Und wer in alten, staubigen Folianten blättert, erkennt bald die einstmalige Bedeutung des heute vergessenen Safran. So liest man voller Staunen die Geschichte eines griechischen Königs, der nur deshalb zu Ruhm und Ansehen gelangte, weil er es fertigbrachte, mit Safran gewürzte Speisen zu essen, ohne sich zu beschmutzen. Dieser wunderliche Bericht wird allerdings verständlich, wenn man bedenkt, daß dereinst noch mit den Fingern und nur erst bei den Griechen mit Hilfe einer für unsere Essengewohnheiten recht unpraktischen, fünfzinkigen Gabel gegessen wurde.

Weitaus rauher ging es um das Jahr 1449 in Nürnberg zu, wo der sonst einigermaßen ehrbare Händler Jobst Friedenskern sein Leben lassen mußte, weil er die dunkelgelben Blüten der gewöhnlichen Färberdistel als echten Safran verkauft hatte. Nicht auszudenken, wenn diese barbarische Strafverfolgung heute noch gang und gäbe wäre.

❧ März ❧

Nun will der Lenz uns grüßen

„Nun will der Lenz uns grüßen, von Mittag weht es lau", heißt es in einem alten Reigenlied, das das Ende des Winters ankündet. Doch nicht immer ruft der Frühlingsherold einen trockenen und warmen Lenzmond aus. Denn meist zeigt der Lenzing oder Frühlingsmond, wie unsere Vorfahren den März nannten, dem Lenz noch die kalte Schulter: „Des Märzen Anfang hat es faustdick hinter den Ohren."

Nicht die Schlüsselblume, sondern das Veilchen ist zum Symbol des zeitigen Frühlings geworden. Trotz seiner sprichwörtlichen Zurückhaltung, Sinnbild der Sittsamkeit und Bescheidenheit, gibt das Märzveilchen in der Duftmusik der Frühblüher den Ton an, obgleich die mit größeren Nahrungsspeichern begünstigten Blumenzwiebeln oft schon früher ihre Sprossen recken und es auch an Größe und Auffälligkeit des Flors übertreffen.

Wenn wir uns die Veilchenplätze in den Wäldern unserer Kindheit ins Gedächtnis zurückrufen, wird uns inne, welch starken Eindruck auch bescheiden gebückte Winzigkeit hervorrufen kann, wo sie in Massen auftritt. Das war in der milden Märzensonne schon eine betörende Duftwolke, die aus den wirren Gräserhaaren der erwachten Erde aufstieg, wenn man das Veilchenfeld unter den Haselsträuchern pflückte, ohne daß sich seine Fülle vermindert hätte.

Aber ach, wie vergänglich ist der Duft bei Veilchen!

Das Märzveilchen oder „wohlriechende" Veilchen weckt – außer der Rose vielleicht – die meisten romantischen und poetischen Gedankenverbindungen aller Blumen. Der griechische Dichter und Arzt Nikandros bemerkte, daß die Nymphen von Ionien dem Jupiter ihre Liebe gestanden, indem sie ihm Veilchen schenkten. Oder wurde „Viola" nach Io, der Geliebten Jupiters, genannt? Er verwandelte die sittsame Io in eine Kuh. Danach schossen die Veilchen aus der Erde, um sie zu ernähren.

Die Blume der Liebenden ist das Veilchen geblieben. Ihre Sprache ist die Botschaft der Zärtlichkeit, nicht der drängenden, begehrenden Liebe.

Wollte man Venus, die Göttin der Liebe, ins Brautgemach laden, dann würde das Bett im Frühling mit Veilchen geschmückt. Duft und Farbe der blauvioletten Blüten üben offenbar eine aphrodisierende Wirkung aus.

Das Veilchen konkurriert mit dem Vergißmeinnicht als „blaue Blume" der deutschen Romantik. Die bei Novalis ungenannte blaue Wunderblume symbolisiert die Sehnsucht des Menschen nach der Erfüllung verborgener Wünsche. Die blaue Blütenfarbe weist demnach auch auf das Himmelsblau des kommenden Sommers hin.

Veilchen haben früher in den Frühlingsbräuchen auf dem Land eine besondere Rolle gespielt. Das erste Veilchen wurde hoch geehrt: es durfte nur vom sittsamsten und schönsten Mädchen gepflückt werden. Wer das erste Veilchen des Jahres fand, durfte sich etwas wünschen. Und wenn der Frühling einzog, ging der Wunsch in Erfüllung.

Daß Veilchen die „Duftnote zum Frühling" sind, beschreiben auch die deutschen Dichter. Goethe spricht: „Ein Veilchen auf der Wiese stand, gebückt in sich und unbekannt. Es war ein herzig' Veilchen." Und Theodor Storm ergänzt: „Die Kinder haben die Veilchen gepflückt, all, all die da blühten am Mühlengraben. Der Lenz ist da; sie wollen ihn fest in ihren kleinen Fäusten haben." Doch am schönsten träumt Eduard Mörike von den Veilchen im Frühling:

„Frühling läßt sein blaues Band
Wieder flattern durch die Lüfte;

Süße, wohlbekannte Düfte
Streifen ahnungsvoll das Land.
Veilchen träumen schon,
Wollen balde kommen.
– Horch, von fern ein leiser Harfenton!
Frühling, ja du bist's!
Dich hab ich vernommen!"

„Im Märzen der Bauer ..."

Unsere Vorfahren nannten ihn Lenzing oder Frühlingsmond, obwohl er dem Lenz noch gerne die kalte Schulter zeigt. Nach einem milden Hochwinter folgt gerne ein strenger Märzwinter, der tagsüber schon eitel Sonnenschein und angenehme Wärme, nachts aber große Kälte bringt. Doch der Bauer muß hinaus aufs Feld: „Bauer, laß schärfen dein Pflugscharn, auf, auf, ist Zeit zum Acker zu fahr'n."

Früher brauten viele Bauern ihr Bier selbst. Der köstlichste Trunk war das Märzenbier: „Brau nur im März gut Bier, mein lieber Bauer, es ist gesund und wird nicht sauer." Brauen konnte man dann, wenn die Witterung draußen die Arbeit auf dem Feld behinderte. Man ließ es langsam angehen, wünschte sich aber für die zweite Märzhälfte Trockenheit und Wärme: „Dem Golde gleich ist Märzenstaub, er bringt uns Kraut und Gras und Laub." „Läßt der März sich trocken an, bringt er Brot für jedermann." „Trockener März – erfreut des Bauern Herz."

Aber man bleibt auf dem Lande immer bescheiden: „Der März muß zwölf gute Tage haben." So ganz traut man dem Frühlingsmond ja noch nicht: „Mit dem Märzen ist nicht zu scherzen." Recht kritisch schaut der Landmann in den Märztagen zum Himmel hinaus: „Märzensonne – kurze Wonne. Märzenschein – läßt noch nichts gedeihn." „Märzenregen – geht dürrem Sommer entgegen." „Im März viel Regen – im Sommer wenig Segen."

Tiere, die der Bauer beobachtet, machen ihm viel Freude: „Wenn im März der Kuckuck schreit, der Storch klappert, und die wilde Gans zieht ins Land, so gibt's einen Frühling im Hochzeitsband." „Amsel zeitig – Bauer freudig."

Die Heiligen- und Lostage im März sagen das Wetter voraus: „Kunigund (3. März) – macht warm von unt'." „Lachende Kunigunde – bringt frohe Kunde." Aber so ganz sicher ist sich der Bauer nicht: „Ist Kunigunde tränenschwer, dann bleibt gar oft die Scheune leer." Am Gregorstag (12. März) „schwimmt das Eis ins Meer." Trotzdem bleibt man ein wenig skeptisch: „Weht am Gregoriustag der Wind, noch vierzig Tage windig sind." Um diesen Tag herum sollte der Acker bestellt werden, und ein lieber Hausgenosse kam aus dem Süden zurück: „Wenn Gregorius sich stellt, muß der Bauer auf's Feld." „An Gregor kommt die Schwalbe über des Meeres Port, an Benedikt (21.3.) sucht sie im Haus einen Ort, an Bartholomä (24.8.) ist sie wieder fort."

Die heilige Gertrud (17. März) „ist die erste Gärtnerin": „Wer dicke Erbsen und Möhren will essen, darf St. Gertraud nicht vergessen." „Ist St. Gertrud sonnig, wird es dem Gärtner wonnig." In einigen ländlichen Gegenden feierte man am 19. März den Josefstag. Herrscht am Tag des Schutzpatrons der Ehe- und der Zimmerleute schönes Wetter, so macht der Bauer sich einen Vers darauf: „Joseph klar – gutes Honigjahr." An St. Benedikt (21. März) wurden früher die Zwiebeln gesteckt: „St. Benedikt – macht Zwiebeln dick." Auch wer sich seinen Hausgarten für eine sommerliche Blumenpracht vorbereiten wollte, der vertraute auf den Heiligen: „St. Benedikt den Garten schmückt."

Der wetterkundige Bauer hat auch an Mariä Verkündigung (25. März) Beobachtungen gemacht: „Wasser auf der Wintersaat schadet nicht vor, aber nach Marien." Auch am Tage des heiligen Ruprecht

(27. März) galt diese bäuerliche Feststellung: „Ist an Ruprecht der Himmel rein, so wird er's auch im Juli sein."

Wenn Gärtner in den Mond gucken

G ertrud ist die erste Gärtnerin", heißt eine alte Bauernregel. Sie besagt, daß am 17. März, dem Tag der heiligen Gertraud, früher die ersten Aussaaten im Garten erfolgten. Doch mußte die heilige Gertraud mit dem Mond im Bunde stehen, denn dieser spielte im Aberglauben unserer Vorfahren eine wesentliche Rolle. So war der Mond nicht nur ein untrüglicher Wetterprophet, sondern auch verantwortlich für mancherlei Krankheiten. Schließlich gab der Mond unseren bäuerlichen Vorfahren Anweisungen zur Verrichtung ihrer Arbeiten im Garten, in Feld, Wiese und im Wald.

So sind im „Handbüchlein der Sympathie von 1858" folgende Anweisungen niedergeschrieben: „Das Geschlecht des zu zeugenden Pferdes zu bestimmen: Stuten, bei zunehmendem Monde belegt, bringen Hengst-, bei abnehmendem Monde Stuten-Füllen." „Maulwurfs-

haufen sind in abnehmendem Monde zu zerstören." „Die beste Zeit, Weiden zu kappen und zu setzen ist das letzte Mondviertel im Februar." „Heusamen streut man im März bei zunehmendem Monde aus." „Die beste Zeit zum Heu- und Grummetmachen ist bei zunehmendem Monde, weil dann das Gras mehr Saft hat, folglich ein besseres Futter gibt." „Kein Getreide, mit Ausnahme der Erbsen und Wicken, darf bei Mondwechsel gesät werden." „Hafer sät man bei abnehmendem Monde im März; im April gesät, gibt er mehr Stroh und weniger Körner." „Gefüllte Blumen zu ziehen, säe man den Samen solcher, die genau bei Vollmond geblüht haben, und setze die Pflanzen zwei Tage vor – oder am Neumond." „Alle Wurzel- und Knollengewächse müssen bei abnehmendem – alle Krautpflanzen bei zunehmendem Monde gesät, gesteckt oder gepflanzt werden; Hülsenfrüchte im letzten Viertel."

Wer in den Mond guckt, hat normalerweise das Nachsehen. Im biologischen Gartenbau aber ist das genau umgekehrt. Wenn Gärtner nach dem Mond Ausschau halten, lesen sie ganz bestimmte Tage der Aussaat, Pflege und Ernte ab, die das Wachstum und die Gesunderhaltung ihrer Pflanzen im Garten durch kosmische Kräfte des Erdtrabanten und der Planeten positiv beeinflussen: Die Sterne bringen auch dem Garten Glück.

Man mag dazu stehen wie man will: Erfahrungen der letzten fünf Jahrzehnte bestätigen die Gartenbaulehre der Anthroposophen, daß sich „Mond-Gärtner" die kosmischen Kräfte für die Erde nutzbar machen. Wer genau zum Zeitpunkt der günstigsten Mond-Tierkreis-Konstellation sät oder pflanzt, der kann mit reichen Ernten rechnen.

Die Anthroposophin Maria Thun hat jahrzehntelang mit Aussaaten nach den verschiedenen Mondphasen experimentiert. Sie beobachtete dabei den Lauf des Mondes durch die Tierkreiszeichen. Sie stellte in zahlreichen Versuchsreihen fest, daß es einen Zusammenhang zwischen dem Wachsen der Pflanzen und den zum Zeitpunkt der Aussaat wirksamen Planetenstellungen gibt.

Der Aussaatkalender, der jedes Jahr neu erstellt wird, unterscheidet zwischen Blattgewächsen, Fruchtpflanzen, Wurzelgewächsen und Blütengewächsen. Wenn der Mond im Sternbild der Fische, des

Krebses und des Skorpions steht, sind die sogenannten Blattage. An diesen Tagen sollten also Blattgewächse gesät oder gepflanzt werden. Sie gedeihen dann besonders gut, stehen sie doch im wahrsten Sinn des Wortes unter einem guten Stern. Da der Mond nur ein bis zwei Tage in einem Tierkreiszeichen verweilt, wechseln sich die Saattermine der vier Pflanzengruppen ständig ab.

Fruchtgewächse wie Bohnen, Erbsen, Tomaten, Gurken und Kürbisse sind an den Fruchttagen zu säen oder zu pflanzen, wenn der Mond im Sternbild des Widders, des Löwen und des Schützen steht. Die Wurzelfrüchte wie Möhren, Sellerie, Radieschen, Rettich, Schwarzwurzeln aber auch Kartoffeln und Zwiebeln sind an den Wurzeltagen zu säen, wenn der Mond im Sternbild von Stier, Jungfrau und Steinbock steht. Die Blütengewächse stehen im Zeichen von Zwilling, Waage und Wassermann. Blumenkohl, Broccoli und alle Blumen werden an „ihren" Blütentagen gesät. Übrigens: Wenn man Blumen für die Vase an Blütentagen schneidet, ist der Duft am intensivsten; sie bleiben lange frisch.

Auch für die Bodenbearbeitung, die Hackarbeit, das Unkrautjäten, die Hege und Pflege mit biologischen Spritzmitteln, für Ernte und Lagerung sind besondere „Mondtage" vorzuziehen. Auch das Sammeln von bestimmten Blütenpflanzen zur Herstellung von Spritz- oder Kompostpräparaten geschieht am besten an bestimmten Tagen.

Soll der Rasen schnell wachsen, mäht man ihn an Blattagen; dann wird er auch schön dicht. Möchte man nicht so oft mähen, bieten sich die Blütentage an.

Der Frühling hält sich nicht an den Kalender

Der Frühlingseinzug hält sich selten an die jahreszeitlich vorgegebenen Daten im Kalender, zumindest nicht bei uns in Mittel- und Westeuropa. Ein stabiles Hoch, eine verläßliche Wetterlage gibt es eigentlich nur im Herbst. Dauerhochs wie in den Sommern 1959, 1976, 1983 oder auch 1991 sind eine ungewöhnliche Ausnahme.

Zwar rechnen uns die Astronomen den Tag des Frühlings-, Sommer-, Herbst- und Winterbeginns auf die Sekunde genau aus, doch hält sich unser Wetter höchst selten daran. Wie oft setzt zum Beispiel das Frühlingswetter erst im Mai ein, wie oft beginnt der richtige Sommer erst Mitte Juli oder der Winter erst Mitte Januar. Der „Kalender der Natur" geht eben andere Wege. Präziser sind da die Naturbeobachtungen, die wir mit mehr oder weniger wachem Auge machen. Uns allen sagen die ersten blühenden Schneeglöckchen, das Stäuben des Haselstrauches oder der Blühbeginn der Forsythie mehr als die Überquerung des Äquators durch die Sonne am 21. März.

Wer Garten, Feld und Wald beobachtet, weiß: Pflanzen zeigen die natürliche Jahreszeit an. Die Wissenschaft hat daraus eine sehr ernstzunehmende Disziplin entwickelt, bei der sich Pflanzen- und Wetterkunde überschneiden. Es ist die Phänologie, die sich Pflanzen als „natürliche Meßstationen" zunutze macht. Da die Vegetation äußerst fein auf alle Wettereinflüsse reagiert, ist sie stets ein genaues Spiegelbild des sie umgebenden Klimas. Bestimmte Wild- und Kulturpflanzen werden europaweit beobachtet. Diese „Zeiger- oder Signalpflanzen" verhalten sich alle sehr eindeutig. So läuten die Schneeglöckchen den Vorfrühling ein, die Salweidenblüte zeigt den Beginn des Erstfrühlings an, die Apfelblüte kündet den Vollfrühling an und die Blüten des Holunders und der Heckenrose den Frühsommer. Beginn und Dauer der natürlichen Jahreszeiten schwanken aber von Jahr zu Jahr, im Frühjahr weitaus mehr als im Sommer.

Extreme Vegetationssprünge gibt es selten. Es waren beispielsweise die Frühjahre 1921, 1953, 1959, 1975, 1976, 1988, 1989 und 1990. Jahre mit vom Frühling bis zum Herbst verfrühter Entwicklung sind oft auch gute Wein- und Obstjahre.

Der „Kalender der Natur" beginnt mit dem Vorfrühling. Dieser erste Frühlingsabschnitt ist eigentlich eine Übergangsphase vom Winter zum Frühling. Zwar setzt teilweise das Pflanzenwachstum ein, aber immer wieder ist mit Rückfällen zu rechnen. Die Temperatur steigt während des Vorfrühlings von ca. 2 Grad Celsius auf 5 Grad

Celsius im Mittel an. Kennzeichen für den Beginn des Vorfrühlings ist die einsetzende Blüte des Schneeglöckchens. Ihr langjähriger Mittelwert für den Blühbeginn ist in Hamburg am 21. Februar, in Geisenheim am Rhein am 25. Februar, in Freising bei München erst am 3. März. An der Küste beginnt der Vorfrühling zuerst. Dort dauert er auch am längsten. Besonders kurz ist der Vorfrühling im süddeutschen Hochland. Die Huflattichblüte zeigt die Mitte des Vorfrühlings an. Er blüht in Geisenheim bereits am 8. März, in Würzburg am 11. März, in Bremen aber erst am 25. März; denn Mitte März hat der Süden und Südwesten Deutschlands den Norden im Blühbeginn bereits überholt. Kennzeichen für das Ende des Vorfrühlings ist die Salweidenblüte. Die männlichen Kätzchen sehen nicht mehr silbern, sondern bereits gelb aus und stäuben. In Hamburg blüht die Salweide erst am 4. April, in Geisenheim schon am 21. März, in München am 24. März.

Den Anfang des Erstfrühlings kennzeichnen eine ganze Reihe von Pflanzen. Im Garten ist die Blattentfaltung der Stachelbeeren ein wichtiges Kennzeichen, ferner der Blühbeginn der Forsythien und der Buschwindröschen. Der Erstfrühling nimmt im Südwesten seinen Anfang. Typisch sind die Städte Überlingen am Bodensee und Geisenheim bei Wiesbaden, wo am 27. März die Stachelbeer-Blattentfaltung beginnt, während sie in Bremen erst am 5. April losgeht. Von Südwesten aus „wandert" der Erstfrühling in Richtung Nordosten und erreicht zuletzt Schleswig-Holstein. Der Blühbeginn von Schlehe, Stachelbeere, Löwenzahn, Süß- und Vogelkirsche und die Blattentfaltung der Roßkastanie und der Birke kennzeichnen die Mitte des Erstfrühlings. In Geisenheim blüht die Schlehe am 10. April („Je früher im April der Schlehdorn blüht, desto früher der Schnitter zur Ernte zieht."), in Bremen erst am 18. April. Die Süßkirsche beginnt in Geisenheim am 15. April zu blühen, in München am 24. April und in Bremen erst am 26. April. Mit der Blattentfaltung der Johannisbeere, der Eschen, der Sauerkirschen und der Birnen naht das Ende des Erstfrühlings.

Mit dem Beginn der Apfelblüte setzt der Vollfrühling ein. Die Knospen brechen zuerst im Südwesten Deutschlands auf. Langjährigen Mittelwerten zufolge werden sie etwa 16 Tage später im äußersten Nordosten blühen. Flußtäler schmücken sich zuerst mit den weißen Blüten, die Höhenlagen folgen später. Der mittlere Beginn ist in Geisenheim am 25. April, in Überlingen am 28. April, in Münster am 7. Mai, in Schleswig-Holstein erst am 15. Mai. Im mittleren Beginn der Apfelblüte kommt der Einfluß der geographischen Breite, der Seehöhe und der Gegensatz von Land- und Seeklima zum Ausdruck. So benötigt die Blüte in Mitteleuropa etwa drei bis vier Tage, um einen Breitengrad (111 km) und 100 Meter im Gebirge aufwärts zu wandern. Gleichzeitig verspätet sich die Blüte um etwa einen Tag pro km in Richtung West-Ost. Der Frühling wandert also eigentlich nicht von Süd nach Nord, sondern von Südsüdwest nach Nordnordost. In Teilen Spaniens setzt die Apfelblüte schon im März ein, erfaßt die französische Riviera Anfang April und ist Anfang Mai in Hannover, aber erst Ende Mai in Stockholm. Der Einfluß des Meeres zeigt sich darin, daß die Apfelblüte in London schon Ende April auf dem gleichen Breitengrad, in Weißrußland aber erst nach dem 10. Mai einsetzt.

Tonangebend im Vollfrühling sind zwei Gartenziersträucher: der Flieder mit seinen köstlich duftenden Blüten und etwa eine Woche später der Goldregen. Der Vollfrühling geht zur Neige, wenn die ersten Gräser zu blühen beginnen. Schließlich künden die ersten Blüten des schwarzen Holunders und der Heckenrosen den Frühsommer an, in Geisenheim bereits am 21. Mai, in Überlingen am 30. Mai und in Bremen erst am 11. Juni. Die letzten gefährlichen Kälteeinbrüche fallen nach langjährigen Mittelwerten auf die Zeit um den 20. Mai (die Tage nach den Eisheiligen) und um den 5. Juni (Beginn der Schafskälte).

Der Gregoriustag: Als die Schulmeister noch bettelarm waren

U nd wird im Dorf ein Schwein geschlacht, dann könnt ihr sehen, wie er lacht, die größte Wurst ist ihm zu klein, dem armen Dorf- schulmeisterlein."

Sicherlich ist auch heute noch das „Lied vom armen Dorfschul- meisterlein" jedem bekannt. In den Anfängen des Schulwesens war der Dorfschullehrer noch bettelarm. Die Bezahlung war so gering, daß Sonderzuwendungen bei allen kirchlichen Anlässen, wie Taufe, Hoch- zeit, Konfirmation und Beerdigungen, eine hochwillkommene Zulage waren. Auch war es üblich, daß der Lehrer bei Hausschlachtungen eine Blut- und Leberwurst und einen Kessel Wurstbrühe erhielt.

Trotz der geringen Bezahlung war der Lehrer eine „Respekts- person", der einzige auf dem Dorf, der mit „Herr" angeredet wurde. Er war „Dorfpolizist" und „Richter" zugleich, der über das sittliche Betragen der Kinder innerhalb und außerhalb der Schule zu wachen hatte. Beschwerden über Kinder anderer Leute wurden ihm vorgetra- gen. Nicht der Pfarrer, der Lehrer war verantwortlich für den Gottesdienstbesuch der Kinder. Nach der Abendglocke kontrollierte der Schulmeister auf den Dorfstraßen, ob alle Schüler zu Hause waren.

Aus einer Ostertaler Schule sind die „Gebote für Lehrer" aus dem Jahre 1872 überliefert. Kaum zu glauben, was damals einem Lehrer alles aufgebürdet wurde: „Lehrer haben täglich die Lampen aufzufül- len und die Kamine zu säubern." „Lehrer dürfen einen Abend pro Woche auf Brautschau gehen oder an zwei Abenden, wenn sie regelmäßig zur Kirche gehen." „Nach zehn Stunden Schule dürfen Lehrer die restliche Tageszeit damit verbringen, die Bibel oder andere gute Bücher zu lesen." „Verheiratet sich eine Lehrerin, so scheidet sie damit aus dem Schuldienst aus, ist sie bereits im Ruhestand, so fällt der Bezug des Ruhegehaltes weg." „Jeder Lehrer sollte von seinem täglichen Lohn eine schöne Summe beiseite legen, damit er davon in seinem Alter leben kann und so der Gesellschaft nicht zur Last wird." „Jeder Lehrer, der raucht oder Alkohol – welcher Art auch immer – trinkt, der Spielhöllen oder Wirtschaften aufsucht oder sich beim Frisör rasieren läßt, gibt zu der Vermutung Anlaß, daß seine Integrität und seine Ehrlichkeit in Frage gestellt werden müssen." „Der Lehrer, der seine Arbeit treu und ohne Fehler fünf Jahre lang verrichtet, wird eine

Gehaltsaufbesserung erhalten, vorbehaltlich der Zustimmung der Schulaufsichtsbehörde."

Bei dem heutigen Hick-Hack um eine Schulreform wird mehr und mehr Unruhe in der Lehrer- und Elternschaft und in den Schulen erzeugt. Wäre es nicht an der Zeit, daß die verantwortlichen Politiker und Lehrergewerkschaften mal zu einem „Tag der Einkehr" aufrufen? Der 12. März, der Tag des Heiligen Gregorius, bietet sich hierzu besonders an. Er wurde früher landaus landein als „Tag der Schule" gefeiert.

Gregor der Große, Kirchenvater und Papst, gilt als Schutzherr der Schule und der Schuljugend. Bei den Germanen war dies der Tag der Knaben- und Jünglingsheime.

Am Gregoriustag schloß früher das Wintersemester in den Schulen. Es fanden festliche Umzüge statt, bei denen die Kinder als Handwerker verkleidet waren oder historische Kostüme trugen. Die Umzüge schlossen mit Wettspielen und Wettsingen.

Das Gregorisingen ist eine Sitte, die zeigt, wie bettelarm früher die Schulmeister und ihre kleinen Schulen waren. Es war nämlich ein Bettelsingen, wobei der Schullehrer mit seinen Schülern von Haus zu Haus zog, von Gehöft zu Gehöft, Mehl, Eier, Fleisch, Brot und Speck einsammelte, um dann den Kindern im Wirtshaus ein kräftiges Mahl kochen zu lassen.

In manchen deutschen Landen zogen die als Engel verkleideten Schulkinder mit dem Lehrer, der den heiligen Gregorius darstellte, von Haus zu Haus, sagten Gedichte auf und sangen. Der Lehrer hielt eine kleine scherzhafte Versrede, bei der ein Schüler, als Fuchs verkleidet, ins Haus huschte, bei der vorher eingeweihten Hausfrau den Küchentisch plünderte und Gebäck und Obst in die Körbe der Mädchen füllte.

In der Schweiz ließ der Bischof zweierlei Speisen von den Lehrern verteilen: trockenes, nahrhaftes Schulbrot und süße Gregori-Zuckerbrezeln, Symbole für den Ernst und die Süßigkeiten des Schullebens.

In Baden verkleidete sich ein Schüler als „Schulbischof" und ritt auf einem Schimmel über den Schulhof. An einer langen Stange steckten Brezeln, die er an die Kinder verteilte.

Viele Schülerumzüge endeten auf einem Jahrmarkt, wo Zelte und Buden aufgeschlagen waren, wo man auf Scheiben schießen konnte, wo getanzt wurde und es zum Schluß einen Schmaus gab, zumindest einen Korb voller Gregoribrezeln für die Kinder.

Berühmt war der Gregoriustag in Prag, wo der Rektor die Studenten zum Essen einlud und sie dabei halb im Scherz, halb im Ernst ermahnte, ihren Lebenswandel zu bessern.

Wenn Frösche quaken

Alljährlich im Frühjahr wiederholt sich das gleiche traurige Schauspiel, wenn die zu ihren angestammten Laichplätzen wandernden Kröten und Grasfrösche beim Überqueren der Straßen totgefahren werden. Die Wanderung findet fast ausschließlich nachts statt. Ein bestimmter Dämmerungsgrad – Ende März etwa um 19.20 Uhr, Anfang März eine halbe Stunde später – löst die Wanderung aus. Wenn es um diese Zeit über fünf Grad Celsius warm ist und es noch regnet, wagen sich viele Kröten und Frösche gleichzeitig aus dem Wald ins offene Gelände hinaus, und wenn sie dabei eine Autostraße überqueren müssen, werden sie – jedes Jahr an der gleichen Stelle – zu Hunderten Opfer des Straßenverkehrs. Der bestimmte Laichplatz ist für die Erdkröte der wichtigste Punkt ihrer Existenz.

Erinnerungen werden wach, wenn wir an das „Märchen vom Froschkönig" denken. Im richtigen Leben können Frösche und Kröten sich nicht wie im Märchen in Prinzen verwandeln, um die Sympathie der Menschen zu gewinnen. Im Mittelalter wurden sie als Teufelswesen verdammt und zu geheimnisvollen Salben und Tinkturen verarbeitet. Vor allem die Kröte galt in den volkstümlichen Vorstellungen unserer Vorfahren als Unglücksbringer. Sie war das verfluchte Tier schlechthin, das Tier der Schatten, das Tier des Satans, der sich den Menschen häufig in dieser „häßlichen" Gestalt präsentierte. Das Bild von der „häßlichen Kröte", vor der man sich „ekelte", ist zum Teil bis in unsere heutige Zeit erhalten geblieben.

Die Kröte war zum einen wichtiger Bestandteil der unheilvollen Absude und Tränke der Hexen, zum anderen aber auch – und das seit frühesten Zeiten bis nach der Jahrhundertwende – bedeutsam für die Behandlung von Rheuma oder Geschwüren. Man band sie lebend auf das erkrankte Körperteil. Zur Fieberbekämpfung schloß man sie in einem kleinen Säckchen ein, das man um den Hals trug.

Den Fröschen ging es bei uns ganz besonders „an den Kragen": Sie galten als Delikatesse in der Landbevölkerung. Noch vor zwei/drei Jahrzehnten hat man die Teich- und Wasserfrösche im Frühjahr zur Zeit der Laichwanderungen massenhaft gefangen, ihnen bei lebendigem Leibe die Schenkel ausgerissen, um sie zu verspeisen. Der obligatorische Feuerlöschteich im Dorf war immer der Froschteich. Hier vor allem trieb man das grausame Spiel.

Heute stehen alle Frösche und Kröten unter Schutz; trotzdem werden die Froschlurche immer seltener, und manche Arten verschwinden sang- und klanglos: „Froschkonzerte" gehören der Vergangenheit an. „Wo Frösche sind, da sind auch Störche", heißt es in einem alten

Sprichwort. Das war einmal! Und da im Volksglauben „der Storch die kleinen Kinder bringt", muß man sich nicht wundern, daß die Geburtenrate bei uns so niedrig ist.

Seiner leuchtend smaragdgrünen Hautfarbe und seines „netten" Gesichtsausdrucks wegen war der Laubfrosch früher der Liebling unter den Fröschen. Der Klettermaxe rutscht auch auf glatten Fensterscheiben nicht ab und springt mit einzigartiger Geschicklichkeit durchs Blättergewirr. Als Wetterpropheten siechten früher unzählige Laubfrösche in Einweckgläsern vor sich hin. Ein Leiterchen war die einzige Ausstattung. Das Geheimnis ihrer Wetterfühligkeit ist einfach zu lüften: Sie stiegen in die Höhe, wenn es ihnen im engen Behälter zu heiß wurde und sie unten keine Luft mehr bekamen. Dann sollte „schönes" Wetter kommen. Blieben sie im Glas unten sitzen, sollte Regen im Anmarsch sein. Und eine alte Bauernregel besagt: „Wenn im Mai Laubfrösche knarren, magst du wohl auf Regen harren."

Das Verhalten der Frösche und Kröten spielte bei unseren Vorfahren als Wetterprophezeiung eine große Rolle. Besonders im Frühjahr, wenn Frösche und Kröten als „Frühaufsteher" aus ihrer Winterstarre erwachten, wurden diese Amphibien als Wetterkünder angesehen, wobei häufig zwischen Fröschen und Kröten kein Unterschied gemacht wurde. Dies beweist auch die Redensart „einen Frosch im Hals haben", vielfach bei uns abgewandelt „eine Kröte (Krott) im Hals haben", wenn einer heiser spricht und nur noch „quaken" kann.

Unsere Vorfahren aber bauten auf der „Wetterfühligkeit" der Kröten und Frösche ihre Wetterregeln auf: „Wenn die Frösche des Morgens und die Laubfrösche des Nachts sehr quaken, wenn die Kröten hervorkriechen, so deutet dies auf Regen und Ungewitter." Auch soll es Regen geben, „wenn Salamander, Kröten und Frösche eine trockene Haut haben". Die „Regenregeln" werden fortgesetzt: „Wenn die Kröten fleißig laufen, wollen sie bald Wasser saufen." „Sieht man Molche beim Mähen, so gibt es Regen." „Frösche auf Stegen und Wegen, deuten auf baldigen Regen."

Schönes Wetter aber wird angesagt, wenn die Frösche nachts quaken: „Quaken die Wasserfrösche bis tief in die Nacht, so folgt trockenes Wetter danach." „Wenn die Frösche im Frühling gegen den Abend quaken und schreien, so verkünden sie ein warm und trocken Wetter." Auf alle Fälle ist „der Frösche Lied himmlisch", denn „Frösche sprechen vom Frühling". Und Frösche können auch das Wetter des Sommers voraussagen: „Viele Frösche im Frühling, nasser Sommer; wenig Frösche, trockener Sommer." Demnach müßte es heute nur noch trockene Sommer geben. Auch der Froschlaich war ein Wetterkünder für den Sommer: „Wenn der Froschlaich zu Anfang des Frühlings tief im Wasser liegt, so zeigt dies auf einen trockenen und warmen Sommer; liegt er im flachen Wasser des Ufers, so folgt ein nasser Sommer."

„Sich wie ein Frosch aufblasen" können viele; das Wetter voraussagen aber kann keiner.

Was die Stunde geschlagen hat

Im Reich der Natur gehen die Uhren anders: Manche Vögel und Blumen beginnen den Tag, wenn es noch ganz dunkel ist. Sie sind wahrhaftig Frühaufsteher. Die Nachtigall trägt ihren Namen zurecht. Der Deutschen Lieblingsvogel läßt sich als erster Sänger hören, bereits um zwei Uhr nachts beginnt er sein herrliches Lied. Allerdings kehrt die Nachtigall erst Ende April aus dem Süden zurück. Unter den Blumen ist der Wiesenbocksbart ein ausgesprochener Frühaufsteher, der seine Blüten im Hochsommer bereits um drei Uhr früh öffnet. Die Natur hält also für die warme Jahreszeit gleich zwei Chronometer parat, eine „Vogeluhr" und eine „Blumenuhr". Blüten und Vögel verraten uns, „was die Stunde geschlagen hat".

Um vier Uhr früh öffnet der Wegerich seine Blüten. Ein Stündchen später ist dann der Löwenzahn an der Reihe; ihm leisten Mohn, Gänsedistel und Habichtskraut Gesellschaft. Die meisten Blüten aber haben im Sommer ihren Morgenappell zwischen sieben und acht Uhr, zu anderen Jahreszeiten entsprechend später. Das gilt für den Hahnenfuß, den Ackergauchheil, den Gartenlattich, das Steinkraut und sogar für die Kartoffel. Gäbe es die Langschläfer nicht, könnten uns die Blumen die weitere Zeit des Tages nicht verraten. Steinnelke und Ringelblume lassen sich bis neun Uhr Zeit. Weil sie prallen Sonnenschein brauchen, erwachen Lilien und Eisenkraut (Verbena) um zehn Uhr, die Küchenschelle und die Bibernelle um elf Uhr und die Herbstzeitlose erst um zwölf Uhr. Erst am Abend gegen zwanzig Uhr beginnt das Leimkraut zu blühen, gegen 21 Uhr die Kuckuckslichtnelke. Punkt acht Uhr am Abend öffnet der berühmteste, allerdings nur selten zu beobachtende Nachtschwärmer seine wunderschöne Blüten – die Königin der Nacht. Ebenfalls nachtblühend sind Taubenkropf und Storchenschnabel, die von Nachtfaltern aufgesucht werden.

Karl von Linné, der große schwedische Botaniker, auf den die Nomenklatur der Pflanzen zurückgeht, schuf in seinem Garten die „Blumenuhr", die sich allerdings nach der Sonne richtet: Die Blumen, die sich zu verschiedenen Stunden öffnen und schließen, werden in der Reihenfolge und in der Form eines Zifferblattes gepflanzt. Nach ihrem Aufblühen kann man die Zeit ablesen.

Einen verläßlichen natürlichen Wecker, der sogar ohne Sonnenschein auskommen kann, liefern uns die Vögel. Ihr Gesang verrät frühmorgens die Zeit. Neben der Nachtigall können auch andere Vögel den Tag nicht erwarten und lassen sich schon lange vor Morgengrauen vernehmen. Dazu gehören der Gartenrotschwanz (4.00 Uhr), der Hausrotschwanz (4.30 Uhr) und die Lerche (4.40 Uhr). Wenn es dann richtig dämmert, singen Kuckuck und Amsel (4.50 Uhr), Buchfink und Kohlmeise (5.00 Uhr), Goldammer, Zaunkönig und Singdrossel (5.10 Uhr), Blaumeise, Rotkehlchen, Zilpzalp und Fitislaubsänger (5.20 Uhr). Mit Beginn der Helligkeit fangen Girlitz und Mönchsgrasmücke (5.30 Uhr), Zaungrasmücke (5.40 Uhr) und Grünfink (5.50 Uhr) an zu singen. Zeigt sich die Sonne, stimmen Spatz und Distelfink (6.00 Uhr) in den Gesang mit ein.

Der Hahn war für unsere Vorfahren nicht nur Wetterprophet, er war auch der pünktliche Wecker, nach dem der Bauer sein Tagewerk einteilte. Frühmorgens um drei Uhr kündet der Hahn den nahenden Tag an. Dann kräht er jede Stunde so pünktlich und zuverlässig, daß man annehmen könnte, schon seit Jahrtausenden wäre die Tageszeit nach seinem Krähen eingeteilt worden. Beim zweiten Hahnenschrei im Hochsommer stand der Bauer auf, beim ersten schon der Großknecht auf dem Hof. Der Hahn war auf dem Dorf der beliebteste Begleiter der Frühaufsteher, und die Wanderer zogen in die Welt hinaus: „Frühmorgens, wenn die Hähne krähn, ziehn wir zum Tor hinaus."

Als Regenkünder zeigte sich der Hahn, wenn er „zu ungewöhnlicher Zeit" krähte: „Wenn der Hahn nicht zur rechten Stund kräht, weint Petrus."

Brustsirup und Hochzeitsbowle

Veilchen haben früher in den Frühlings- und Hochzeitsbräuchen auf dem Land eine besondere Rolle gespielt. Das erste Veilchen wurde hoch geehrt: es durfte nur vom sittsamsten und schönsten Mädchen gepflückt werden. In den Dörfern wurde das erste Veilchen auf eine Stange gesteckt und umtanzt. Wer in Thüringen das erste Veilchen des Jahres fand, durfte sich etwas wünschen. Und so der Frühling einzog, ging der Wunsch in Erfüllung.

In der Teeheilkunde finden Blüten und Blätter des Veilchens Verwendung. Aus ihnen bereitet man einen Tee, der bei starker Verschleimung, Bronchitis, Husten und Heiserkeit hilft. Zur Herstellung eines Brustsirups für Kinder nimmt man 150 Gramm Blüten, die man in einem Liter Wasser kurz aufkocht, zehn Minuten ziehen läßt und absiebt. Im Sud löst man ein Kilogramm Honig oder Zucker auf. Der fertige Sirup hat eine leicht violette Färbung.

Romantisch veranlagte Bräute oder Hausfrauen verwenden das Veilchen zur Herstellung einer Hochzeits- oder Frühlingsbowle. Man nimmt eine Tasse voll Blüten, den Saft von zwei Orangen und einen Liter Weißwein. Das läßt man zwei Stunden ziehen und filtriert ab. Zusätzlich löst man 100 Gramm Zucker auf und belebt die Bowle vor dem Servieren mit einem Liter eisgekühltem Schaumwein. Duft und Geschmack erzählen von jungem Glück und künden den Frühling an.

„Sauer macht lustig"

Süß macht behäbig, sauer macht lustig", sagt ein altes deutsches Sprichwort, das auch für den Genuß der frischen Blätter des Wiesen-Sauerampfers (Rumex acetosa) zutrifft, der köstlich erfrischt, die Magen- und Darmsekretion und den Appetit anregt. Als Kinder haben wir zeitig im Frühjahr in den „Löwenzahn-Wiesen" die noch jungen Blättchen des Sauerampfers probiert, nach dem langen vitaminarmen Winter hungrig nach Vitamin C, das die Pflanze in reichem Maße speichert. Einige Blättchen waren unserer Gesundheit sehr zuträglich; „nach mehr dürstete uns nicht", wohl ahnend oder auch schon wissend, daß „allzuviel davon ungesund ist".

Der stark säuerliche Geschmack des Stengels und der Blätter rührt von dem hohen Gehalt an Oxalsäure und saurem Kaliumoxalat („Kleesalz") her, das die Pflanzen vor Schnecken- und Raupenfraß schützen soll. Die jungen, pfeil- bis spießförmigen Blätter sammelt man von Ende Februar bis Mitte Mai oder auch von Oktober bis November. Während der Blüte- und Samenzeit schmecken die Blätter zu bitter. Sie dürfen nur mit rostfreiem Metall in Berührung kommen.

Der „Sauerknöterich", wie der Sauerampfer im Volksmund auch genannt wird, steht gerne auf nähr- und stickstoffreichen Wiesen. Es empfiehlt sich, die säuerlich schmeckenden Blätter nicht in zu großen Mengen zu verwenden, vielmehr mit anderen, milden Wildkräutern oder mit Petersilie und Kresse zu mischen. Oxalsäure findet sich nicht nur im Sauerampfer, sondern auch im Waldsauerklee, dem „Kuckucksbrot" unserer Kindheit, in Rüben- und Spinatblättern, im Klee und im Rhabarber. Größere Mengen Oxalsäure sind wegen ihrer kalziumbindenden Wirkung giftig. Eine Überdosierung kann zu Störungen der Verdauungs- und Ausscheidungsorgane führen. „Allein die Dosis machts", sagte schon Paracelsus: In geringer Menge stabilisiert er die Wirkungsweise dieser Organe. Werden die Blätter abgebrüht oder gar gekocht, sind die leicht giftigen Wirkstoffe nicht mehr gesundheitsschädigend.

Außer dem hohen Vitamin-C-Gehalt enthalten die Blätter reichlich Eisen und Kieselsäure, zudem eine Vielzahl anderer wertvoller Spurenelemente. Durch die Bildung organischer Eisenverbindungen fördert Sauerampfer die Blutbildung vor allem im roten Knochenmark. Seine Verwendung bei Blutarmut ist hilfreich. Wegen des Emodin- und Chrysophangehaltes wirkt das Kraut auch anregend auf die Dickdarmtätigkeit, ist also bei Darmerschlaffung mit Verstopfung angebracht: „Sauerampfer fegt den Darm."

Sauerampfer wird als Salat, Gemüse und in Suppen verwendet. Beliebt ist die Bereitung von Salat, oft in Verbindung mit Löwenzahn und Gänseblümchen. Die jungen Blätter werden fein geschnitten. Sie werden mit Öl, Zitrone, etwas Salz oder einer Prise Zucker kurz vor dem Essen angerichtet. Die Zugabe einiger zerdrückter gekochter Kartoffeln wirkt sich auf den Geschmack des Salates vorteilhaft aus. Kleingehackt eignet sich Sauerampfer als Würze für Butterbrote, Quarkspeisen, Kopfsalate, Fleisch- und Fischsaucen und Kartoffelsuppen.

Den kleinen Sauerampfer (Rumex acetosella), eine typische Anzeigerpflanze für nährstoffarme, kalkfreie Sandböden, sollte man seines überaus strengen

Kleesäuregeschmackes wegen nicht für die Küche nehmen. Er wirkt auch schon in geringen Mengen giftig.

Zum Anbau in unseren Gärten gelangt zunehmend der kultivierte Gartensauerampfer (Rumex patienta), dessen Heimat Südosteuropa ist. Er ist milder im Geschmack und läßt sich als Gemüse, Salat, Suppe, Würze und Sauce zubereiten. Am besten sät man den Sauerampfer an einem schattigen, nährstoffreichen und leicht feucht zu haltenden Platz aus. Dies kann bereits ab Mitte März im Freiland erfolgen. Die Entfernung der Blütenstände wirkt sich positiv auf das Wachstum der Blätter aus. Es empfiehlt sich, den Boden in seiner Umgebung zu mulchen. Dadurch erwärmt sich der Boden nicht zu stark, und die Blätter werden weniger bitter. Im Laufe des Tages sammeln sich die Bitterstoffe in den Blättern an, verschwinden jedoch wieder, wenn es am Abend kühler wird.

Aus den Blättern des Sauerampfers bereiten die Franzosen die „Lyoner Sauerampfersuppe", die in ihrem herbsauren Geschmack dem verwöhntesten Gaumen alle Ehre erweist: 250 Gramm frische Sauerampferblätter, 40 g Pflanzenmargarine, 1 Liter Gemüsebrühe, 5 Eigelb, 1/8 Liter Sahne, 1 Prise weißer Pfeffer, etwas Meersalz, 1 EL gehackter Kerbel (oder Petersilie) und zwei Scheiben gerösteter Vollkorntoast. Nach dem Waschen wird der Sauerampfer in feine Streifen geschnitten. Die Blättchen werden bei milder Hitze im Fett angedünstet, mit der Brühe aufgegossen und 15 Minuten „leise" gekocht. Das Eigelb wird mit der Sahne und dem Pfeffer verquirlt und unter kräftigem Rühren mit dem Schneebesen zur Suppe gegeben. Die Suppe wird weiter gerührt bis kurz vor den Siedepunkt. Es kann nachgewürzt werden. Die Suppe wird mit Kerbel bestreut und mit Toastbrotstückchen belegt. (Die angegebenen Mengen reichen für vier Personen.)

Klein, aber oho!

Bellis sind „die Schönen" – ein treffender Name! Unscheinbar klein und kaum beachtet, schmiegen sie sich mit ihrer runden Rosette aus kleinen, eiförmigen Blättchen dem Boden an und klecksen doch auch in den sterilsten Rasen leuchtend weiße Tupfer.

„Bescheidenheit ist seine Zier …", könnte man beim Gänseblümchen (Bellis perennis) sagen, und doch nimmt das zarte Pflänzchen in der Evolutionsskala einen hohen Rang ein. Trotz seiner großen Zahl von Floretten (Einzelblümchen) wirkt das „Mondscheinblümchen", wie es im Volksmund genannt wird, bei oberflächlicher Betrachtung so, als sei es eine einfache, offene Blüte der allerprimitivsten Prägung. Das ist es aber mitnichten. Werbung um Insekten betreibt es durch ein Körbchen aus weißen Strahlenblüten, die unterseits zumeist rötlich angehaucht sind, und die gelben, röhrenartigen Scheinblüten wahrhaft schamlos ausnutzt.

Bei Sonnenschein sind die Köpfchen weit geöffnet, nachts und bei Regen schließen sie sich und nicken traurig nach unten. Die Sonne lieben sie über alles, nach ihr drehen sie sogar das Körbchen.

Klein, aber oho, in vielfacher Hinsicht! Es versteht die Kunst des Werbens um Liebe, duckt sich flach auf den Boden unter dem Tritt des Vorübergehenden, doch es steht immer wieder auf. Ohne Schaden an seinem Blütenschmuck zu nehmen, verträgt es bei trockenem Wetter Temperaturen bis minus 16 Grad.

Kein Wunder, daß Gänseblümchen fast das ganze Jahr über blühen können. Von den ersten Vorfrühlingstagen bis weit in den Spätherbst hinein erfreuen uns die „Blümchen aus unseren Kindheitstagen" auf Grasfluren aller Art. Wie bei der Marguerite, einer ihrer zahlreichen größeren Verwandten aus der Familie der Korbblütler, werden nostalgische Erinnerungen wach. Man zupfte die äußeren Strahlenblüten nacheinander ab: „Er (sie) liebt mich, er (sie) liebt mich nicht …" Und die letzte Zungenblüte entschied den Orakelspruch über die erste Jugendliebe.

März

Maßliebchen und Tausendschönchen heißen die vornehmen Schwestern unserer heimischen Gänseblümchen. Dichtgefüllt und kugelrund wirken sie wie Sonntagsschönheiten vom Lande. Die weißen, rosa und manchmal roten Blütenköpfchen lassen sich zu hübschen Biedermeiersträußchen binden. Die stets winterharten Maßliebchen eignen sich am besten für Einfassungen im Garten, als Grabschmuck und als Frühlingsbalkonzierde. Vorsicht bei ihrer Vermehrung ist geboten! Maßliebchen samen leicht aus, fallen aber meist in ihre „ungefüllte Vergangenheit" im Gänseblümchenkleid zurück. Besser ist eine Vermehrung durch Teilung besonders kräftiger Pflanzen.

Als Heilpflanze wurde das Gänseblümchen relativ spät entdeckt. Umschläge mit frischen Blümchen wirken schmerzlindernd und blutstillend bei Wunden, Blutergüssen und Geschwüren. Die frischen Blüten sind außerdem eine dekorative und leckere Zutat zu grünem Salat und sollen gleichzeitig hartnäckige Verstopfung kurieren. Gänseblümchentee wirkt bei Bronchitis schleimlösend und hustenreizlindernd, aber auch als blutreinigendes Schönheitsmittel. Man trinkt davon drei bis vier Tassen pro Tag. Für einen Teeaufguß nimmt man einen Teelöffel der getrockneten Blüten auf eine Tasse kochendes Wasser und läßt zehn Minuten ziehen.

Die Inhaltsstoffe der „stillen Schönen" verschönern auch die Gesichtshaut schöner Frauen. Aus den Blüten der Gänseblümchen stellt man ein Gesichtswasser her, das die Talgproduktion einer stark fettenden Haut wieder normalisiert. Schließlich tragen auch die Blätter zur Verjüngung des Organismus bei: Sie ergeben einen wahrhaft delikaten Wildsalat, der in seinem milden Geschmack dem etwas bitteren Löwenzahnsalat Konkurrenz bietet.

„Falsche Kapern" stellt man aus den noch geschlossenen Blütenköpfchen der Gänseblümchen her. Man legt sie in eine kalte Essig-Salz-Mischung ($^{1}/_{2}$ Liter Obstessig, 1 Teelöffel Salz, 1 Lorbeerblatt), füllt sie in Gläser ein und bewahrt sie an einem dunklen Ort auf.

⟪ April ⟫

Natur kann heilen

Es eilt ihm ein schlechter Ruf voraus, jedoch zu Unrecht. Der sprichwörtlich wetterwendische April, der Launing unserer Vorfahren, bringt uns vielmehr um die Monatsmitte meist anhaltend sonnige Tage und damit den Vorgeschmack des kommenden Sommers. Wie der Wonnemonat Mai ist der April ein Monat der Blumen und Blüten.

„Das Blühen will nicht enden. Es blüht das fernste, tiefste Tal: Nun, armes Herz, vergiß der Qual! Nun muß sich alles, alles wenden." – So wie Ludwig Uhland in seinem Gedicht „Frühlingsglaube" haben Dichter aller Zeiten das Erwachen der Natur enthusiastisch begrüßt.

Volkslieder und Sprichwörter erzählen uns vom wunderbaren Trost der Bäume: „Wo das Glück zu Hause ist, da dürfen Blumen lachen, Bäume tanzen, Bäche klatschen, Wiesen weinen, Berge hüpfen und Sterne winken." Das sind Erfahrungen, die gerade jetzt – angesichts der gefährdeten Schöpfung – in uns immer lebendig werden: „Die Natur ist die größte Zauberin, die Malerin der schönsten Bilder. Sie ist auch unsere Ernährerin. Gib auf sie acht! So lange noch Zeit ist."

So wird es langsam Zeit, daß wir die vielen Wunden, die wir unserer Natur immer noch jeden Tag zufügen, sei es aus Dummheit oder Bequemlichkeit, auch endlich anfangen, selber zu heilen.

Natur kann heilen, gerade jetzt im Frühling. Psychiater wissen zu berichten, daß durch den Anblick von Blumen und blühender Bäume

Depressionen wirksam gelindert werden. Hier wirken Farben und Aroma der Blüten therapeutisch zusammen. Der Frühling ist immer eine Zeit des „Auftauens" des menschlichen Herzens und der Gesundung der Seele. Die Natur gibt uns jeden Tag die Kraft, an das Gute und Schöne – auch in den Menschen – zu glauben.

„Es gibt Augenblicke im Leben, wo wir aufgelegt sind, jede Blume und jedes entlegene Gestirn, jeden höheren Geist an den Busen zu drücken – ein Umarmen der ganzen Natur, gleich unserer Geliebten. Der Mensch, der es so weit gebracht hat, alle Schönheit, alle Größe, Vortrefflichkeit im Kleinen und Großen der Natur aufzulesen und in dieser Mannigfaltigkeit die große Einheit zu finden, ist der Gottheit schon viel näher gerückt. Die ganze Schöpfung zerfließt in seiner Persönlichkeit."

In diesem Monat der noch feucht angehauchten Erde sind die Wiesen- und Gartenblumen von ganz besonderer Pracht. Es sieht beinahe aus, als gäbe es ganz neue Modelle unter ihnen – neue Formen, neue Farben. Die Kollektion des Himmels ist von unerschöpflicher Phantasie. Wieder fällt es einem auf, wie fein und vollendet die allerkleinsten Blüten sind. Die Liebe des Schöpfers scheint sich mit dem Grad der Kleinheit zu vergrößern.

Der April fügt die Blütenträume unserer Kindheit und Jugendzeit zu einem bunten Blütenstrauß zusammen. Dieser Strauß soll jedem Freude bringen, der sich den Sinn für die unverbrauchte Schönheit der Natur bewahrt hat. Der Frühlingsmonat ruft wieder neu in unser Gedächtnis zurück, daß es wirklich Zeit ist, behutsamer mit der Natur umzugehen. Denn nicht die Natur braucht uns, sondern wir brauchen die Natur. „Die Blumen und die Natur, genauso wie die vor Glück strahlenden Kinderaugen, geben uns jeden Tag die Gewißheit, daß Gott sein Vertrauen in die Menschen noch nicht verloren hat." Blumen sind die schönen Worte und Hieroglyphen der Natur, mit denen sie uns andeutet, wie lieb sie uns hat.

Halten wir es im Monat April mit den Worten von Hermann Löns! „Laß Deine Augen offen sein, geschlossen Deinen Mund und wandle still, so werden Dir geheime Dinge kund." Es ist eine Aufforderung zu einem Frühlingsspaziergang.

„Denn die Frühlingstage
kommen wieder zu ihrer Zeit;
der Vollmond nimmt Abschied
und kommt wieder zu neuem Besuch;
die Blüten kommen wieder
und erröten auf ihren Zweigen
Jahr für Jahr; und vielleicht
nahm auch ich nur Abschied von Euch
um wiederzukommen." (Tagore)

April, April …

D er Monat „Launing", wie der April seines launenhaften Wetters wegen von unseren bäuerlichen Vorfahren genannt wurde, macht seinem Namen alle Ehre: das wechselhafte Wetter unserer Breiten wird durch Kaltlufteinflüsse aus dem Norden auf das bereits frühlingshaft erwärmte Festland verursacht. Die reimbegabten Landleute schlossen vom wetterwendischen April auch auf den Charakter des Menschen: „Bald trüb und rauh, bald licht und mild, ist der April des Menschen Ebenbild."

Die Launenhaftigkeit des Monats schlägt sich in zahlreichen Bauernregeln nieder. Dabei gibt es nicht nur Negatives zu berichten. Der Bauer, der jetzt bei der Frühjahrsbestellung seiner Felder ist, mag zwar darüber fluchen, wenn ein schweres Wetter niedergeht, während er seinen Acker bestellt. Er weiß aber wohl, daß der ständige Wechsel von Regen und Sonnenschein die Saat aufgehen läßt: „April, dein Segen, heißt Sonne und Regen – nur den Hagel häng' an den Nagel." „Der April treibt sein Spiel, treibt er es toll, wird die Tenne recht voll." „Wenn der April Spektakel macht, gibt's Heu und Korn in voller Pracht." „Nasser April und kühler Mai füllt die Speicher und macht viel Heu."

So ganz recht ist dem Landmann ein April nicht, der keine Launen zeigt: „Des Aprilens Lachen verdirbt des Landmanns Sachen." „April trocken – macht die Keime stocken." Und wenn gar Nebel über Täler und Höhen wallen, befürchtet man das Schlimmste für das Land: „Viel Nebel im April und Höhenrauch im Mai, die führen wohl die Pest und die Hungersnot herbei."

Recht hoffnungsfroh stimmt das Zwitschern und Singen der Vögel: „Bauen im April schon die Schwalben, gibt's viel Futter, Korn und Kalben." „Grasmucken, die fleißig singen, wollen uns den Frühling bringen." Und schließlich ist der April für den Bauern der „Knospenmonat": „Der April macht die Blum', und der Mai hat den Ruhm."

Recht trübe Erfahrungen hat der Bauer mit dem Ambrosiustag (4. April) gemacht: „Ambrosius schneit oft den Bauern auf den Fuß." Jetzt ist es an der Zeit, die Erbsen zu säen: „Erbsen säe Ambrosius, so tragen sie reich und geben gut Mus."

Recht frohgestimmt war man am Tiburtiustag (14. April): „Grüne Felder auf Tiburtiustag ziehen viel Getreide nach." „Kommt Tiburtius mit Sang und Schall, bringt er Kuckuck und Nachtigall."

Einer der wichtigsten Lostage aber war St. Georg (23. April). Liegt noch Reif auf den Feldern, kann das nur Gutes bedeuten: „Kommt St. Georg geritten auf einem Schimmel, so kommt auch ein gutes Frühjahr vom Himmel." An St. Georg legte der Bauer seine Kartoffeln. Nach dem Volksglauben sollten sie dann eine besonders reiche Ernte bringen. Auf Obst und Getreide nehmen diese Lostags-regeln Bezug: „Wenn es am Jörgentag regnet, gibt's keine Birnen." „Zu Georgi soll ein Rabe sich im Roggen verbergen können." „Hohes Korn an St. Jürgen wird viel Gutes verbürgen."

Mit dem Markustag (25. April) machen Bauern und Gärtner diese Erfahrungen: „Solange es vor St. Markus warm ist, solange ist es nachher kalt." „Leg' erst nach St. Markus Bohnen, er wird es dir reichlich lohnen." „Bauen um Markus schon die Schwalben, gibt es viel Futter, Korn und Kalben." Schließlich soll St. Vital (28. April) ein schöner Tag werden, sonst hat er schlimme Folgen: „Friert es am Tag von St. Vital, friert es wohl noch fünfzehn mal."

Der heilige Hugo hat es in sich

D er Ruf „April, April!" scheint einen fröhlichen Monat voller Scherz und Schabernack einzuleiten. Es bereitet ein spitzbübisches Vergnügen, die lieben Mitmenschen straffrei „in den April zu schicken". Öfter ist dabei die Freude nur auf einer Seite groß – der Gefoppte steht eher wie ein begossener Pudel da. Wer an diesem Tage alles glaubt, was ihm vorgeflunkert wird, ist selbst schuld. Und bei den Aprilscherzen mischen die Tageszeitungen heute tüchtig mit: Da werden Projekte und Veranstaltungen „blumig" angekündigt, die es gar nicht gibt. Und immer wieder fallen allzu Wißbegierige auf diese Aprilspäße herein.

Dabei ist der erste April der Namenstag des heiligen Hugo, der fürwahr kein Narr war, sondern ein ernster Mönch und Bischof von Grenoble und als solcher maßgeblich an der Entstehung des Ordens der Kartäuser beteiligt. Der Patron gegen Kopfschmerzen mag demjenigen Kopfschmerzen bereiten, der sich allzu leichtgläubig in den April schicken läßt und dann von seinen Mitmenschen ausgelacht wird.

Der Tag ist auch dem heiligen Cäsarius geweiht, einem engen Gefährten und Ordensbruder von Franz von Assisi. Der galt bei unseren Vorfahren auch als Wetterheiliger: „Wenn Cäsarius Spektakel macht, gibt's Heu und Korn in voller Pracht." Oder es heißt am Narrentag: „Der 1. April treibt sein Spiel, treibt er's toll, wird die Tenne recht voll." Beide Wetterregeln sind ein Hinweis auf die Unbeständigkeit des Aprilwetters.

In vielen europäischen Ländern ist es an diesem Narrentag Brauch, Aprilscherze zu ersinnen, andere zum Aprilnarren oder Aprilgecken zu machen. Meist geht es darum, jemanden mit einer lügnerischen Nachricht oder einem nicht auszuführenden Auftrag auf den Leim gehen zu lassen.

Früher war der erste April ein Spaßtag für Herren, Erwachsene, Meister und Familienoberhäupter. Kinder, Lehrlinge, und Knechte, die Kleinen und Schwachen also, wurden zu unsinnigen Besorgungen losgeschickt und bei der Rückkehr gebührend ausgelacht: Fliegenfett, trockenes Eis oder gedörrten Schnee sollten sie aus der Apotheke holen, ungebrannte Asche beim Kohlenhändler oder Hühnergräten beim Fleischer. Heute ist es eher umgekehrt: Der 1. April ist eine wunderbare Gelegenheit für die Kinder geworden, mit kleinen harmlosen Streichen und Neckereien etwas Leben in die Welt der Erwachsenen zu bringen. Wer hätte sich schon früher getraut, einen Lehrer in den April zu schicken?

Über den Ursprung der seit dem 17. Jahrhundert verbreiteten Sitte des Aprilschickens gibt es viele Vermutungen, aber letztlich bleibt die Herkunft ungeklärt. Das um diese Zeit des Jahres gefeierte Narrenfest der Römer oder ein noch älteres indisches Narrenfest mögen Vorläufer gewesen sein – vielleicht aber auch die Tatsache, daß Christus (in der Karwoche) in Szenen alter Passionsspiele „von Pontius zu Pilatus" (von Hamas zu Kaiphas, von Pilatus zu Herodes) hin- und hergeschickt wurde. Eine volkstümliche Deutung, vielleicht mit einem Fünkchen Wahrheit, sieht eben im launischen Aprilwetter die Ursache der Aprilscherze. In Frankreich soll sich der Glaube halten, der 1. April sei der Geburts- oder Todestag von Judas, dem Verräter – durch ihn hätte der Teufel Gewalt über den Monat April erlangt. Nach einer anderen Deutung ist Karl IX. daran schuld, der im Jahre 1564 den Neujahrstag vom 1. April auf den 1. Januar verlegte. Wer das vergaß, traf seine Vorbereitungen umsonst.

Schwalben bringen Glück

Schwalben gelten seit altersher in den volkstümlichen Vorstellungen als Glücksbringer. Sie stehen überall als Symbole für Wohlergehen, Glück und Erfolg von Haus und Hof. Ihre regelmäßige Rückkehr zur warmen Jahreszeit, ihre Treue zum Nest mögen der Grund für diese Vorstellungen sein. Sie sind die vom Volk verehrten Tiere schlechthin, man schützt sie und hilft ihnen, sich im oder am Haus niederzulassen. Man wartet jedes Jahr mit Ungeduld auf ihre Rückkehr. Bleiben sie aus, so soll Unglück über das Haus und seine Bewohner kommen. Der Schwalbe sagt man auch nach, daß sie um jeden Preis die Tugend der Hausfrau schützt. So symbolisiert sie die soziale Eintracht, die Dauerhaftigkeit der Beziehung des Paares.

Aristoteles überlieferte uns das Wort „Eine Schwalbe macht keinen Frühling", welches wir heute, auf eine Fabel von Äsop zurückgreifend, in der Form zitieren: „Eine Schwalbe macht noch keinen Sommer." Äsops Fabel „Der verschwenderische Jüngling und die Schwalbe" erzählt von einem Jüngling, der seine Habe bis auf einen Mantel verschwendet. Auch diesen verkauft er, als er die erste Schwalbe heimkehren sieht, weil es nun schon Sommer sei. Danach aber fror es noch so stark, daß die Schwalbe starb und ihr der frierende Verschwender Worte des Zorns über die Täuschung nachrief.

Schon unsere Wetterpropheten in den Klöstern, die die alten griechischen Sagen kannten, haben nicht nur das Sprichwort daraus gemacht, daß ein kleiner Teil noch kein Ganzes mache. Sie haben dieses Sprichwort auch auf andere Vögel ausgedehnt: „Eine Lerche, die singt, noch keinen Sommer bringt." „Ein Sperling auf dem Dach macht den Lenz nicht."

Kuckuck, Lerche, Nachtigall und Schwalbe sind in den alten Bauernregeln vielfach die Künder des Frühlings. Der heilige Tiburtius (14. April) „kommt mit Sang und Schall, bringt

Kuckuck mit und Nachtigall". „Der Kuckuck schreit nicht eher, bis der Hafer grün ist." „Wenn der Kuckuck schreit, ist der Frühling nicht mehr weit." „Der Lerche Gesang weckt dich vom Winterschlaf." „Lerchen und Rosen bringen des Frühlings Kosen." „Rufen Kuckuck und Nachtigall, wird es Sommer überall."

Vielfach in Reime gefaßt, ist die Schwalbe Wetterprophetin im Sommer. Dabei folgt sie nur triebhaft einem anderen Wetterkünder, den Insekten. Wenn sich „schlechtes" Wetter ankündet, wenn es schwül und drückend ist, dann schwirren Fliegen und Mücken ganz niedrig über dem Boden, vor allem über dem Wasser: „Wenn die Schwalben fischen, kommt ein Gewitter." „Siehst du die Schwalben niedrig fliegen, wirst du Regenwetter kriegen." „Fliegen die Schwalben hoch in den Höhn, kommt ein Wetter, das ist schön."

So wie die Rückkehr der Schwalben den nahen Frühling ankündet, so kündet ihr Wegziehen auch das Ende des Sommers an: „An Mariä Geburt (8. September) ziehen die Schwalben furt; bleiben sie da, ist der Winter nicht da." „Auf Schwalb' und Eichhorn, merke bald, wenn sie verschwunden, wird es kalt." „Wenn die Schwalben zeitig ziehn, kommt früh die Kält, vor der sie fliehn."

Schalmeien am Kuckuckstag

Dem Kuckuck, dem ungeselligen, gefräßigen Kerl, der seine Eier in fremde Nester schmuggelt, traut man allerhand zu. Sein eigenes Nest kann er nicht beschmutzen, da er keine Vogelwiege baut. Wer sonst also kann die weißen Schleimklümpchen ins Gras gespuckt haben? Es scheint, als hätte sich der hübsche Rufer aus dem Wald gerade das Wiesenschaumkraut ausgesucht, um seinen überflüssigen Mundspeichel auszuspucken.

Der Volksmund bringt den Kuckuck mit den weißen Schaumbällchen auf den Pflanzenstengeln in Verbindung und nennt sie

April

„Kuckucksspeichel". Ihre Entstehungsgeschichte ist wirklich geheimnisvoll, so daß es uns nicht wundert, wenn der Kuckuck als Erzeuger herhalten muß. Wer vermutet schon, daß unter den blasigen Schaumgebilden die Larven der Wiesenschaumzikaden sitzen. Wie Seifenblasen auf der Wiese. Was für Geheimnisse umgeben doch den Kuckuck, den wir immer nur hören, aber nicht sehen. Viele „Kuckuckssprüche" gibt es, in denen er sogar mit dem Teufel im Bunde steht. „Zum Kuckuck!" rufen wir, wenn wir etwas suchen und nicht finden. Wenn „der Kuckuck los ist", geht alles drunter und drüber. Ärgerlich und resignierend ist die Äußerung „das weiß der Kuckuck". Ein Ausruf der Verärgerung ist auch „hol's der Kuckuck!" Wenn man verloren ist, dann ist alles „beim Kuckuck". Soll jemand verschwinden, dann muß er „zum Kuckuck gehen". Er kann aber auch „zum Kuckuck geschickt" werden. Wer in Rage ist, der sagt „zum Kuckuck nochmal!" Wenn der Gerichtsvollzieher die Möbel verpfändet, klebt er „den Kuckuck" daran. Einem kleinen Jungen „fliegt der Kuckuck weg", wenn der Hosenlatz aufsteht. Und ein Erwachsener meint, „sein Kuckuck singe besser als des Andern Nachtigall."

Ein Kuckuck wird von „Stiefeltern" aufgezogen, und denen bleibt er „treu". Das Kuckucksweibchen legt seine Eier fast immer in das Nest der Vogelart, bei der es selbst groß geworden ist. Etwa zehn Eier verteilt es auf zehn verschiedene Nester. Dabei geht das Weibchen schlau vor. Es sitzt auf der Lauer und wartet. Ist ein Nest unbewacht, legt es zu den Eiern der anderen Vögel schnell sein eigenes und verschwindet. Das Tollste dabei ist, daß das Kuckucksei dieselbe Farbe wie die richtigen Eier hat. Aber etwas größer ist es schon. Kommt ein Kuckucksweibchen an ein Nest nicht gut heran, legt es sein Ei schon draußen und schiebt es dann mit dem Schnabel hinein. Hin und wieder schieben auch Menschen einem anderen was in die Schuhe, wenn sie im „ein Kuckucksei ins Nest legen".

„Der Kuckuck ruft seinen eigenen Namen", heißt eine sprichwörtliche Redewendung. Das trifft aber nur für das Männchen zu, wenn „der Kuckuck aus dem Walde ruft". „Quickwickwick ..." schallt es durch den Forst, wenn das Weibchen schreit, und das klingt wie menschliches Gelächter. Hätten wir den Kuckuck nach dem Ruf des Weibchens benannt, würde er „Quickwick" heißen.

„Tiburtius kommt mit Sang und Schall, bringt Kuckuck mit und Nachtigall", heißt eine alte Bauernregeln für den Tiburtiustag (14. April). Der nachfolgende Tag (15. April) galt bei unseren Vorfahren als „Kuckuckstag". Er wurde landaus, landein als Familienwandertag genutzt. Eltern und Kinder machten einen Waldspaziergang, um den scheuen Waldvogel das erstemal zu hören. Allerei Aberglaube rankte sich um den ersten Ruf des Kuckucks. Hatte man kein Geld in der Geldbörse, so blieb man das ganze Jahr pleite. Die Kinder durften einen Glückspfennig in der Hosentasche tragen. Man glaubte daran, so viele Jahre noch zu leben, wie man den Kuckuck rufen hörte. Dabei schnitzte der Vater Schalmeien, Flöten aus Hasel- oder Weidenrinde, die jetzt wieder im Saft stand und sich leicht mit dem Messer abschälen ließ. Mit den Schalmeien ahmten die Kinder den Ruf des Kuckucks nach: „Kuk-kuck, Kuk-kuck …!" Das erste „Kuckucksbrot" wurde an diesem Tag im Wald gegessen, die herbsäuerlichen Blätter des Waldsauerklees.

Zusammen mit der Schwalbe und der Lerche spielte der Kuckuck als Frühlingsherold und Wetterprophet bei unseren Vorfahren eine bedeutende Rolle, kam er doch Mitte April aus dem heißen Afrika wieder zurück: „Wenn der Kuckuck schreit, wird der Hafer grün." „Wenn der Kuckuck schreit, ist zu allem Zeit." „Wenn der Kuckuck ruft im Wald, regt sich jung und alt." „Ein Kuckuck, der um Mittag viel schreit, ein Storch, der viel klappert, und die wilden Gänse, die sich sehen lassen, verkünden einen warmen Frühling." „Eine Lerche, die singt, noch keinen Sommer bringt; doch rufen Kuckuck und Nachtigall, so ist es Sommer überall."

Früher glaubte man, der Kuckuck wäre mit seinem Verhalten einmalig in der Tierwelt. Aber auch manche Insekten tragen seinen Namen zurecht. Die Kuckucksbienen legen ihre Eier in fremde Nester, weil sie keine „Höschen" haben. „Höschen" nennt man die langen Haare an den Hinterbeinen der Honigbienen, zwischen denen sie den Pollen transportieren. Die Kuckucksbienen bestücken die Wagenzellen eines Bienenvolkes mit „Kuckuckseiern". Ihre Larven schlüpfen

früher und fressen das Futter auf. Die Kuckucks- oder Schmarotzer-
hummeln machen es genauso.

Überfallartig erobern die Kuckuckswespen ein fremdes Nest. Das
Kuckuckswespen-Weibchen tötet die richtige Wespenkönigin und
setzt sich selbst auf den „Thron".

Rund ums Ei

Das Ei genoß in vielen alten Religionen ganz besondere Verehrung. Es stand im magischen Arsenal der traditionellen bäuerlichen Welt an vorderster Stelle. Es war ein Werkzeug des Hexers,
der sich seiner bediente, um die Ernten zu zerstören: fand man zer-
schlagene Eier an den Rändern eines verwüsteten Feldes, so sah man
Hexenwerk darin. Aber das Ei stellte seine Macht auch in den Dienst

des Guten: Je nach Gegend glaubte man von den Eiern, die an Gründonnerstag, Karfreitag oder am Himmelfahrtstag gelegt wurden, daß sie niemals faulen und mit zuverlässiger Gewißheit Gewitter, Feuersbrunst, Krankheit und Zauberei abwenden. Damit sie diese schützende Rolle übernehmen konnten, legte man sie auf den Fenstersims, in einen Türwinkel oder man fügte sie gar ins Mauerwerk ein.

Im alten Persien verwendete man das Ei als Opfergabe zum ersten Frühlingstag.

Das Osterei im christlichen Sinn ist ein Symbol der Auferstehung. Die Schale bedeutet das Grab, aus ihr geht ein lebendiges Wasser hervor. Nach altergermanischem Volksbrauch ist das Ei das Symbol der Fruchtbarkeit und der ewigen Wiederkehr des Lebens. So begegnet uns das Ei nicht nur im Frühlings-, sondern auch im Erntebrauchtum. Eier gehören nicht nur in den Ostereierstrauß und in den Erntekranz, sondern auch in den Weihnachtsbaum.

Ein Frühlingsopfer mag das Ei gewesen sein. Es trat an die Stelle des lebendigen Opfertieres, denn Vieh und Geflügel, das über den Winter gebracht worden war, diente der Aufzucht. Bis zum Mittelalter wurden die Eier gleich nach dem Legen gekocht, weil sie sich dann länger hielten: Ursprung unseres hartgekochten Ostereies.

Nach dem altdeutschen Eiergesetz mußte der Grund- und Bodenzins in Form von Eiern erbracht werden. Da der Stichtag für die Zinseier Ostern war, wird angenommen, daß der Begriff „Osterei" und die Sitte, zu Ostern Eier zu verschenken, auf diese Tatsache zurückgeht.

Bunte Eier sind uralt. Schon vor fünftausend Jahren haben die Chinesen buntverzierte Eier zum Frühlingsanfang verschenkt. Bei uns waren ursprünglich weiße Eier Brauch. Sie wurden ungefärbt verschenkt. Erst im zwölften Jahrhundert gibt es Berichte darüber, daß sie bemalt wurden. Rotgefärbte Eier sind uns schon aus dem alten Ägypten bekannt. Es mag wohl sein, daß Rot als Farbe des Lebens, als Farbe des Lichtes und der Sonne und als Farbe des Gewittergottes Donar, später auch als Farbe des Blutes, das Christus für uns vergossen hat, stärker als andere Farben gewirkt hat.

Das Ei als Symbol des Erlösers, der aus dem Grabe zum Leben ersteht, damit alle, die an ihn glauben, durch ihn zum neuen Leben auferstehen können, hat so der Sitte, Eier zu schenken, neuen Sinn gegeben.

Besonders schön gemalte und verzierte Ostereier bekommen die Kinder von ihren Paten geschenkt. In Südtirol schenkten die Mädchen ihren Burschen schön verzierte Ostereier und erwarteten natürlich, daß sie eine Gegengabe erhielten. Oder sie schenkten sich gegenseitig Ostereier, die mit Versen beschrieben waren, die wie Frage und Antwort wirkten.

Der Osterhase ist die umstrittene „Person" des Osterfestes. Er bringt den Kindern erst seit dem 16. Jahrhundert allein die Eier, denn vorher besaß er allerlei Mitbewerber um dieses Amt: in Holstein und in Sachsen war es der Hahn, im Elsaß der Storch, in Hessen der Fuchs und in der Schweiz der Kuckuck, der den braven Kindern die Eier ins Nest legte. Der Hase aber gewann zum Schluß das Rennen, weil er unter allen Tieren der heimischen Wiesen und Felder das fruchtbarste gewesen ist, also das beste Frühlingssymbol darstellt. Außerdem war er das Tier der Liebesgöttin Aphrodite und der Begleiter der germanischen Erdgöttin Hulda.

Und wer war nun zuerst da, das Huhn oder das Ei? Eduard Mörike hat die Frage in einem Vers beantwortet: „Die Sophisten und die Pfaffen stritten sich mit viel Geschrei:
Was hat Gott zuerst erschaffen, wohl die Henne, wohl das Ei?
Wäre das so schwer zu lösen? Erstlich ward ein Ei erdacht, doch weil noch kein Huhn gewesen, Schatz, so hat's der Has' gebracht."

Narzissen, poetische Düfte an Ostern

Narzissen, exotische Gartenschönheiten von betörendem Duft und farblicher Eleganz aus der phantasiereichen Familie der Amaryllisgewächse, konkurrieren mit Hyazinthen und Tulpen um die Gunst des Frühlings. In der Sprache der Blumen sind sie Sinnbilder

für stolze Schönheit und eitle Eigenliebe. „Die Narzissen erscheinen im Lande, die Zeit des Singens ist da, und das Gurren der Turteltaube hebt an." So preist die Bibel im Hohen Lied Salomos die „Schönen im Lande". „Freuen sollen sich die Wüste und das dürre Land, frohlocken die Steppe und blühen! Gleich der Narzisse soll sie blühen und frohlocken, ja frohlocken und jubeln!" So spricht Jesaja von der „Speise der Seele", wie einst der Prophet Mohammed seine Lieblingsblumen nannte. Erst die deutsche Romantik greift sie als Osterblumen oder Osterglocken auf, läuten sie doch in der Nacht der Auferstehung des Herrn.

Namenspate stand der schöne griechische Jüngling Narkissos (Narzissus). Dieser stand in der Liebesgunst der schönen Bergnymphe Echo, die sich in Liebesleid nach ihm verzehrte. Narzissus verschmähte die angebotene Liebe und wurde von Aphrodite als Liebesverächter radikal bestraft. Weil er eine Nymphe verschmähte, wurde er dazu verdammt, nur sich selbst zu lieben. Worauf der Ärmste sich in unstillbarer Sehnsucht nach sich selbst verzehrte, sich in sein Spiegelbild in einer klaren Quelle verliebte. An dieser Liebe ging er dann zugrunde und nahm sich das Leben. Aus seinem Blut sprossen dann jene Blumen auf, die wir heute Narzissen nennen. Die Griechen sahen in dieser Pflanze ein Symbol der Vergänglichkeit und weihten sie den Göttern der Unterwelt.

Geradezu überwältigend ist die Duftwirkung mancher Narzissen, so der Dichternarzisse (Narcissus poeticus). Sie und ihre zum Verwechseln ähnliche Schwester Narcissus angustifolius sind rein weißblütig mit rotrandiger Nebenkrone. Der Name Dichternarzissen, den sie beide führen, faßt die Lobeshymnen, die man ihnen schon seit Jahrtausenden zollt, klassisch knapp und sicher zusammen. Manche riechen stark nach Orangen wie die kleinen, gelben Jonquillen, andere nach Zitronen oder Pampelmusen.

Die meisten Narzissen stammen aus dem Mittelmeergebiet und die vielen goldgelben Sorten mit den trompetenförmigen Nebenkronen, im Volksmund als Osterglocken bezeichnet, verraten durch ihre Farbe ihre sonnenüberflutete Heimat. Sie bringen die ersten bunten Farbtupfer in die Gärten.

„Helios", „Die Sonne", „Rosy Sunrise" und „Golden Ducat" heißen die botanischen Arten, die Varietäten und die veredelten Sorten aus einem Sortiment mehrerer tausend Narzissen. Andere tragen geheimnisvolle Männernamen wie eben Narzissus, dessen Selbstbewunderung uns diese Frühlingsblume schenkte: „King Alfred", „Edward Buxton", „Peeping Tom" und „Laurens Coster".

Doch was macht die Bergnymphe Echo, die Unglückliche, die sich in unerfüllter Liebe nach Narzissus verzehrte? Nur ihre Stimme blieb übrig, die im Gebirge als klagender Widerhall immer noch ihr dürftiges Dasein fristet.

Gegen Warzen ist ein Kraut gewachsen

Das Aufblühen der kleinen, gelben Mohnblüten des Schöllkrautes im April war für unsere Vorfahren ein sichtbares Zeichen für den endgültigen Sieg des Frühlings über den Winter. Für die Mönche im Mittelalter, in deren Klostermauern das Kraut gerne wuchs, verband sich mit dem Aufblühen des Schellkrautes, wie es auch genannt wird, die Rückkehr der Schwalben aus dem fernen Afrika. Beide waren Frühlingskünder. Kein Wunder, daß man den botanischen Namen des Mohnkrautes, wie es im Volksmund auch heißt, „Chelidonium", mit dem griechischen Wort „chelidon" (= Schwalbe) in Verbindung bringt. Und Aristoteles, der als Vater der Naturgeschichte gilt, berichtet, die Menschen seien auf die Heilkraft des Schöllkrautes aufmerksam geworden, als sie beobachteten, wie die Schwalben ihren noch blinden Jungen den Milchsaft der Pflanze in die Augen träufelten, so daß diese sehend wurden. Im Wappenschild dieser uralten Heilpflanze steht eine Schwalbe.

Sprachkundler behaupten, der Schöllkrautname „Chelidonium" leite sich vom griechischen Wort „kalido" (= beflecken) ab, denn alle Teile der Pflanze enthalten einen orangegelben Milchsaft, der die Haut braun färbt. Auf alle Fälle: Das deutsche Wort Schöll- oder Schellkraut kommt von „Chelidonium".

Die verschiedenen Volksnamen der heilkräftigen Pflanze bezeichnen Standort, Beschaffenheit, Aussehen und Anwendung: Mauerkraut, Schuttkraut, Gelbkraut, Warzenkraut, Mohnkraut, Schwalbenkraut, Teufelsmilch, Gelbmilch, Leberkraut, Gallenbalsam und Geschwulstkraut. Die zur Familie der Mohngewächse gehörende Pflanze enthält in allen Teilen einen stark klebrigen, ätzenden, gelben Milchsaft, der an der Luft sehr schnell eintrocknet und allmählich rotbraun wird. Der Milchsaft, das Alkaloid Chelerythrin, ist ein starkes Reizgift und beseitigt Warzen. So ist auch der Gebrauch des Saftes seit altersher in der Volksmedizin bekannt. Ein einmaliges Betupfen der Warzen hilft wenig. Die tägliche Anwendung des ätzenden Milchsaftes bewirkt nach ein bis zwei Wochen eine Beseitigung der Warzen. Vorsicht! Der klebrige Saft darf nicht an die Schleimhäute oder in die Augen kommen.

Die Pflanze ist bei uns, auf Schuttplätzen und in altem Gemäuer wachsend, weit verbreitet. Aus der Mohnblüte entstehen Schotenfrüchte mit schwarzen Samen, die fleischige Anhängsel tragen. Diese locken ihres süßen Duftes wegen Ameisen an, die die Samen verschleppen und zur Verbreitung der Pflanze beitragen. Oft wächst das Schöllkraut aus zerbröckeltem Mauerwerk mit sandigen Ameisennestern am Wurzelbereich.

Arzneilich werden Kraut und Wurzelstock genutzt. Neben dem „Warzen-Alkaloid" ist das Chelidonin am bekanntesten. Es wirkt krampflösend auf die glatte Muskulatur, ist daher gallensafttreibend und hilft bei Magen-, Darm- und Gallenkoliken. Das Galle- und Leberkraut, das auch blutdrucksenkende Wirkung hat, wird als Teeaufguß bei Gallenblasenentzündungen und Leberleiden genommen, wobei man den Tee am besten mit etwas Pfefferminze mischt.

Pro Tasse Tee nimmt man einen Teelöffel der Schöllkraut-Pfefferminz-Mischung. Höhere Dosierungen muß man vermeiden: Schöllkraut in großen Dosen kann zu Vergiftungen führen! Allerdings geht beim Trocknen der Pflanze ein Großteil des Giftes verloren. Die pharmazeutische Verarbeitung zu Warzenmitteln steht heute im Vordergrund.

Das Schöllkraut hat seit jeher wegen seines auffällig gefärbten Milchsaftes das Interesse der Menschen erregt und ihre Phantasie beflügelt. Die Alchimisten nannten diese Pflanze eine Himmelsgabe, weil sie in dem gelben Saft alle vier Elemente und den Stein der Weisen, die Voraussetzungen der Kunst des Goldmachens, vermuteten.

Wenn der Baum stirbt, dann stirbt auch der Mensch

Der „Tag des Baumes" ist auch bei uns mittlerweile zur festen Einrichtung geworden. Die Einrichtung der Baumtage, die bei uns neu ist, gibt es in den Vereinigten Staaten seit geraumer Zeit. Am 22. April 1872 führte der Landbausekretär Julius Sterling Morton eine erste Baumpflanzaktion mit der Schuljugend in Cleveland durch.

Zeitungsberichten zufolge soll bereits am 10. April 1872 ein Landwirt 10 000 Pappeln und Weiden in der Umgebung von Lancaster gepflanzt haben. 1874 wurde in den USA der „Tag des Baumes" auf den dritten Mittwoch im April festgesetzt.

Die Einführung dieses Tages ist ein vortrefflicher Beweis für Mortons Liebe zur Natur, der wie kein anderer Amerikaner soviel für die Bepflanzung seines baumarmen Landes getan hat.

Offiziell gibt es den Baumtag seit dem 27.11.1951, an dem die Vereinten Nationen weltweit die Einführung des „Tag des Baumes" für den 10. oder den 22. April beschlossen.

Auch in Deutschland schien es geboten, die Anteilnahme an der Erneuerung unseres Waldes in den weitesten Kreisen zu wecken. Es war lange vor dem Phänomen des Waldsterbens und vor der Gründung von Naturschutzorganisationen. Es ist vornehmlich das Verdienst der „Schutzgemeinschaft Deutscher Wald", durch Einführung eines alljährlich abzuhaltenden Baumtages die Jugend und das Volk zur Achtung vor Baum und Wald zu erziehen. Wie dabei der 4. Mai (Florianstag – Vogeltag) zu unserem „Tag des Baumes" wurde, ist ungeklärt.

Seit jeher gilt der Baum als Symbol für Leben, Schutz und Geborgenheit, Standfestigkeit und Vertrauen. Wenige Lebewesen haben für uns Menschen eine so zentrale und vielfältige Bedeutung wie der Baum. Nicht zufällig finden sich Bäume als Weltenbäume, Lebensbäume, Schicksalsbäume, Bäume der Erkenntnis in allen Religionen dieser Welt. Der Baum im Märchen und in Sagen, in Malerei, Dichtung und Musik, als Ort der Kommunikation, der Liebe, des Todes, des Schutzes, der Rechtsprechung aber auch als Maibaum, Richtbaum, Tanzbaum, Glücksbaum, Freiheitsbaum, Christbaum, Stammbaum und dergleichen zeigt deutlich, wieviel Gemeinsames uns mit Bäumen verbindet.

Keine Frage also – das beweist die weltweit geübte Sitte, einen „Tag des Baumes" zu begehen –, daß Bäume für die verschiedenen Kulturkreise von großer Bedeutung sind, am meisten jedoch wohl für uns Mitteleuropäer. Erich Kästner bringt dies in seinem Gedicht „Die Wälder schweigen" vortrefflich zum Ausdruck: „Mit Bäumen kann man wie mit Brüdern reden und tauscht bei ihnen seine Seele um." Eine bekannte Redensart ist: „Wenn der Baum stirbt, dann stirbt auch der Mensch." In der vom Baum- und Waldsterben geprägten aktuel-

April

len Situation kann uns deshalb nicht genug bewußt werden, wie groß die Bedeutung der Bäume für unsere Kultur ist.

Ein Baum ist schön. Seine volle Schönheit aber zeigt er nicht im Kollektiv des Waldes, sondern im freien Stand. Dann wird der Baum zum Individuum, zur Persönlichkeit. Eine jede Landschaft wandelt mit ihren Bäumen unmerklich ihr Gesicht – bis die Bäume auf einmal als Baumriesen vor uns stehen. Vorher hat man ihr Wachstum nicht bemerkt.

Bis vor kurzem wurden die Bäume oftmals mit scheelen Augen angeschaut, besonders in den Städten, an den großen Verkehrsstraßen, aber auch in der Ackerflur. Autofahrer entpuppten sich als ihre größten Feinde – die gleichen Menschen, die mit ihren Fahrzeugen an Wochenenden und im Urlaub den Schatten und die Kühle der Bäume suchen. Verkehrsplaner schlachteten noch vor kurzem die Alleen, Architekten wollten den Bäumen das Lebensrecht in den Städten absprechen. Sie alle wollten nicht wahrhaben, daß wir Bäume nicht nur zur Gesunderhaltung unserer eigenen Lebensumwelt benötigen.

Es geht aber um mehr. Im Baum haben wir die letzte Verbindung zu jenen früheren Zeiten, da der Mensch das Göttliche in Bäumen und Hainen, in Quellen und Hügeln verehrte.

Jeder Baum ist Abbild und Sinnbild des Friedens auf Erden. Was aber ist uns in diesem Zeitalter der Rastlosigkeit und Heimatlosigkeit nötiger als Stille und Geborgenheit? In einer Zeit immer größerer Attraktionen brauchen wir die Rückkehr zu der sich uns in immer neuen und doch so alten Bildern offenbarenden Pflanze. Menschen, deren Verhältnis zu Bäumen intakt ist, besitzen ein Reservoir, zu dem die Dämonen der heutigen Zeit keinen Zutritt besitzen.

Fliederduft und Flötenspiel

W enn der weiße Flieder wieder blüht ...", ist der berauschende Höhepunkt des Frühlings gekommen. Unter den Duftrausch der Frühlings-Blütensträucher mischt sich der wahrhaft poetische Fliederduft, der am besten zu dem Wunschbild paßt, das die Erwartung des Lenzes in uns erklingen läßt.

Fliederduft! In seiner fruchtig-süßen Fülle werden alle Sehnsüchte nach inniger Naturverbundenheit wieder wach. Auch wenn dieses strahlende Blühfest des Vollfrühlings bald wieder verrauscht, so bleibt doch mit der Erinnerung an ein köstliches Erlebnis der Wunsch nach Wiederholung in uns rege. Ein Garten ohne Flieder ist wie ein Sommer ohne Sonne.

Den starken, weit umherschweifenden, typischen Fliederduft erleben wir ungeschwächt und unverfälscht bei dem lilablütigen Urtyp, bei Syringa vulgaris, dem Flieder oder der Syringe schlechthin. Aus dem Flieder sind in den letzten hundert Jahren nicht weniger als 500 Gartenformen mit weißen, blauen, violetten, roten und sogar gelblichen Farbtönen, mit einfachen und gefüllten Blüten, entstanden. „Le lilas" heißt der Flieder im Französischen, was die lilafarbene Stammform mit ihrer besonderen Duftnuance hervor-hebt.

Der weiße Flieder wurde zum Sinnbild der ehelichen Liebe. In der Blumensprache des Biedermeier symbolisierte er die bevorstehende Hochzeit: „Eilen wir zum Altare, ehe die Jugendzeit verstreicht."

Alle Fliederarten lieben einen nahrhaften, tiefgründigen, etwas kalkhaltigen Boden und einen vollsonnigen Standort. Nur dort kann er seinen betörenden Duft ungeschmälert verschenken. Immerhin liegt die Heimat der Syringe oder Syringa, wie der Flieder bei den Gärtnern heißt, in den Ländern des östlichen Mittelmeerraumes. In Kleinasien und Griechenland stand die Wiege der lilablütigen Urform.

Hier bastelten sich einst die griechischen Ziegenhirten aus der leicht abschälbaren Rinde der Syringe ihre Flöten, getreu nach der Rohrflöte des Pan, ihres Beschützers. Die Sage erzählt von der Nymphe Syrinx, die sich in panischer Angst vor den hartnäckigen Verfolgungen des übermütigen jungen Pan fast zu Tode rannte, bis ein gnädiger Gott sie durch Verwandlung in einen Rohrbusch rettete. Als Pan plötzlich vor dem Busch statt vor dem Mädchen stand, zuckte er die Achseln, schnitt ein Rohr ab und pfiff sich ein Liedchen darauf: die Hirten- oder Panflöte, die „Syrinx", war geboren.

Als Ölbaumgewächs ist unser Flieder nahe verwandt mit der Forsythie, dem Liguster und dem Jasmin, nicht aber mit „dem Flieder der Norddeutschen", dem Schwarzen Holunder.

Die Pflege der Syringe beschränkt sich auf das Auslichten der aus den Wurzeln kommenden Wildtriebe, die sonst in wenigen Jahren die Edelpflanze ganz unterdrücken würden. Die abgeblühten Rispen schneidet man aus.

Wenn der Ginster flammt …

Auf Triften und Heiden, an sandigen Böschungen, auf trockenem Brachland und an sonnigen Wegrändern blüht er in verschwenderischer goldgelber Fülle, meist in großer Gesellschaft, oft massenweise – selten allein. Er hält Hochzeit bis in die Tage der Sommersonnenwende hinein. Der Ginster flammt. Sonnengelb ist seine Farbe. Er entfaltet ein wogendes Meer von Schmetterlingsblüten, kehrt seine im Wind sanft geblähten Flügel und Fahnen der Sonne zu, öffnet seine schmalen geschwungenen Nachen, aus denen zarte, fein geringelte

Staubblättchen lächeln und Bienen und Hummeln um süßen Trank einladen. Die wiegenden goldstrahlenden Blütenschiffchen locken auch zierliche Marienkäferchen zum sanften Schaukeln herbei. Schillernde Falter umschwärmen den flammend gelben Strauch, dessen Blüten in kopfförmigen Trauben, dem Goldregen gleich, an breiten geflügelten Stengeln übereinander träumen.

Romantische Blütenpoesie in Erwartung des sommerlichen Hochfestes. Doch diese wird jäh zerstört, wenn man weiß, daß blutsaugende Zecken auf den holzigen Stengeln des Ginsters einen idealen Aufenthaltsort finden, von denen sie sich auf vorbeistreifende Tiere fallen lassen. Ein Bett in der Nähe des Ginsters kann auch für Verliebte zum Verhängnis werden.

Der im Winter rauh aussehende Strauch ist aber empfindlich gegen strengen Frost, schlägt jedoch in den Jahren danach immer wieder aus. In den Jahrhundertwintern 1960/61 und 1962/63 erfroren alle Ginster; zwei Jahre später flammten die Sträucher wieder in purem Gold.

Der gesellige Besenginster (Cytisus scoparius), im Volksmund auch Besenpfriem, Besenstrauch, Mägdekrieg, Gilbstrauch oder „Bremme" genannt, war im Mittelalter ein wirksamer Schutz gegen Hexerei. So wurde mit ihm das Haus gefegt: die bösen Geister, Dämonen und Winterunholde wurden ausgekehrt. Die harten zweigähnlichen Stengel wurden später auch als Straßenfeger und Kaminbesen genutzt.

Aus den gelben Blüten wurden im Mittelalter in der Volksmedizin aphrodisierende Liebestränke gekocht. Im Volksglauben sind es die Nachtigallen, die Ginstersträucher gerne als Ort für ihre Kinderstuben aussuchen. Daran glaubte wohl auch schon der große Gelehrte Alkuin (735–804), der Karl den Großen unterrichtete. Er pflanzte Besenginster rings um sein Haus, um Nachtigallen dort heimisch zumachen, zumal Nachtigallen als Liebesboten gelten.

Auch in der Volksheilkunde unserer Vorfahren hatte der Besenginster einen festen Platz. Junge Zweige wurden gekocht. Der Tee tötete Kopfläuse ab und soll Seitenstiche geheilt haben. König Heinrich VIII. von England muß ungeheure Mengen davon gegen Magenbeschwerden getrunken haben, bedingt durch ständige Völlerei.

Die jungen Triebe, die einen übelerregenden Geschmack haben, enthalten als wirksame Bestandteile Spartein und Scoparin. Spartein wird in der Medizin als herz- und kreislaufstärkendes Mittel eingesetzt, Scoparin ist stark harntreibend und lindert Nieren- und Leberbeschwerden. Die Wirkstoffe werden in Fertigarzneimitteln zur Regulierung der Herztätigkeit bei Rhythmusstörungen und bei venösen Stauungen angeboten.

Vor der Selbstbehandlung mit der Schnittdroge des Ginsters wird vielfach gewarnt, da diese schwer dosierbar ist und zu Vergiftungen führen kann. In der Homöopathie wird „Sarothamnus scoparius", wie der botanische Name des Ginsters auch lautet, bei Herzrhythmusstörungen und allergischen Hautkrankheiten mit Erfolg eingesetzt.

ॐ Mai ॐ

Der Mai ist gekommen

"Der Mai ist gekommen, die Bäume schlagen aus …" Dieses alte Volkslied beschreibt auf einfache Weise ein gewaltiges Naturereignis, das sich seit Jahrmillionen in jedem Frühling wiederholt: die Entfaltung und das Wachsen der Blätter. Innerhalb kurzer Zeit bilden die Bäume Hunderttausende von Quadratkilometern Blattfläche neu. Dieser Blattaustrieb erscheint uns als so selbstverständlich, daß wir überhaupt nicht damit rechnen, er könnte einmal ausbleiben. Das hätte für die gesamte Natur und auch für uns Menschen katastrophale Folgen, und vielleicht wollen deswegen die meisten Menschen nicht wahrhaben, was bei genauer Betrachtung schon unübersehbar ist: Viele Bäume schlagen nicht mehr aus, sie bleiben blattlos oder verlieren ihr Laub viel zu früh und sterben. Der Wald in Europa, aber auch in Nordasien und in Nordamerika, ist krank. Er stirbt nicht an natürlichen Schädigungen wie Trockenheit, Insektenfraß oder Wind- und Schneebruch, sondern an von uns Menschen verursachter Luftverschmutzung. Und wir tun immer noch so, als könnten wir uns Zeit lassen mit der Entgiftung der Abgase unserer Fabriken, unserer Autos und unserer Heizungen. Aber wir haben keine Zeit mehr. Wenn wir das nicht sehr schnell begreifen und wirklich danach handeln, werden die Bäume in wenigen Jahrzehnten nicht mehr im Mai ausschlagen!

Wir beklagen uns bitter über das Absterben kälteempfindlicher Nutzpflanzen in unserem Garten, wenn die späten Maifröste kommen. Die Katastrophe des Waldsterbens – nicht von der Natur, sondern von Menschen selbst verursacht – übersehen wir. Was Ludwig Uhland in seinem Gedicht „Frühlingspause" einst sagte, stimmt im nächsten Jahrhundert schon nicht mehr: „Die Welt wird schöner mit jedem Tag, man weiß nicht, was noch werden mag, das Blühen will nicht enden." Man weiß nicht, was noch werden mag!

Von der Blüte zur Frucht ist es ein langer Weg, und beileibe nicht jede Blüte wird reifen, meint der norwegische Dichter Björnstjerne Björnson:

„Mit Blatt und Knospen stand fertig der Baum.
„Soll ich – ?" blies der Frühfrost aus dem eisigen Raum.
„Nein, Liebster, sei lind,
Bis wir Blüten geworden sind."
So baten die Knospen tief in ihrem Traum.

Der Baum trug Blüten, die Nachtigall sang,
„Soll ich – ?" rief der Wind und schüttelte sie lang.
„Nein, laß lieber Wind,
Bis wir Früchte geworden sind!"
So baten alle die Blüten und zittern bang.

Und der Baum reifte Früchte in der Sommersonnenglut.
„Soll ich – ?" fragte lächelnd das junge schöne Blut.
„Ja, du darfst, lieb Kind!
Nimm so viele, wie da sind!"
Sprach der Baum und beugte sein schwellendes Gut."

Viele sehen „Maia" (= Mütterchen), eine Gestalt aus der griechischen Mythologie, als eigentliche Namensgeberin des Monats an. Maia war die älteste Tochter des Atlas und als solche zugleich Erdgöttin und Mutter des Wachstums. Später wurde die griechische Maia mit der gleichnamigen römischen Erd- und Maigöttin verschmolzen. Als Tochter des Faunus und Kultgenossin des Vulkan symbolisiert auch diese eine Wachstumsgöttin.

Die deutschen Lyriker haben den Blütenmonat zum Wonnemonat erkoren. Wonne ist nach Auskünften der Sprachforscher alles, was Lust, Freude oder Genuß bereitet. So wird der Wonnemonat Mai zum Symbol für Freuden und Vergnügungen aller Art, die er in reicher Fülle bereithält. Der eine wandert hinaus in den erwachenden Frühlingswald und genießt die Stille und Einsamkeit. Der andere mag es lieber laut und zünftig und wenn möglichst viele Gleichgesinnte um ihn versammelt sind. Im Kreis der Familie bietet sich an milden Maiabenden eine erfrischende Maibowle an, zubereitet mit dem echten Waldmeister, dessen Gehalt an Cumarin ihm den angenehmen, würzigen Duft verleiht. Wieder andere finden in der Gartenarbeit, die im Mai in reichem Maß ansteht, ihre Erfüllung.

Untrennbar ist der Wonnemonat mit der Liebe verbunden. Der Mai läßt dabei weniger stürmische Leidenschaft auflodern, sondern eher die zarte, wachsende, junge Liebe. Sie scheint so sehr dem Monat zu gleichen, der leise und unaufdringlich erwachenden Natur, die doch zugleich unaufhaltsam und mächtig alle verändert und wandelt.

In diesem Sinne hoffe ich, daß sich auch die Menschheit wandelt und die Gefahr eines „stummen und toten Frühlings" doch noch rechtzeitig erkennen wird, daß Knospen, Blätter, Blüten und Düfte im Mai noch unsere Urenkel auf diesem Planeten erfreuen werden.

Fruchtbarkeitsbräuche

Ovid, der römische Dichter der Liebe, ordnet das Tierkreiszeichen „Stier" der Venus zu. Venus, die Göttin der Schönheit und der Liebe, war für ihn Sinnbild harmonischen Wachstums, formgebender Schönheit und körperhafter Sinnenfreudigkeit. Bei den Griechen wurde die Schönheit der blühenden Erde durch Aphrodite verkörpert. Nach dem Glauben der Germanen fand um diese Zeit die Hochzeit zwischen Wotan und seiner Gattin Freyja statt, wobei der Frühlingsgott Baldur als Symbol der Fruchtbarkeit einen „Maienzweig" als Geschenk überreichte.

Zu Ehren der Venus und der altitalischen Vegetationsgöttin Flora fanden im alten Rom anfangs Mai die Floralien statt. Ein Kollegium von zwölf römischen Priestern, Flurbrüder genannt, führten einen Flurumgang durch, um Fruchtbarkeit und Schonung für die Felder zu erbitten. Es folgten mehrtägige Floralien-Spiele, bei denen Flora in Gestalt einer jungen Frau mit grünenden Zweigen und einem Blütenfüllhorn dargestellt wurde.

Auch bei den Germanen wurde am ersten Mai ein Frühlingsfest gefeiert. In der Nacht zuvor, der Walpurgisnacht, versammelten sich nach dem Volksglauben alle Hexen und Dämonen, die Trabanten des Winterdrachen, bevor sie von der Sonne vertrieben wurden und bis zum Herbst in die Unterwelt zurückkehren mußten. Walpurga, die keusche weißgekleidete Wachstums- und Vegetationsgöttin der Germanen, wurde die ganze Nacht von den Hexen verfolgt. Am nächsten Morgen wurde sie als Maifrau in einem blumengeschmückten Wagen durch die Straßen geführt.

Bis zum heutigen Tag werden Maifeiern veranstaltet, bei denen sowohl der „Maistrauß", der „Maibaum", wie auch die „Maikönigin" oder „Maibraut" eine Rolle spielen. Die Maikönigin entspricht der Freyja, die Maibraut der germanischen Walpurga.

Fruchtbarkeitscharakter trägt auch der Maibaum. Er ist in unseren Landen seit dem 12. Jahrhundert bezeugt. An den meisten Orten durften ihn nur die Junggesellen herrichten und aufstellen. Sie fällten im Wald eine Fichte, mit ihren grünen Nadeln Symbol der immerwährenden Fruchtbarkeit, und stellten sie im Dorf auf. Derweilen flochten die heiratsfähigen Mädchen einen Kranz, den sie mit Blumen schmückten. Ein blondgelockter Jüngling befestigte den Kranz unterhalb des Baumwipfels. Das Tanzen um den grünen Wipfel mit dem bunten Kranz symbolisierte das aus der geschlechtlichen Vereinigung entstehende neue Leben.

Erst viel später wurde die Birke zum Maibaum gewählt, weil sie der erste Waldbaum ist, der sich mit jungem Blattgrün schmückt. Der Maibaum in der Dorfmitte war oft nicht der einzige, der in der Walpurgisnacht im Dorf emporwuchs. Vor jedem Haus, in dem ein heiratsfähiges Mädchen wohnte, ragte am ersten Maimorgen ein „Hochzeitsbaum" auf. Es galt als Schande, wenn ein Mädchen keinen erhielt. Die Burschen hatten ein großes Repertoire entwickelt, mit dem sie unbeliebte Mädchen im Dorf ärgerten. So galten Kirschzweige als Symbol der Klatschsucht, Apfelzweige als Sinnbild der Eifersucht und des Neides. Weißdorn bedeutete, daß ein Mädchen um jeden Preis einen Mann angeln wollte. Kratzbürstige Mädchen erhielten einen Strauß Schlehen oder einen Ginsterbusch. Nach solchen Aktionen konnten die Heiratschancen eines Mädchens auf den Nullpunkt sinken. Heute ist die ganze Angelegenheit dagegen nur noch ein harmloser Spaß.

„Des hehren Himmels Sehnsucht ist, der Erde sich zu nahen, und Sehnsucht füllt die Erde, ihm vermählt zu sein. Wenn dann vom himmlischen Gemahl der Regen fällt, so wird die Erde schwanger und gebiert das Gras den Herden und Demeters Frucht den Sterblichen; der Bäume Obst kommt durch Vermählung mit dem Naß zur Reife." So spricht der Griechische Aischylos um 500 v. Chr. Der Römer Ovid beschreibt in den „Floralien", den Flurumgängen der römischen Priester, die gleiche Vermählung von Erde und Himmel. Gerade im Mai sind die Bauern besonders stark vom Wetter (Regen) abhängig, und vielerorts wurden früher bei uns Flurumgänge und Bittgänge für gutes Maiwetter abgehalten. Daraus entwickelten sich die Maiwanderungen in unserer Zeit.

Als die „Kersche" noch „bockich" waren

Wenn „Kersche" „bockich" oder „wormich" sind, dann ist darin kein „Bock" (im Volksmund beinlose Insektenlarven) und auch kein „Wurm", sondern die Made der Kirschfruchtfliege. Also sind solche Kirschen „madig".

Unreife Kirschen heißen im Volksmund „Quake" oder „Quakerte". Wer noch „grün" hinter den Ohren ist, ist noch „unreif", eben nicht erwachsen. So sollte auch der Pfingst-Quak, der im Kirschendorf Bubach noch heute gefeiert wird, den noch jungfräulichen Sommer herbeilocken.

„Kirschen in Nachbars Garten" wurden früher von Jungen „gestrebbt" oder „gestranzt" („gestohlen"), weil sie eben besser schmeckten als die eigenen. Dabei mußte man immer auf der Hut „vorm Schitz" sein, der als Feldhüter die Fluren bewachte. Mit dem war eben „nicht gut Kirschen essen". Wurde man dann vom „Schitz" erwischt, konnte man vor lauter Angst nur noch „quaken" (= undeutlich reden, heiser sprechen).

Reife Kirschen wurden „gebrochen", was pflücken bedeutet, aber „abbrechen" heißt. Und sicherlich war oben auf dem „Kerschbaum" noch ein Vogelnest mit einem „Quakerchen" oder „Quakelchen", was das Jüngste der Nestjungen war.

Der Stein in der Kirsche ist im Volksmund der „Kerschekääre", obwohl es kein Kern ist. Dieser wurde „ausgespauzt" oder ausgespuckt. Es gibt heute noch in pfälzischen „Kerschedörfern" Wettbewerbe im „Kerschekääre-Weitspucken", so in Altenkirchen.

Die „Spatze- und Molgekersche" schmeckten den Jungen am besten und eben die schwarzen hoch oben im Baum, die von der Sonne „gebrannt" waren: „Rote Kirschen ess' ich gern, schwarze noch viel lieber ..."

Die Kirschenreife fiel früher immer mit der Heuernte zusammen, die oft zum Leidwesen der Bauern von schweren Gewittern begleitet wurde: Dann regnete es „Heigawwels" (Heugabeln).

Verwirklichung

Wenn der Gedanke sich entfaltet,
verkörpert und Gestalt annimmt –
wenn die Struktur im Innern waltet
und ihre Kraft nach außen dringt –
wenn Fantasie den Geist beflügelt,
den leeren Raum mit Inhalt füllt:
Dann fällt der Zufall weg;
allein das Wesen gilt.

Madonnenlilien zum Muttertag

Diese mein frumme Mutter hat 18 Kind getragen und erzogen,
hat große Armut gelitten, Schrecken und große Widerwärtig-
keit." Schonungslos, wie ihr Leben war, zeichnete Albrecht Dürer das
Gesicht der Mutter. Dieses „Bildnis der Mutter" von 1514 wurde zum
Symbol der „durch Krankheit, Kriege, Not und Entbehrung" leiden-
den Mutter bis zum Beginn unseres Jahrhunderts. Ganz anders sah
Vincent van Gogh das „Bild einer Mutter". Er malte eine gütige
Bürgersfrau als Denkmal der zeitlosen Mütterlichkeit. In seiner Figur,
der bretonischen Wiegenfrau, stellt er die Mutter dar, die nach dem
Volksglauben der Bretonen den Schiffern auf hoher See als milden
Trost das Schlummerlied ihrer Kindheit sang; und wenn sein letzter
Vers ihnen Untergang und Tod ansagt, dann nimmt sie die Allmacht
der Liebe auf. Wir erfahren aus Briefen des Malers, daß er das Bild in
den Hafenschenken von Marseille zwischen zwei kreisenden Sonnen

aufgehängt wissen wollte, um damit die menschlich Gestrandeten zur Ahnung einer höheren, reinen und ewigen Liebe zu bekehren: Die Gestalt der geheimnisvollen, mütterlichen Frau im Verein mit dem glühenden Wirbel von mächtigem Licht, den die Sonne bei van Gogh immer bedeutet, soll als Tröstung und Kraft die Verlorenen in der ewigen Versöhnung bergen.

Fast in allen frühen Kulturen findet man unter wechselnden Formen die Figur der Mutter mit dem Kind, die ebensogut eine Gruppe aus dem alltäglichen Leben darstellen kann wie eine machtvolle Göttin, die den Menschen Segen bringt. Das Bild der fruchtbaren Frau erscheint in der Geschichte der Menschheit als älteste Weihegabe an die großen Kräfte, denen alles Gedeihen anheimgegeben ist.

Ein mütterliches Wesen ist nach altägyptischen Göttermythen das Weltall selbst – eine große Kuh, die jeden Morgen die Sonne und damit alles Leben gebiert. Ihr Leib ist der sternenbesetzte Himmel, und auf dem gütigen Haupt trägt sie zwischen den Hörnern, die den Mond bedeuten, die golden strahlende Sonnenscheibe. Unter ihrem Haupt aber steht die Gestalt Pharaos, den sie mütterlich beschützt und der von ihr seine Kraft empfängt.

Gewaltig und drohend wie eine Urmacht ist die große Diana von Ephesus, eine Muttergottheit aus dem ältesten Kleinasien, die noch die späte Antike in berauschenden Orgien und sinnüberladenden Bildern feierte. Ihr Leib ist schwarz wie die Tiefe der Erde, aber ihr Haupt ist umgeben vom Lichtkreis des Himmels und Sternbilder sind ihr Halsgeschmeide. Löwen und Stiere auf ihrem Gewand sind ihre heiligen Tiere. Die Vielzahl der Brüste bezeugt die nährende Allmacht der großen Mutter Natur. Unendlich spendet die Allgebärende.

Mutter aller Gläubigen ist die heilige Kirche, ihr Leben ist die Liebe des Heiligen Geistes. In ihren Visionen schaut sie die heilige Hildegard von Bingen, Mystikerin, Pflanzenheilkundige und Äbtissin des Mittelalters, als Frau in königlicher Gestalt, überragt vom festen und lichten Turm der göttlichen Kraft, aus dem die goldenen Feuerzungen des Pfingstfestes hervorbrechen. Die ganze Christenheit birgt sie im jungfräulichen Schoß, und unablässig fleht ihre liebende Sorge um die Gnade Gottes für die Menschen.

„Und Adam gab seiner Frau den Namen Eva, das ist: Mutter aller Lebendigen." Aus dem Ursprung dieses Geschlechtes empfängt die ganze Menschheit das Leben, aber auch die schwere Last der Schuld und des Schicksals, die Erde und Himmel trennen. Als Königin ist die Jungfrau Maria geschmückt, seliggepriesen von allen Geschlechtern der Zukunft. Die gebenedeite Frucht der neuen Eva ist der Sohn Gottes, der Erlöser aller Menschen. Maria wurde vom göttlichen Ratschluß zur Mutter einer erneuerten Welt bestimmt, weil sie mit der Geburt Jesu allen das wahre unsterbliche Leben schenkt.

Die Lilie ist die Blume der Bibel. Sie zierte auch die Säulenkapitelle im Tempel Salomos in Jerusalem. Sie war ein Symbol der Schönheit, oft auch von Fruchtbarkeit und Reichtum. Unter christlichem Einfluß wurde sie zum Sinnbild für geistige Reinheit, Heiligkeit und Auferstehung und deshalb häufig in der Nähe und Umgebung von Kirchen angepflanzt.

Vornehmlich Tulpen, Nelken und Lilien schenkt man Frauen seither zu besonderen Anlässen, wobei Marienlilien gerne als Blumengeschenke zum Muttertag verschenkt werden. Aber es müssen keine Lilien sein. Blumen sollte man mit Bedacht verschenken. Niemals kommt es darauf an, ob es wenige oder viele sind, ob sie selbst gepflückt, billig oder teuer waren. Blumen sollten immer ein „teures"

Geschenk sein, um damit zu zeigen, wie teuer einem ein geliebter Mensch ist.

Herz und Blumen sind die Symbole des Muttertages. Das Fest ist verhältnismäßig jung: Miß Anna Jarvis aus Philadelphia war die erste, die 1907 „Muttertagsblumen" verschenkte. Und Philadelphia war auch die erste Stadt der Welt, in der der erste Muttertag gefeiert wurde: 1908. US-Präsident Wilson verkündete am 9. Mai 1914 in einem Kongreßbeschluß, den zweiten Sonntag im Mai „als öffentlichen Ausdruck für die Liebe und die Dankbarkeit zu feiern, die wir den Müttern unseres Landes entgegenbringen." In Deutschland wurde der „Tag der besonderen Ehrung der Mutter" zum erstenmal 1922 gefeiert.

Maiglöckchen

Unser erster Maienspaziergang führte in den nahen Buchenwald. Hier strecken sie zart nickend ihre kirschblütenweißen Glöckchen aus dürrem Laub, umgeben von einer Legion grüner Grashalme, die wie tapfere Ritter ihre jungen Frühlingskinder beschirmen.

Es sind die zierlichen Maiglöckchen, die unter all den vielen farbenfrohen Frühlingsboten eine besondere Rolle spielen. Die kleinen, zu wiegenden Trauben übereinander gereihten Blütenglöckchen üben einen seltsamen Reiz aus. Maiglöckchen sind die wahren Glückskinder des Frühlings, Boten des Duftes, ungekrönte Königinnen.

Convallaria majalis, wie klangvoll lautet der botanische Name dieser so wundervoll duftenden und doch so bescheidenen Blume unter dem schattigen Laubdach des erwachenden Laubwaldes!

Ein Sträußchen Maiglöckchen ist so recht geschaffen als kleine, liebevolle Aufmerksamkeit für Menschen, die uns nahestehen. Freundlich beglücken wir damit die Mutter an ihrem Ehrentag.

Ein Herzmittel der Natur

In der Duftmusik der Frühlingsblüher gibt das poetische Aroma der Maiglöckchen unbestreitbar den Ton an. Die unbeschreibliche Süße des Wohlgeruchs der Maiblumenblüten inspirierte die Dichter der Romantik zu Liebeslyrik. „Ihr Duft bricht das Eis des Winters und der Herzen", meinte Heinrich Heine. „Schon das tiefe Einatmen ihres wunderbaren Heilduftes lindert die Atemnot, stärkt das alternde Herz und macht das Treppensteigen leichter", beschreibt ein Kräuterkundler zu Beginn des Jahrhunderts den wohltuenden Duft frisch erblühter Maiglöckchen. Wie Versuche mit depressiven Patienten zeigen, scheint der Maiglöckchenduft auch „Seelenarznei" zu sein. Nach dem Einatmen der Blütendüfte bessert sich der seelische Zustand der Kranken: Maiglöckchenaroma als Heilmittel der Psychotherapie.

Das prächtige Duftjuwel ist nicht so empfindlich wie das wohlriechende Veilchen, hält es doch seine herzerfrischende Duftspende nicht zurück, wenn es gepflückt wird. Pflücken darf man einen Maiglöckchenstrauß im schattigen Buchenwald, wenn man das Glück hat, auf einem Maienspaziergang unter lichtem Buschwerk auf eine Kolonie blühender Maiblumen zu stoßen. Sie stehen nie einzeln, lieben die Gesellschaft, in der sie um die Wette duften. Übrigens, ein natürliches Maiglöckchenparfüm wird industriell nicht hergestellt. Das französische „Muget" ist ein nach Maiglöckchen duftendes Extraktöl aus Freesia-Arten.

„Lilium convallium" hieß das Maiglöckchen ursprünglich in der Vulgata, der lateinischen Bibel: „Lilie der Täler". Zur „Lilie des Waldes" ist sie in Deutschland erkoren. „Marienlilie", „Maililie", „Marienglöckchen" und „Maienschelle" heißt die „Meyblome" auch bei uns. Letzterer war ihr erster deutscher Name im „Gart der gesuntheit" von 1485.

Die glockigen, nickenden, weißen Blüten stehen in lockerer, einseitswendiger Traube an kahlen Stengeln, die sich jeweils zwischen zwei Blättern entwickeln. Die Blüten sind ohne Nektar. Honigbienen und Hummeln, die sie besuchen, bieten sie nur Pollen. Wenn Fremdbestäubung ausbleibt, genügt auch Selbstbestäubung für eine Fruchtansatz. Will man Maiglöckchen in einem Schattenbeet im Garten bewundern, muß man sich die Wurzelstöcke in seiner Gärtnerei besorgen. Das Ausgraben der Waldpflanzen ist verboten. Im Schatten unter Bäumen und Sträuchern behaupten sich die Ausläufer des Maiglöckchens auch gegen starken Wurzeldruck. Günstig ist feuchte, humusreiche Erde, die – ihrem ursprünglichen Standort entsprechend – mit etwas saurem Laubkompost vermischt werden kann. Nach wenigen Jahren bilden sich blühende und duftende Gartenteppiche. Abweichend vom „Wald-Maiglöckchen" (Convallaria majalis), gibt es mit der großblumigen „Grandiflora" und der rosa tönenden „Rosea" auch zwei hübsche Zuchtsorten.

Vorsicht! Die Duftperle ist in Kinderhänden gefährlich. Alle Teile der Pflanze enthalten hochgiftige Wirkstoffe. Die giftigen Inhaltsstoffe sind wasserlöslich und gehen in das Blumenvasenwasser über, in denen Maiglöckchen längere Zeit stehen. Tödliche Vergiftungen durch das Trinken des Blumenvasenwassers sind schon vorgekommen. Auch werden schwerste Vergiftungen durch den Genuß der scharlachroten Beeren oder durch das Kauen der Blütenstiele verursacht.

Infolge seiner Giftigkeit ist das Maiglöckchen als Teeheilpflanze nicht anzuwenden. Maiglöckchenpräparate sind nicht als Hausmittel verwendbar, sondern nur auf ärztliche Verordnung hin zu nehmen. Unsere Vorfahren kannten die starkwirkenden Herzgifte noch nicht. So wurden noch im vorigen Jahrhundert Maiglöckchenblätter als Tee zur Körperentwässerung gebraucht. Die Bedeutung des Maiglöckchens in der Volksmedizin früherer Zeiten war so groß, daß man glaubte, jede Krankheit damit behandeln zu können. Da hört sich die Rezeptur des Engländers Gerard um 1830 schon origineller an: „Man tue die Maiglöckchen in ein Glas und setze dies in einen Ameisenhügel, lasse es dort einen Monat lang, und wenn man es dann herausnimmt, wird man darin eine Flüssigkeit finden, die Schmerzen und Gift beseitigt, wenn man sie äußerlich anwendet."

Als Arzneipflanze in der Hand des Arztes ist das Maiglöckchen in der Herztherapie heute nicht mehr wegzudenken. Die Herzglykoside haben eine ähnliche Wirkung wie die giftigen Inhaltsstoffe des Oleanders und des Roten Fingerhutes. Sie wirken herzmuskelstärkend, der Schlagrhythmus stabilisiert sich, die Auswurfleistung wird erhöht: Die „Pumpe" arbeitet wieder mit gewohnter Leistung.

Mairegen bringt Segen

Gewitter im Mai, singt der Bauer juchhei!" So prophezeit eine alte Bauernregel, daß Mairegen Segen bringt.

Nach den Wettererfahrungen unserer Vorfahren wurde in einem feuchten Mai der Grundstock für eine gute Heuernte im Juni („Wenn

es im Mai donnert, gibt die Kuh Milch!"), für eine reiche Getreideernte im Sommer und für eine fette Ernte an Hackfrüchten und Wein im Frühherbst gelegt („Ist der Mai kühl und naß, füllt's dem Bauern Scheuer und Faß."). So galt auch besonders die Walpurgisnacht als Lostag: „In der Walpurgisnacht Regen, bringt ein Jahr mit reichem Segen."

Was aber die Landwirte mögen, wollen Imker und Obstbauern noch lange nicht. Ein kühler und feuchter Mai beschert ihnen keine volle Scheune: „Wenn es am ersten Mai regnet, fallen die Äpfel herunter – und wenn sie eiserne Stiele hätten." So bitten beide Gruppen Petrus um einen warmen und trockenen Mai: „Ein Bienenschwarm im Mai ist wert ein Fuder Heu." Der blütenreiche Marienmonat soll seinem Namen „Wonnemonat" alle Ehre machen. Man fürchtet „des Winters Schwanz" in der Maienmitte, wenn die strengen Eisheiligen mit Frost drohen: „Des Maien Mitte hat für den Winter noch eine Hütte."

Gemeint sind jene Tage zwischen dem 11. und 21. Mai, in denen der Nord- oder Nordostwind seine Regentschaft noch einmal antritt, nicht jedes Jahr – gottlob –, aber in der Mehrzahl der Jahre: „Der Nordwind ist ein rauher Vetter, aber er bringt beständig Wetter." Das stimmt, die Nordluft bringt schönes, aber eben kaltes Wetter. Und ein Frost in einer Maiennacht läßt alle Blütenträume schwinden.

Die sogenannten Singularitäten, von denen der Meteorologe spricht, verheißen uns für die ersten Maitage oft kühles, aber schönes Hochdruckwetter, bedingt durch den Einfluß trockener kontinentaler Ostwinde. Nachtfröste können auftreten, werden aber oft durch warme Südwestströmungen nach dem 5. Mai abgelöst. Baut sich dann ein Azorenhoch auf, bleiben die „gestrengen Herren" in der Mitte des Monats gerne aus. Im letzten Drittel des Wonnemonats besteht nach den Singularitäten die Chance, den ersten warmen Vorgeschmack des künftigen Sommers zu kosten.

Die höchsten Maitemperaturen werden vielfach zwischen dem 25. und 29. gemessen, die tiefsten zwischen dem 11. und dem 13. des Blütenmonats. Die bisher höchste Maitemperatur wurde am 25. Mai 1922 mit plus 37 Grad in Osnabrück aufgezeichnet, die tiefste am 11. Mai 1900 mit minus 11,5 Grad in Lauenburg (Pommern).

Nicht zu heiß und nicht zu kalt sollte er sein, der Mai – am besten lind und lau, wie Anton von Klesheim 1849 in einem Volkslied sagt.

Schneeflocken im Mai

Aus Apfelblüten einen Kranz leg ich zu Füßen meiner Liebsten in einer Mondnacht im April", singt Franz Lehar in seiner Operette „Land des Lächelns". Er entführt uns in den japanischen Frühling, in dem zur Zeit der Baumblüte ein blühender Kirsch- oder Apfelzweig ein Gastgeschenk besonderer Art ist und wo ein Kirschblütenbüschel im Haar nicht nur Zierde, sondern ein Symbol der Herzenswärme ihrer Besitzerin ist.

Seit 1000 Jahren kultivieren die Japaner die Zierkirschen, um die Ankunft des Frühlings mit Kirschblütenfesten zu feiern. Beim Anblick eines voll blühenden Kirschbaumes ist unschwer zu erkennen, warum sich die Japaner dieser Pflanze besonders gewidmet haben. Wie eine weiße Wolke scheint der Baum über dem Erdboden zu schweben; bei der leichtesten Brise fallen einige Blütenblätter wie Schneeflocken zu Boden und bilden einen zarten Teppich: Schneeflocken im Mai.

Für Europäer ist dieses innige Verhältnis der Japaner zur Kirschblüte nur schwer verständlich, besonders wenn man bedenkt, daß die in Japan heimischen Kirscharten keine oder nicht besonders wohlschmeckende Früchte tragen. Die Kirschblüte hat für sie also einen rein ästhetischen Wert.

Zierkirschen sind auch bei uns in Mode gekommen. Die anmutigen Schönheiten in Vorgärten und Parkanlagen, die in der Nähe einer stillen Wasserfläche, in der sich die Blüten spiegeln können, voll zur Geltung kommen, blühen früher als ihre „schneeweißen Verwandten", die Wild- und Edelkirschen. Sie senden uns einen zartrosa Gruß aus dem „Land der aufgehenden Sonne" und leuchten uns in den Frühling.

Und der hält sich nicht an den astrologischen, wohl aber an den Kalender der Natur. Es gibt langjährige Mittelwerte für den Beginn des Vollfrühlings. Es sind Daten, die den Beginn der Apfelblüte kennzeichnen. Diese nimmt im Südwesten Deutschlands ihren Anfang. Typisch sind die Städte Überlingen am Bodensee und Geisenheim bei

Wiesbaden. In Geisenheim startet der Voll- oder Hochfrühling bereits am 25. April mit der Apfelblüte, in Überlingen drei Tage später. Die Kirschblüte setzte in Geisenheim bereits am 15. April ein, dann spricht der Kalender der Natur noch von „Erstfrühling". Von Südwesten aus wandern Erst- und Vollfrühling in Richtung Nordosten und erreichen zuletzt Schleswig-Holstein.

Im Saarland zieht der Vollfrühling mit dem Beginn der Apfelblüte zwischen dem 29. April und dem 5. Mai im Saartal ein. Mit zehn- bis vierzehntägiger Verspätung setzt dann die Apfelblüte im mittleren Hügelland ein. Schließlich erreicht der Hochfrühling erst zwischen dem 12. und 19. Mai den Hunsrück.

Die „gestrengen Herrn"

D ie „gestrengen Herrn", wie die drei Eisheiligen schon im Mittelalter als „Kälte-bringer im Mai" genannt wur-den, halten sich selten an ihre Namens- und Lostage vom 11. bis 13. Mai: Meist kommen sie zu früh, manchmal zu spät, des öfteren aber bleiben sie ganz aus. Der Mai hat immer „den Schwanz des Winters zu spüren".

Auf alle Fälle habe „der Mai, zum Wonnemonat erkoren, den Reif noch hinter den Ohren", meinten unsere Vorfahren, die Kaltlufteinbrüche im Mai in Wetterregeln kleideten: „Der

heilige Mamerz (11. Mai) hat von Eis ein Herz"; „Pankratius (12. Mai) hält den Nacken steif, sein Harnisch klirrt von Frost und Reif"; „Servaz (13. Mai) voller Ostwind ist, hat schon manch Blümlein totgeküßt".

In „Normaljahren" werden in Norddeutschland die Eisheiligen vom 11. bis 13. Mai (Mamertus, Pankratius, Servatius) erwartet, in Süddeutschland vom 12. bis 15. Mai. Hier treten als Begleiter Bonifatius (14. Mai) und die „Kalte Sophie" (15. Mai) hinzu. Die Zeitdifferenz des Eintretens erklärt sich aus dem Weg der aus Norden nach Süden vordringenden Kaltluft. Auch meteorologische Untersuchungen besagen eindeutig, daß die Eisheiligen keine deutliche Kalendergebundenheit zeigen. Am häufigsten sind Kälterückfälle um den 9./10. Mai und um den 20./21. Mai, die sich bis Ende der Schafskälte in der Junimitte wiederholen können. Die Schafskälte tritt weitaus regelmäßiger ein als die Eisheiligen im Mai.

Keine Chance für die kalte Sophie

Die „kalte Sophie" (15. Mai) hat ein Herz aus Eis. Sie ist die letzte der Eisheiligen und läßt oft über Nacht alle Blütenträume schwinden.

Es klingt ziemlich verrückt: Man kann die „kalte Sophie" mit ihren eigenen frostigen Waffen schlagen. Die zarten Obstblüten können durch Vereisung vor dem Tod durch Erfrieren geschützt werden. Das Prinzip ist einfach: Frostschutz durch Beregnen.

Kann Eis denn wärmen? Kann man den Teufel mit dem Beelzebub austreiben? Es funktioniert, wie man seit Jahren weiß.

Wenn eine Obstblüte in einer frostigen Maiennacht auf normale Weise einfriert, ist die Katastrophe dreifach vorprogrammiert. Die Eiskristalle zerbrechen die Zellwände. Sie entziehen der Zelle das Wasser, so daß sie austrocknet: Die Blüte wird „gefriergetrocknet". So sehen dann auch am nächsten Morgen die Blüten wie „braun verbrannt" aus. Und wenn es nach der Frostnacht am Tage wieder wärmer wird, strömt das frei werdende Schmelzwasser so schnell durch die Zelle, daß ihre Wände platzen.

Gefrorenes Wasser, das durch Beregnung auf den Blüten entsteht, hat eine umgekehrte Wirkung. Wenn es Wasserstaub regnet, entsteht ein schützender „Eismantel" auf der „Haut" der Blüten. Wie beim Verdunsten von Wasser Kälte erzeugt wird, entsteht beim Gefrieren von Wasser Wärme, die an die Blütenzelle abgegeben wird. Doch ist diese „Erstarrungswärme" nach ganz kurzer Zeit verbraucht, so daß nur eine ständige Berieselung für einen sicheren Frostschutz sorgen kann. Die Gefrier- oder Erstarrungswärme des Eises hält die Blüte auf einer Temperatur von minus 0,5 Grad Celsius, bei der sich in der Zelle noch keine Eiskristalle bilden. Der „Eismantel" schützt vor Frostschäden bis minus sechs Grad.

Tiefere Nachttemperaturen bringt wohl auch die „Kalte Sophie" nicht. Sie hat also keine Chance, den Blütenflor zu zerstören – denn Eis hält warm!

„Maikäfer, flieg ..."

Viele Kinder kennen den braunen Brummer nur noch von Bildern oder als Schokoladekäfer in Konditoreien. Und der Liedermacher, Reinhard Mey hatte wohl recht, als er sang: „Es gibt keine Maikäfer mehr."

Er war neben dem Marienkäfer, der im Volksglauben als Glücksbringer gilt, der volkstümlichste aller Käfer. Doch allzu fern sind die Tage unserer Kindheit, als dieser Käfer an lauen Maiabenden in Massen die Gärten und Felder durchschwärmte und wir die noch klammen und steifen Brummer am frühen Morgen von den Bäumen schüttelten. Damals galt er als Schädling. Ganze Schuhschachteln voll wurden gesammelt, und – welch grausames Spiel – den Hühnern als Delikatesse zum Fraß vorgeworfen. Wenn man heute einen findet, gilt er bei Kindern als Kostbarkeit.

„Melolontha melolontha" ist kein Jodler, sondern der korrekte wissenschaftliche Name für ein Tier, das bei vielen engagierten Naturschützern als geradezu klassisches Beispiel für die Folgen der Umweltvergiftung gilt: Aus dem ehemals gefürchteten Schädling wurde eine gefährdete Tierart.

„Jeder weiß, was so ein Maikäfer für ein Vogel sei", dichtete Wilhelm Busch, der den Maikäfer in deutschen Landen so populär machte. „In den Bäumen hin und her fliegt und kriecht und krabbelt er": Auch in Onkel Fritzens Bette, in den die bösen Buben Max und Moritz die Käfer versteckten.

In klimatisch günstigen Gebieten dauert der Entwicklungszyklus des Maikäfers drei Jahre, in rauhem Klima können es auch fünf Jahre werden. Jedenfalls gab es einst Flugjahre, sogenannte „Maikäferjahre", in denen die Käfer besonders häufig auftraten. Dazu kennt man noch längere Zyklen stärkeren und schwächeren Befalls. Sie dauern zwischen zwölf und dreißig Jahren.

Erst wenn die Abenddämmerung hereinbricht, wird der Maikäfer munter und fliegt unter lautem Gesumm zum Freßplatz, zu einem Baum. Dort treffen sich die Käfer und schlagen sich die Bäuche voll. Daran fanden die Förster einst gar keinen Gefallen. Auf Bäumen treffen sich auch die Geschlechter: Das Männchen hat sieben große Fühlerblättchen, das Weibchen nur sechs kleine.

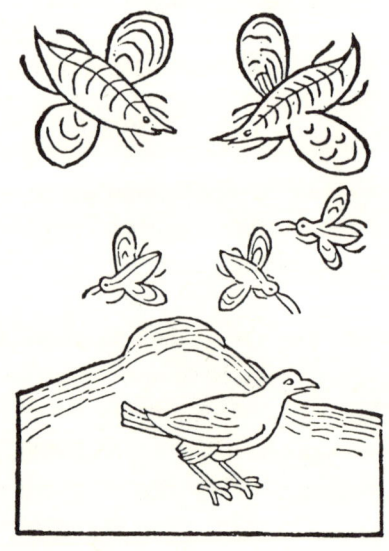

Bei der Paarung erweist sich das Männchen als echter Pascha. Die übliche Huckepackstellung wird ihm nämlich bald zu anstrengend, und es läßt sich auf den Rücken fallen. Schließlich hat es seine Mannespflicht getan. Das Weibchen schleppt seinen ermüdeten Partner noch einige Zeit mit sich herum, ehe sich die beiden voneinander trennen. Die Faulheit hat aber ihren Preis: Das Männchen stirbt bald darauf.

Natürlich hat auch der Maikäfer wie jedes andere Insekt eine ganze Reihe natürlicher Feinde. Igel, Dachs, Maulwurf und Wildschwein machen sich gerne über die fetten Engerlinge her. Die Käfer selbst werden von größeren Vögeln gefressen; vor allem der Neuntöter ist dafür bekannt. Aber alle diese natürlichen Feinde schaffen es nicht, den Maikäfer wirklich zu dezimieren. Gefährlicher sind da schon Parasiten und Seuchen, so auch die „Weiße Muskardine", ein Pilz, der Engerlinge und Käfer befällt.

Alljährlich wird uns berichtet, daß der Käfer an ganz bestimmten Orten – meist eng lokal begrenzt – wieder verstärkt auftritt. Die Wissenschaftler stehen noch vor einem Rätsel.

Im Volksglauben unserer Vorfahren spielte der Deutschen Lieblingskäfer eine große Rolle. Obwohl die Tiere in sogenannten Maikäferjahren alles „ratzekahl" fraßen, findet man in alten Quellen keinen Spruch, der vor den Maikäfern gewarnt hätte – im Gegenteil: „Maikäferjahr – gutes Jahr" findet man da in alten Bauernweistümern. Oder es heißt: „Je mehr die Maikäfer verzehren, je mehr wird die Ernte bescheren"; „Der Maikäfer Menge bedeutet der Schnitter Gedränge"; „Sind der Maikäfer und Raupen viel, steht eine reiche Ernte im Ziel"; „Sind die Maikäfer angesagt, wird ein Schoppen mehr gewagt"; „Viel Maikäfer lassen ein gutes Jahr hoffen". Schließlich galt dieser Käfer auch als Wetterprophet für den anderen Tag: „Fliegen Maikäfer abends rege herum, so folgt ein schöner Tag."

Die Volkskunde wußte von allerlei Verwendungsarten zu berichten: In Schlesien wurden die Käfer in Butter gebraten und mit Brot verzehrt. Der Schmaus half angeblich gegen alle möglichen Krankheiten. Die Köpfe allein sollten Fieber heilen und Maikäferpulver sollte gut sein gegen Epilepsie. So steht es im „Handbüchlein der Sympathie" aus dem Jahre 1858. Vor allem aber soll es Glück bringen, wenn man dem ersten Maikäfer des Jahres den Kopf abbeißt.

Und was haben die Maikäfer mit der Tollwut zu tun? In den Kirchenbüchern von Aschbach in Unterfranken aus dem Jahre 1660 finden sich „Randbemerkungen" über die Tollwut, verfaßt vom damaligen Pfarrer Melchior Beck. Als Heilmittel gegen Tollwut bezeichnete er in Honig erstickte Maikäfer. Doch konnte Pfarrer Beck damals nicht ahnen, daß der schokoladenbraune Brummer 332 Jahre später dem Aussterben nahe ist.

Es machte einen Heidenspaß, wenn Mädchen und Jungen vor fünfzig Jahren die Käfer auf ihrer Hand krabbeln ließen. Sie „pumpten sich voll Luft", starteten und flogen davon. Dazu sangen sie das Kinderlied ihrer Schulzeit: „Maikäfer, flieg ..."

Waldmeister und Maibowle

In den schattigen Säulenhallen der Buchenwälder, wo er im Frühling oft einen sattgrünen Teppichbelag bildet, gedeiht der Waldmeister, im Volksmund auch Maikraut, Maiblume, Waldtee, Meisterkraut, Maitrank, Wohlgeruch, Waldmännlein und Marienkraut genannt.

Der Waldmeister mit den kleinen weißen Sternchenblüten blüht im Mai und Juni, verwelkt dann vorzeitig, um im nächsten Jahr aus einem dünnen, weithin kriechenden Wurzelstock erneut auszuschlagen und seine quirlständigen Blättchen sanft zu erheben. Es ist eine alte Heilpflanze, der in der nordischen Mythologie eine mystische Kraft zugeschrieben wurde. Im heidnischen Glauben unserer Vorfahren heilig, bekam der Waldmeister erst später auch christliche Namen: Marienkraut, weil er im Marienmonat Mai blüht. Seit alten Zeiten glaubte man, daß er die Geburt erleichtere, und band ihn an die Beine gebärender Frauen. Die zerdrückte Pflanze wurde auf frische Wunden gelegt.

Der Waldmeister duftet vor der Blütezeit besonders stark nach Cumarin, das sich im welken Zustand abspaltet, so daß der typische

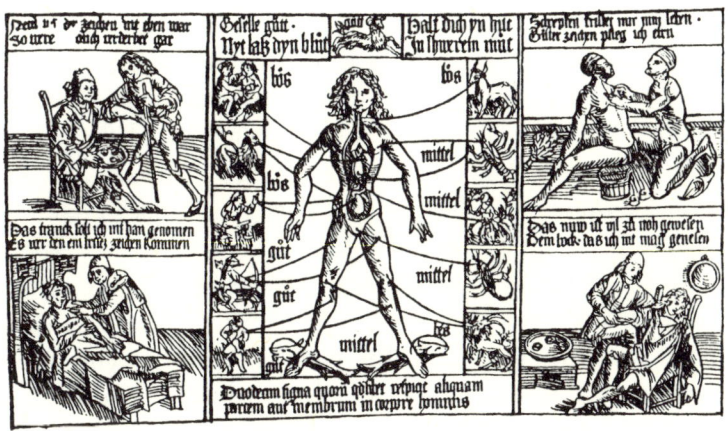

Waldmeisterduft entsteht, ein angenehmer, würziger Duft, der Limonaden, Liköre, Eis und Puddingpulver aromatisiert. Der Duftstoff ist so begehrt, daß Cumarin schon seit langem synthetisch hergestellt wird.

Im Garten ist Waldmeister als bodendeckende Pflanze leicht zu ziehen, wozu er aber die Nachbarschaft schattenspendender Sträucher braucht. Empfehlenswert ist ein stark humusreicher, feuchter Boden, leicht sauer, der jährlich durch eine Gabe Laubkompost ergänzt wird. Setzt man an solchen Stellen bewurzelte Pflanzenteile ein, breitet er sich schnell aus. Eine Vermehrung durch Samen ist nicht ratsam.

Die früher übliche Verwendung in der Volksheilkunde ist nicht ganz unproblematisch, da es durch die stark gefäßerweiternde Wirkung des Cumarins leicht zu inneren Blutungen kommen kann, besonders bei Magen- oder Darmgeschwüren. Eine Überdosierung ist streng zu vermeiden, da der überreiche Genuß auch zu Kopfweh, Schwindel und Erbrechen führen kann. Im Dauergebrauch oder kurmäßig genommen ist Waldmeistertee nicht zu empfehlen, da bestimmte Inhaltsstoffe der Pflanze unter Umständen krebserregend wirken können.

In der Medizin wird Waldmeister in Fertigpräparaten bei Venenerkrankungen und bei Durchblutungsstörungen mit Erfolg angewandt. Nehmen wir den Waldmeistertee als Aufguß des Krautes, so wirkt er sicher gegen starke Kopfschmerzen, Migräne und unregelmäßige Herztätigkeit. Man halte sich bei der Zubereitung strikt an die Dosierung: Nur 1 Teelöffel des getrockneten Krautes pro viertel Liter Wasser, das man nicht länger als fünf Minuten ziehen läßt. Nur so ist er wohlbekömmlich. Die Pflanze ist im Volksglauben auch als Wetterprophetin berühmt, da sich der Geruch bei kommender Wetteränderung jedesmal verstärkt.

Mit dem Waldmeister oder Maikraut unzertrennlich verbunden ist die Maibowle, an der sich schon im Jahre 854 die Benediktinermönche erfreuten. Diese wußten schon, daß man das Kraut zunächst antrocknen lassen soll, wodurch das Aroma erheblich verbessert wird, „Schütte den perlenden Wein auf das Waldmeisterlein!" reimten unsere Vorfahren schon im Mittelalter, wenn sie ihren Maitrank zubereiteten. Man nimmt drei bis vier Kräutlein nicht ganz aufgeblühten Waldmeister (nicht mehr!), bindet ihn mit einem Zwirnsfaden zusammen, um das Bündelchen kopfüber in das Bowlengefäß zu hängen. Darüber gießt man einen halben Liter Weißwein und läßt es zwanzig Minuten (nicht länger!) zugedeckt stehen. Danach nimmt man die Pflänzchen wieder heraus und gießt mit Weißwein und Sekt (oder Mineralwasser) auf. Maibowle wird kalt getrunken. Man kann auch eine alkoholfreie Maibowle zubereiten: Drei Kräutlein legt man in zwei Liter weißen Traubensaft oder Süßmost. Nach zwanzig Minuten entfernt man den Waldmeister und kühlt die Bowle im Eisschrank. Vor dem Servieren gießt man einen Liter eisgekühlten Kohlensäuretraubensaft hinzu. Auch bei der Zubereitung der Maibowle gilt: Bei Überdosierung gibt es Kopfschmerzen. Mit einem Sträußlein Waldmeister läßt Josef Guggenmos „Zum Muttertag" grüßen: „Weiß und grün ist mein Strauß, hübsch bescheiden sieht er aus. Frisch vom Wald kommt er herein, rieche nur, er duftet fein! Nimm! Vom Frühling ist's ein Stück. Ich wünsche dir, Mutter, lauter Glück!"

Hymne an den Mai

Wie herrlich leuchtet mir die Natur! Wie glänzt die Sonne! Wie lacht die Flur!" So spricht Johann Wolfgang von Goethe in seinem Mailied.

Ist es nicht eine Aufforderung zum Wandern? Unser Herz wird weit vor lauter Lust und Freude, hinauszupilgern in den farbenfrohen Marienmond, ins Paradies der kleinen, bunten Sänger. Möchten wir mit ihnen nicht um die Wette singen?

Wir riechen den Wonnemond, die würzige Frühlingsluft, und nichts kann uns mehr an die dumpfe Stube fesseln. Da draußen grünt, sprießt und blüht es. Aus tausend Zweigen dringen Knospen und Blüten, tausend Stimmen lachen und frohlocken aus dem Gesträuch am Waldesrain.

Am Wegrand stehen weiße Birken, in der Sonne leuchtend wie schlanke Mädchen, die sich beim leichten Spiel im Maienwind sachte neigen. Und die Hasel verstreut noch immer aus ihren Pollenkätzchen gelben Blütenstaub. Die zartweißen, weithin duftenden Blüten der Schwarzdornhecke am Wiesenhang quillt über voller Nektar und lädt die ersten Gäste ein: Bienen, Hummeln und Wespen.

Wonnemonat Mai, nicht zuletzt hat er auf die romantischen Dichter unseres Volkes eine magische, wundersame Kraft ausgeübt. Singen wir einen Vers aus einem Loblied auf den König Mai von Matthias Claudius:

„Er kommt mit seiner Freuden Schar
Heute aus der Morgenröte Hallen,
Einen Blumenkranz um Brust und Haar
und auf seiner Schulter Nachtigallen.
Und sein Antlitz ist ihm rot und weiß,
Und er träuft von Tau und Duft und Segen.
Ha – mein Thyrsus sei ein Knospenreis,
Und so taumle ich meinem Freund entgegen."

❧ Juni ☙

Mittsommertage

Die hohe Zeit des Sommers steht uns bevor, jene Zeit des Blühens und Befruchtens, die in den verklärten Tagen des Mittsommers ihrem Höhepunkt zuschreitet: Erde und Himmel vermählen sich.

Wir erleben mit Joseph Freiherr von Eichendorff die romantischen Gefühle unserer Seele, wir erinnern uns an unsere Jugend, wenn er zu uns spricht:

„Es war, als hätt' der Himmel
Die Erde still geküßt,
Daß sie im Blütenschimmer
Von ihm nur träumen müßt."

Die Tage der Sommersonnenwende sind schwanger, die langen Abende voll des Überflusses an Natur. Die lauen Nächte mit den flimmernden Johanniswürmchen laden zum Verweilen auf jener Bank im Freien ein, die uns erinnert an ferne Bauerngärten unserer Kindheit: Großvaters Bank unter dem alten, knorrigen Birnbaum nahe bei dem Holunderstrauch.

Ein Stück vertraute Kindheit wird wieder sichtbar, wenn wir das Reifen im Garten erleben. Erinnerung an den fruchtbaren Garten Eden, an das Paradies unserer Kindheit.

Wir erleben wieder eine Sommernacht mit Sternen am Himmel und mit Duft auf der Erde. Und Gott sprach: „Es werde Licht! Doch es ward Liebe." So schreibt Knut Hamsun, der große norwegische Dichter, der Mensch und Natur als Einheit sieht.

Der Juni oder Heuert, wie unsere Vorfahren den Brach- oder Rosenmond auch nannten, ist der Auserwählte unter allen Monaten, der Zauberhafte mit den erhaben langen Tagen, den kurzen, duftvollen Nächten und den lauen gesprächserfüllten Abenden auf der Terrasse oder im Garten, der in der Mittsommerzeit zum Wohnraum wird. Das danken wir der Sommersonnenwende und den lichten Tagen um Johanni.

„Wir fahren ins Heu", hieß es früher in den Tagen um Johanni (24. Juni), wenn in Süddeutschland die Heuernte begann. Die Landwirte warteten vielfach die regnerisch-kühle Schafskälte ab, um sicher zu sein, daß das Gras auf den Mähwiesen auch austrocknen konnte. Zudem sollten die Gräser und Kräuter in voller Blüte stehen. „Vor Johanni bitt' um Regen, nachher kommt er ungelegen", heißt es in einer alten Bauernregel; oder: „Nach dem Tag des Sankt Johann, der Landmann das Heu erst loben kann."

Die Kinder wußten, daß die „Heumutter", der „Roggenmuhme" oder dem „Kornweib" des Getreidefeldes entsprechend, über ihre Wiese eifersüchtig wachte. Ihre Gunst zu erbitten, pflückte man einen bunten Feldblumenstrauß, band ihn an eine lange Stange und ließ diese in der Heuwiese zurück.

„Wenn Glühwürmchen flirten, beginnt der Sommer", meinten unsere Vorfahren. Und da ist schon etwas Wahres dran: Ihre Flugzeit liegt um die Sommersonnenwende.

„So golden die Sonne an St. Johanni strahlt, so golden sich der Roggen im August mahlt", heißt es in einer alten Bauernregel. Sommerimpressionen aus den Mittsommertagen, die wir seit unserer Kindheit nicht vergessen haben!

Der Rosenmond Juni, benannt nach der römischen Göttin Juno, der Göttin der Jungfräulichkeit, ist einer Rosenknospe gleich, noch

Schönheit verhüllend, doch später reichlich entfaltend in prachtvoller Fülle: Die Zeit des Pflückens naht.

Wetterregeln rund um die Sonne

Die Sonne ist der eigentliche Wettermacher am Himmelsgewölbe. Sie sorgt durch ihre Wärme dafür, daß die Feuchtigkeit vom Boden und von den Gewässern als Wasserdampf aufsteigt und sich zu Wolken verdichtet.

Recht zahlreich sind die Wetterregeln, die sich um die Sonne drehen: „Sobald die Sonne aufzieht, halten die Frösch' ihre Goschen." „Früher Sonnenschein bringt abends Regen ein." „Schöpft die Sonne heut' Wasser, so geust sie morgen das Bad aus." „Wenn die Sonne sticht, der Bauer spricht: Die Kühe beißen und brommen, es wird ein Regen kommen."

„Sonnenschein und Regen bringt dem Menschen Segen." „Sonnenschein hat den Brotschrank nie geleert, aber Nässe den Mangel oft vermehrt." „Die Sonne hat noch keinen Bauer aus seinem Hofe hinausgeschienen, aber das Wasser schon manchen hinausgeschwemmt." „Gott gibt Sonnenschein für des Armen Brot und des Reichen Wein." „Es ist umsonst das Feld bestellt, wenn keine Sonne es erhellt."

Hin und wieder sieht man einen Ring um die Sonne scheinen. Meist ist dann der Himmel milchig gefärbt, obwohl die Sonne durch diesen milchigen Dunst noch auf die Erde niederscheint. Die Sonneneinstrahlung ist sogar oft noch stärker als bei blauem Himmel, da sich die Strahlen in den

Millionen Eiskristallen der Schleierwolken brechen und damit einen Brennglaseffekt auslösen. Ein Ring um die Sonne deutet immer auf einen Wetterumschwung in den nächsten Stunden oder Tagen hin: „Gibt Ring oder Hof sich Sonn' oder Mond, bald Regen und Wind uns nicht verschont." Auch die Luft verändert die Streuung des Sonnenlichts. Staub, Verbrennungsrückstände wie Rauch oder Asche sowie chemische Substanzen verändern die Farbe des Himmels. Diese Schmutzpartikelchen reichern den Wasserdampf in den Wolken an und fallen mit dem Regen auf die Erde nieder. Die Luft wird dadurch gereinigt und so klar, daß man eine besonders gute Fernsicht hat. Ist der Himmel bei mäßigem Wind oder Windstille himmelblau, so ist damit zu rechnen, daß der Sonnenschein noch etliche Zeit anhält. Erscheint er aber in einem verwaschenen Blau, also weißlich, so werden Niederschläge kaum ausbleiben: „Wenn die Sonne scheint sehr bleich, ist die Luft an Regen reich."

Ein weiteres Wetterphänomen, das mit der Sonne zusammenhängt, wird in einer uralten Bauernregel aufgezeigt: „Abendrot – Gutwetterbot', Morgenrot mit Regen droht." Das Abendrot ist besonders schön, wenn noch Reste der täglichen Haufenbewölkung (Kumulus) am Horizont zu sehen sind. Deren Auflösung am Abend entspricht einer ruhigen und ungestörten Wetterentwicklung und läßt auf schönes Wetter, wenigstens für den nächsten Tag, hoffen: „Der Abend rot, der Morgen grau – gibt das schönste Tagesblau." „Bei hellem Abend und trübem Morgen ist der Wanderer gut geborgen."

Die Abendrot-Regel ist allerdings nur mit Einschränkung gültig: Federwolken (Zirrus), die ebenfalls vom Licht der untergehenden Sonne angestrahlt werden, deuten eher auf Regen am nächsten Tag hin. Uneingeschränkt richtig ist aber, daß Morgenrot schlechtes Wetter nach sich zieht. Wolken, die sich am Morgen bilden und von der aufgehenden Sonne rot angestrahlt werden, zeigen eine Veränderung der Luftschichtung an, durch die sich die Schauer- und Gewitterbereitschaft erhöht: „Morgenrot – Abendkot." „Morgenrot – bringt Wasser in den Schlot." „Dem Morgenrot ist nicht zu trauen." Färbt aber die Sonne am frühen Morgen die hochliegenden Wolken nur wenig, gilt der Bauernspruch: „Der schönste Tag beginnt mit einer stillen Morgenröte."

Schafskälte und Johannisflut

Schafskälte und Johannisflut sind im Juni markante Wettererscheinungen, die der Bauer seit Jahrhunderten kennt. Die Bauern wußten schon früh, daß es im jährlichen Witterungsablauf bestimmte Regelmäßigkeiten gibt. Die Schafskälte stellt sich in der Regel der Jahre zwischen dem 10. und 14. Juni ein, manchmal auch schon einige Tage früher. Sie war bei den Schäfern gefürchtet, weil sich dann die frisch geschorenen Schafe zu Tode erkälten konnten. Mitte Juni streicht vom Nordatlantik her feuchtkalte Meeresluft über den bereits erwärmten Kontinent und läßt Wetterfronten heftig aufeinanderprallen. Eine alte Bauernregel bringt die Schafskälte mit dem Tag der heiligen Margarete in Verbindung: „Margret (10.6.) und Sankt Vit (15.6.) bringen kalten Regen mit."

Wenn sich die extreme Wetterentwicklung dann fortsetzt, so kommt es anschließend zu einer kurzen heißen, trockenen Wetterperiode, die man im Volksmund den „Heusommer" nennt. Der kurze Heusommer löst die sogenannte „Johannisflut" aus: sintflutartige Regengüsse und Wolkenbrüche. Die Regel dazu: „Kommt vor Johanni (24.6.) kein Regen, so kommt er danach."

Ob der Sommer nun naß oder trocken wird, entscheidet sich meist Ende Juni. Darauf beziehen sich auch die Wetterregeln zum Siebenschläfertag (27.6.) und zu „Peter und Paul" (29.6.): „Wie das Wetter am Siebenschläfertag, so der Juli werden mag." Oder: „Regnet es am Petertag, so drohen 30 Regentag." Wenn es in der letzten Juniwoche häufig regnet, so setzt sich eine feuchte Weststromung über Mitteleuropa durch und kommt trotz manch eingestreuter schöner Tage bis Ende Juli immer wieder zum Durchbruch.

Im Juni schätzt der Bauer seit Jahrhunderten die Johanniswürmchen als zuverlässige Wetterpropheten. Die leuchtenden Weichkäfer halten in der zweiten Hälfte des Monats Hochzeit, jedoch nur bei ruhiger Luft und Schönwetterlage. Früher tanzten sie in lauen Nächten der Mittsommer-

wende zu Tausenden über die Wiesen, heute sind sie schon ein seltenes Naturwunder: „Wenn Johanniswürmchen schön leuchten und glänzen, kommt Wetter zu Lust und im Freien zu tänzen. Verbirgt sich das Tierchen bis Johanni und weiter, wird's Wetter einstweilen nicht warm und nicht heiter."

Der Tag der sieben Brüder

Mit dem kleinen, putzigen Nagetier, dem Siebenschläfer aus der Familie der Bilche oder Schlafmäuse, hat der Siebenschläfertag nichts zu tun. Es sei denn, daß der Siebenschläfertag das Winterhalbjahr hindurch sieben Monate in seiner Höhle schläft und ein regnerischer Siebenschläfertag sieben Wochen Regen bringen soll.

Bei unseren Vorfahren spielten die wetterweisenden Orakeltage Ende Juni eine besondere Rolle. Hierzu gehörte neben dem Siebenschläfertag (27. Juni), dem Tag des heiligen Ladislaus, auch der Tag von St. Peter und Paul (29. Juni). Beide Lostage künden in ihren Bauernregeln einen nassen Sommer an.

Über den Siebenschläfertag ist schon viel geschrieben und ebensoviel gelästert worden. Nach den „Siebenschläfern" richten sich in Lostagsregeln die nächsten sieben Wochen: „Ist Siebenschläfer ein Regentag, regnet's noch sieben Wochen danach." Oder: „Sitzen die sieben Brüder im Wasser, werden sie durch sieben Wochen immer nasser." Eine andere Bauernregel besagt: „Ist der Siebenschläfer naß, regnet's ohne Unterlaß." Ähnlich: „Siebenschläferregen wird sich erst auf Laurenzi (10. August) legen."

Natürlich ist die Sieben-Wochen-Regel stark übertrieben, wenn ihr auch eine durchaus richtige Naturerfahrung zugrunde liegt. Nach alten Wetterbeobachtungen stimmt es jedenfalls, daß sich Ende Juni der Charakter des Sommers entscheidet. Sind die letzten Tage des Juni kühl und regnerisch, so trifft das in der Regel der Jahre meist auf den ganzen Sommer zu, auch wenn einige Sonnentage die Regel scheinbar Lügen strafen.

Der Meteorologe spricht von Singularitäten und meint den Sommermonsun in Mittel- und Westeuropa, der einen Schub maritimer Kaltluft bringt, wodurch oft eine längere kühle Regenperiode eingeleitet wird. Die Großwetterlage Ende Juni bestimmt in der Regel das Sommerwetter im Juli und August. Herrscht in der Zeit um Siebenschläfer in Mittel- und Westeuropa ein beständiges Hoch, so können wir mit einem sonnigen Sommer rechnen. Aber seltsamerweise berichten davon keine Bauernregeln.

Der heilige Irenäus (28. Juni) und die beiden himmlischen „Wetterherren" Peter und Paul (29. Juni) geben dem Siebenschläfertag (27. Juni) die Hand. Auch sie haben die gleichen Wettersprüche: „Irenäusregen bringt keinen Segen." „Regnet's am St. Peterstag, drohen dreißig Regentag." Oder es heißt: „Peter und Paul machen dem Korn die Wurzel faul." Der „Paulstag" gilt in Süddeutschland als der eigentliche Siebenschläfertag. Die Kette der auf den Sommer „vorausschauenden" Wettertage schließt mit dem 2. Juli (Mariä Heimsuchung): „Regen am Frauentag, vierzig Tage nicht aufhören mag." Oder: „Wie Maria über das Gebirge geht, so das Wetter vierzig Tage steht."

Wem aber verdankt der Siebenschläfertag seinen Namen? Sieben Jünglingen aus Ephesus, die der kirchliche Kalender als Heilige ausweist, ist der 27. Juni gewidmet. Ihre Verehrung beruht auf einer alten Legende. Sie erzählt von sieben jungen Christen, den „sieben Brüdern", die im Jahre 251 nach Christus während einer Christenverfolgung in eine Höhle bei Ephesus flüchteten, wo sie von Kaiser Decius eingemauert wurden. Dort schliefen sie bis zum Jahre 446, als sie bei einer zufälligen Öffnung der Höhle auf wundersame Weise wieder erwachten. Da bezeugten sie vor dem nun regierenden christlichen Kaiser Theodosius II. die leibliche Auferstehung von den Toten. Dann entschliefen die Sieben sanft für immer.

Im Aberglauben des Mittelalters galten die „siben slaffer" als Helfer gegen Schlaflosigkeit und Fieber. Wer darunter litt, mußte die Namen der sieben Heiligen auf einen Zettel schreiben und ihn unter den Kopf legen, damit er gesund wurde.

An diesem Tag mußte man früh aufstehen, wollte man nicht riskieren, ein chronischer Langschläfer zu sein. Denn wer am Siebenschläfertag bis früh um sieben im Bett bleibt, der tut das auch das ganze Jahr hindurch. So legte man sich vorsorglich ein paar Rosengalläpfel der Heckenrose, die ebenfalls „Siebenschläfer" oder „Schlafäpfel" genannt wurden, unter das Kissen. Es hieß, wer auf ihnen ruhe, schlafe nur sieben Stunden lang. Schließlich wurde aus dem Siebenschläfer ein Spottwort für alle, die morgens nicht aus den Federn kamen.

Heublumen-Medizin

W ir fahren ins Heu", hieß es früher in den Tagen um Johanni (24. Juni), wenn in Süddeutschland die Heuernte begann. Die Bauern warteten vielfach die regnerisch-kühle Schafskälte ab, um sicher zu sein, daß das Gras auf den Mähwiesen auch austrocknen konnte. Zudem sollten Gräser und Kräuter in voller Blüte stehen. „Vor Johanni bitt' um Regen, nachher kommt er ungelegen", lautet eine alte Bauernregel. Oder: „Nach dem Tag des Sankt Johann, der Landmann das Heu erst loben kann."

Heute wird vielfach schon Ende Mai oder Anfang Juni das Gras für die Silage gemäht. Kurz angetrocknet wird es zum Gären in die Silos gefahren. Der typische Heugeruch, der uns an die Heuernte unserer Kindheit erinnert, fehlt der Silage. Auch ein Bett im Heustadel, eine Ruhestunde im Heuschwaden oder ein Schäferstündchen auf dem Heuboden ist heute nicht mehr romantisch. Früher roch das Heu stark nach Cumarin, was dem typischen Waldmeisterduft entspricht. Cumarin, eine Zuckerverbindung, die erst beim Verwelken der Pflanzen frei wird und ihren unvergleichlichen Heuduft entfaltet, ist vornehmlich im Ruchgras („Riechgras") der Wiese, im Waldmeister, im Steinklee, in der Weinraute und in vielen Wiesenblumen enthalten. Da diese häufig aus den Wiesen verschwunden sind oder man sie nicht ausblühen läßt, mangelt es dem Heu am würzigen Duft.

„Heublumen" aber sind keine Blumen. Es handelt sich um Pflanzenteile, die sich im Laufe der Zeit auf den Heuböden, häufig in einer mehrere Zentimeter dicken Schicht, ablagern. Diese Heublumen bestehen aus Blättchen, Samen, Blütenstaub und Blütchen der Gräser und Kräuter, die mit dem Heu eingebracht werden. Ihre Zusammensetzung ist demnach ganz verschieden. Neben den eigentlichen Gräsern findet man Bestandteile des Löwenzahns, der Schafgarbe, des Ehrenpreises, des Kerbels, des Sauerampfers und anderer Kräuter. Heublumen sind vergleichsweise billig. Man kauft sie pfundweise in den Apotheken. Sie sollen gut getrocknet sein und nur bis zur nächsten Heuernte verwendet werden, also etwa ein Jahr. Ältere Heublumen verlieren ihre Wirkung.

Die Behandlung mit Heublumen war früher weit verbreitet. Die Ergebnisse sind recht ermutigend. Hauptanwendungsgebiete sind rheumatische Erkrankungen, Gicht, Hexenschuß und schmerzhafte Gelenkentzündungen. Am meisten zu empfehlen sind Heublumenbäder oder örtlich aufgelegte Heublumensäcke. Sie helfen auch bei Magen- und Darmkatarrhen, bei Haut- und Nervenleiden, bei Gallenkoliken und Erkältungskrankheiten.

Die Wirkung der Heublumenzubereitungen ist eine intensive Wärmewirkung. Deshalb sind für die Behandlung solche Erkrankungen auszuschließen, die keine Wärme vertragen.

Für Vollbäder benötigt man ein bis zwei Kilo Heublumen. Man überbrüht mit fünf Liter Wasser, läßt 15 Minuten ziehen, seiht ab und setzt den Aufguß dem heißen Badewasser zu. Nach dem Bad gönnt man sich eine längere Bettruhe. Für Sitz- und Fußbäder nimmt man ¼ kg Heublumen. Am bequemsten ist der Gebrauch von Heublumensäcken. Dazu benutzt man einen Leinenbeutel, den man fast vollständig mit Heublumen füllt. Der Beutel wird zugebunden und in kochendes Wasser gebracht. Bei bedecktem Topf läßt man

zehn Minuten ziehen. Der ausgedrückte Leinenbeutel wird – so heiß wie nur möglich – auf die erkrankten Körperstellen gebracht. Die Heublumenauflage wird mit wollenen Tüchern gut abgedeckt.

Auch Heublumendampfbäder für Nebenhöhlen und Bronchien werden empfohlen. Der Heublumenaufguß wird dabei nicht abgeseiht. Die Dämpfe läßt man 15 Minuten einwirken.

Als noch der „Wetz" und das „Scheßmähl" im Garten wuchsen

Wohl nur die Älteren wissen heute noch, was für Pflanzen der „Wetz" („Wätz") und das „Scheßmähl" im Garten sind. „Wetz" galt im Volksmund für zwei weit verbreitete Unkräuter im Garten, sowohl für den Vogelknöterich als auch für den Kriechenden Hahnenfuß. Letztere Pflanze war bei den Kindern immer die

„Butterblume", die man unter das Kinn hielt. War ein helles Leuchten zu sehen, dann hatte das Kind eben „viel Butter gegessen". Der „Wetz" war im Gartenbeet fast nicht auszurotten. Er gilt heute übrigens als Zeigerpflanze für eine Bodenverdichtung, bevorzugt feuchte Lehmböden und ist ein Stickstoffanzeiger. Wenn das Sensenblatt scharf gemacht wird („geglobbt" wird), dann wird es „gewetzt". „Ich hann dir gewetzt", heißt es im Sprachgebrauch unserer Vorfahren aber auch, wenn man mit einer Strafe (zum Beispiel mit einer Tracht Prügel) drohte. „Wetz" war eben im Garten gehaßt und wurde immer „ausgerobbt" (ausgerupft) – kam aber immer wieder.

Mit „Scheßmähl" meinen die Gärtner die Melde, früher einmal ein Gartenunkraut in jedem Beet. In jungem Zustand aber wurde die Melde als Spinat („Mus") in der Küche genutzt. Wuchs sie im Sommer aus, wurde die Melde im Blüten- und Fruchtstand „weißmehlig". Dann war sie voller Blattläuse und wurde wohl auch deshalb als Blattlausfangpflanze mitten im Beet geduldet. Wenn man das „Scheßmähl" jung als Spinat zubereitet, fördert das Meldemus die Verdauung, was wohl beim Übergenuß zur „Scheß" (Durchfall) führte.

Auch die „Saudischdel" war im Garten fast nicht auszurotten, hatte sie doch eine lange, tiefgehende Pfahlwurzel. Ließ man einige „Saudischtele" stehen, lockten auch diese als Fangpflanzen Blattläuse an, wogegen Nutzpflanzen dann weniger befallen waren.

Die „Saubohne" (Puffbohne) war früher in jedem Bauerngarten zu finden. Ihr Anbau hatte einen dreifachen Nutzen. Sie diente der eigenen Ernährung (hoher Eiweißgehalt), war aber nicht jedermanns Geschmack. Sie wurde gerne an die Schweine („Säue") verfüttert und war die beliebteste Blattlauspflanze. „Saubohnen" waren immer übersät mit Millionen von Blattläusen, die dadurch von anderen Nutzpflanzen abgehalten wurden.

Die „Strebbwurz" – in der Pfalz auch „Pabbele" genannt – bildete auf Wiesen und Viehweiden ein weit verbreitetes, nicht ausrottbares Unkraut, bildete sie doch eine tiefgehende Pfahlwurzel aus. Der „Krause Ampfer", wie die Pflanze heißt, hat einen überaus hohen Gehalt an Oxalsäure und wurde deshalb vom Weidevieh nicht gefressen. Der Bauer haßte sie auf der Weide wie die Pest, doch die Bäuerin machte einen Nutzen daraus. Sie „strebbte" im Sommer den oberen Blüten- und Fruchtstand ab, kochte einen Tee daraus, den sie dem Vieh „eintrichterte", wenn es „einen dicken Bauch" hatte, also gebläht war. Der „Strebbworztee" half bei Blähungen der Kühe immer. „Strebben" heißt hier nicht „stehlen", sondern etwas „abstreifen". Der Blüten- und Fruchtstand wurde mit der Hand abgestreift.

In Gärten gehaßt wie die Pest wurde auch der „Katzenschwanz", der Ackerschachtelhalm, früher auch Zinn- oder Scheuerkraut genannt. Der stark kieselsäurehaltige „Katzenschwanz", der im Untergrund Staunässe anzeigt und recht magere Böden bevorzugt, war im Garten nicht auszustechen, gingen seine unterirdischen Stengelausläufer doch bis zwei Meter in die Tiefe. Aus der Not aber machten unsere Vorfahren eine Tugend und verwendeten ihn als Universal-Heilpflanze. Zudem scheuerten sie ihre zinnernen Gefäße damit sauber; der „Katzenschwanz" diente also wegen seiner kiesel- harten Stengel und Blätter als Zinn- und Scheuerkraut.

Das „Knopfkraut" im Garten war nur als viel geschmähtes „Franzosenkraut" bekannt. Dem früheren Erzfeind Frankreich lastete man diesen Unkrautbestand im Garten an.

Das Farnkraut war vielfach als „Läusekraut" im Gebrauch. „Farn- sprie" (zerrupftes Farnkraut) wurde als Viehstreu im Stall gebraucht. In der Hundehütte, besonders aber im Hühnerstall, „emm Henkels- perch" und „emm Henkelsneschd", sollte es Tierläuse und Tierflöhe abhalten. Bauern steckten es früher rund um den Strohhut, wenn sie bei schwüler Witterung auf dem Feld arbeiteten. Hier hielt es Stech- mücken von Kopf und Nacken ab. Bei Pferden wurde es ins „Kopf- gescherr" eingesteckt, um vor Bremsen zu schützen. Alte Leute schlie- fen auf Farnkrautkissen, was Rheuma linderte.

Als Unkraut verschrieen, als Heilpflanze begehrt ist die Quecke. Sie trägt ihren Namen wahrhaft zu recht: Er kommt vom mittelalterli- chen „quec" oder „queck" (engl. „quick"), was soviel wie „lebhaft", „schnell" oder „lebendig" heißt. Die Quecke ist also die „lebendige Pflanze", „quicklebendig" in ihrer Ausbreitung durch unzählige krie- chende, unterirdische Ausläufer fast unausrottbar. Wo sie einmal Fuß gefaßt hat, läßt sie sich so leicht nicht wieder vertreiben. Queckenwurzeltee hat eine ähnlich gute Heilwirkung wie der Schachtelhalm und die Brennessel.

Glühwürmchen am Johannistag

Wenn Glühwürmchen flirten, beginnt der Sommer", meinten unsere Vorfahren. Und da ist schon was Wahres dran: Ihre Flugzeit liegt um die Sommersonnenwende. Die Großwetterlage um die Zeit des kalendarischen Sommeranfangs bestimmt in der Mehrzahl der Jahre den Ablauf des Wetters in den Sommermonaten Juli und August.

Es sind die Leuchtkäfer, die jetzt an warmen Sommerabenden flirten, auch Johanniskäfer oder Johannisglühwürmchen genannt. Die larvenartigen Weibchen sind flugunfähig, tragen sie doch nur noch kurze Flügelstummel. Sie sitzen meist auf Grashalmen und machen die umherfliegenden Männchen auf sich aufmerksam, indem sie ihre Hinterenden mit den Lämpchen auffällig hin und her schwenken.

Ein einzigartiges Phänomen der „ein- und ausschaltbaren" Leucht-organe: Sie senden zwar Leuchtstrahlen aus, aber keine Wärmewellen, wie andere Lichtquellen. Dafür ist freilich die Leuchtkraft minimal. Um die Helligkeit einer brennenden Kerze zu erreichen, müßten sich 6000 Glühwürmchen zusammentun.

Glühwürmchen in der Johannisnacht (24. Juni) bringen Glück. Kein Tag war in der Vorstellung der Alten mit so viel Zauberkraft erfüllt wie der Johannistag. Wer in jener Nacht durch das Johannisfeuer springt, überwindet Unheil und reinigt sich von Krankheit, Paare tanzen singend um das Feuer, springen über die Glut, werfen Zauberkräuter, vor allem Farnkraut und Johanniskraut, in die Flammen, um die guten Zauberwirkungen zu erhöhen.

In der Johannisnacht öffnen sich in den Märchen die Berge; Elfen und Zwerge treiben ihr Wesen und verraten verborgene Schätze.

Verwunschene Jungfrauen finden in der Mittagsstunde des Johannistages Erlösung. In den Seen hört man versunkene Glocken läuten, man kann die geheimnisvolle Wünschelrute finden, die Sprache der Tiere verstehen und den Liebenden wird auf jeden Fall geholfen. Und gibt man sich am Johannistag das Ja-Wort, so wird es eine besonders glückliche und lange Ehe.

Kräuter, am Johannistag gesammelt, haben eine besonders heilkräftige Wirkung. Dazu zählen Johanniskraut und Schafgarbe, Thymian und Ehrenpreis, Frauenmantel und Rosmarin, Basilikum und Kamille, Beifuß und Eisenkraut. Sie hatten aber auch eine wesentliche Schutzfunktion zur Bekämpfung von bösem Zauber, Gewitter, Krankheit und Dämonen. Man hängt sie in Bündeln über die Haustür, ans Fenster, in den Kamin, auch in den Stall, um das Vieh zu schützen.

„Röslein auf der Heide …"

Der Juni ist der Rosenmond. Doch in manchen Jahren blüht alles früher, so auch die Heckenrose, im Volksmund im Gegensatz zu ihrer veredelten Schwester auch Hundsrose genannt. Die Heckenrose ist kein Wunder an Schönheit wie die orientalischen Zuchtformen der Rose. Ihre Schlichtheit aber, ihr zarter Duft und das stachlige Geranke ihrer Zweige zieht uns sanft an, nimmt uns gefangen und erzählt uns die Märchen unserer Kindheit von Dornröschen und von Rosenrot.

Das Rosa ihrer Blüten wird im Gebirge zu einem Purpurrot gesteigert, und angesichts des blühenden Strauches mögen wir etwas ahnen von der Leidenschaftlichkeit des anderen, veredelten Gewächses, von den Zeichen brennender Liebe und des Feuers.

Wilde Rosen besitzen eine außerordentlich große Zähigkeit im Überleben. Selbst wenn alle oberirdischen Triebe vernichtet werden, treiben sie aus den Wurzeln und unterirdischen Ausläufern neu aus, wie auch der berühmte tausendjährige Rosenstrauch am Dom zu

Hildesheim, dessen Entstehungsgeschichte in der Sammlung deutscher Sagen von den Gebrüdern Grimm aufgezeichnet ist.

Für die Germanen war die Heckenrose eine Blume aus dem Zaubergarten der Freyja, Wotans Gemahlin. Deshalb pflanzten sie den Strauch bei den Heiligtümern der Göttin Freyja. Nur am Freitag, dem Tag der Göttin, durften die Rosen gepflückt werden, wollte man sie zu Heil- oder Zauberzwecken verwenden.

Bruchstücke dieses alten Freyjakultes haben sich im Volksbrauchtum erhalten und sind bis heute bekannt geblieben. Rosenblüten und Hagebutten, so glaubte man, sollen vor Verhexung und Krankheit schützen. Freyja war die Beschützerin der Frauen und wurde um Hilfe während der Geburt angerufen. Daraus haben sich verschiedene Bräuche entwickelt. Man goß das Blut vom Aderlaß unter einen Rosenstock. Die Nachgeburt eines Neugeborenen trug die Hebamme in einem Topf zum nächsten Rosenbusch und vergrub dort Nachgeburt samt Topf. Man glaubte, das Kind bekomme dadurch rote Wangen. In Schlesien schüttete man das Badewasser eines Neugeborenen unter einen Rosenstock, damit das Kind immer gesund sei.

Manchmal kann man in einem wilden Rosenstock ein eigenartiges, rundes etwa walnußgroßes Gebilde entdecken. Wie der wuschelige Haarschopf eines Koboldes steckt es zwischen den Zweigen. Es ist der Auswuchs, der durch den Stich der Rosengallwespe entstanden ist. „Schlafäpfel" oder „Rosenäpfel" werden die kleinen, runden Bällchen genannt. Sie haben schon immer die Phantasie der Menschen angeregt und galten seit dem Altertum als wirksames Zauber- und Heilmittel. Die Schlafäpfel sollen, so glaubte man, unter das Kopfkissen gelegt, guten Schlaf bringen. Besonders unter den Kissen der Wiegenkinder fanden sich noch im letzten Jahrhundert die beliebten Zauberkugeln.

Arzneilich und in der Küche verwendet werden die Blütenblätter, besonders aber die scharlachroten Früchte der Heckenrose. Blütenknospen wirken leicht abführend, stärkend, blutstillend und entkrampfend. Ein Tee aus Rosenknospen hilft deshalb bei leichter Verstopfung, Magenkrämpfen und Blutungen. Er muß aber regelmäßig über einen längeren Zeitraum hinweg getrunken werden. Man kann auch die Rosenblüten einem gemischten Haustee hinzufügen, sie verleihen dem Haustee einen angenehmen Geruch und aromatischen Geschmack.

Den voll erblühten und geöffneten Blütenblättern der Heckenrosen wurden besondere Heilwirkungen zugesprochen. Hildegard von Bingen schreibt darüber in ihrer Naturkunde: „Sammle die Rosenblätter bei Tagesanbruch und lege sie über die Augen, sie machen dieselben klar und ziehen das ,triefen' heraus. Ebenso sind sie dienlich zum Umschlag auf Geschwüre und zu jeglichen Arzneien und Salben." Die frischen Heckenrosenblätter haben tatsächlich eine kühlende Wirkung. Auf geschwollene Augen und auf Brandwunden gelegt, lassen sie die Schwellung abklingen, sie lindern und kühlen. Ein Extrakt aus den Rosenblättern ist ein gutes Mund- und Zahnwasser für entzündetes und leicht blutendes Zahnfleisch. Innerlich genommen wirkt Rosenblütenblättertee herz- und nervenstärkend.

Eine köstliche Rosen-Bowle bereitet man aus 3 Handvoll stark duftender Heckenrosenblüten, einer Flasche Weißwein, zwei Eßlöffel Zitronensaft, 120 Gramm Zucker und einer kleinen Flasche Sekt. Weißwein, Zitronensaft, Zucker und Rosenblätter werden in ein Gefäß gegeben, umgerührt, zugedeckt und ca. 30 Minuten kühlgestellt. Man siebt die Rosenblätter ab, wobei man einige schöne Blätter zurückbehält. Das Getränk wird mit dem Sekt gespritzt und mit den restlichen Rosenblüten serviert.

Die scharlachroten Früchte der Hecken- oder Hagerose, die Hagebutten, sollten völlig ausgereift sein. Leichte Nachtfröste tun dem fleischigen Mantel wohl: Er wird nicht nur süßer, sondern löst sich auch leichter von den harten, kantigen Nüßchen im Innern. Sammelzeit ist Oktober und November. Sie, die roten Hagebutten mit dem Krönlein der Kelchblätter auf dem Haupt, sind die „Männlein in den purpurroten Mäntelein, die im Wald stehen, ganz still und stumm", nicht der Fliegenpilz.

Ihre Wertschätzung verdankt die Hagebutte dem sehr hohen Gehalt an Vitamin C, der in Wildfrüchten zwischen 450 bis 800 mg und bei kultivierten Sippen 850 bis 4000 mg je 100 Gramm Frischgewicht beträgt. Damit schlägt „das Männlein mit dem schwarzen Käppelein und dem roten Mäntelein" alle anderen Vitamin-C-Konkurrenten haushoch. Hinzu kommt, daß das Hagebutten-Vitamin-C eine Abart ist, die auch beim Kochen nicht zerstört wird, weshalb Hagebuttenmarmelade so wertvoll ist.

Aus den Fruchtschalen bereitet man gesunde und schmackhafte Marmeladen, Sirupe, selbst Weine und Liköre. Für die Marmeladebereitung eignen sich vor allem die prallen Hagebutten der Gartenheckenrose, wegen ihrer dicken, fast runden Frucht auch „Apfelrose" genannt. Diese sind auch früher reif, werden aber gerne vorzeitig von Vögeln gefressen.

Hagebuttentee, aus den roten Fruchtschalen bereitet, beugt Erkältungskrankheiten vor, beseitigt Müdigkeit und Mattigkeit, weckt an trüben Tagen neue Lebensgeister. Die Fruchtkerne im Innern, die harten Nüßchen, haben eine schwach harntreibende Wirkung. Sie ergeben einen ausgezeichneten goldgelben, nach Vanille duftenden Tee, der unter dem Namen Kernlestee auch als Haustee getrunken werden kann.

Die Heckenrose, das Heidenröslein in Goethes Liebesgedicht, weiß sich zu wehren: Wer seine jungfräulichen Blüten im Juni pflückt, wird gestochen, denn „keine Rose ist ohne Dornen". Und die Fruchthaare der Hagebuttenkerne – das wissen wir aus Kindertagen – sind bissig und lassen sich gut als Juckpulver verwenden.

Herz-Jesu-Blut im Johanniskraut

Johanniskraut (Hypericum perforatum) wird seit Jahrtausenden als Arzneipflanze geschätzt. Die vielen volkstümlichen Namen weisen deutlich auf ihre Wirkungsweise: Wundkraut, Sonnenwendkraut, Herrgottswunderkraut, Herz-Jesu-Blut und Gottesgnadenkraut.

Die griechisch-lateinische Bezeichnung „Hypericum" deutet darauf, welche Wichtigkeit man dieser Arzneipflanze bereits im klassischen Altertum zumaß. Dieser Name wird abgeleitet von hyper = über und eikon = Bild, Vorstellung. Damit sollte zum Ausdruck gebracht werden, daß die Heilkraft dieser Pflanze über alle Vorstellung gut sei.

An zwei ganz eigentümlichen Merkmalen ist das echte Johanniskraut leicht zu erkennen: Hält man die Blätter gegen das Licht, so erscheinen viele durchscheinende Punkte, die Öldrüsen. Diese Drüsen lassen die Blätter wie „perforiert" (durchlöchert) erscheinen. Dunkle Drüsen in den gelben Blüten sind mit einem roten Farbstoff, dem Hypericin, angefüllt. Zerreibt man die Blüte zwischen den Fingern, so wird die Haut davon dunkelrot gefärbt. Diesem roten Farbstoff werden besondere Heilkräfte zugeschrieben. Es ist für die Pharmazie der interessanteste und wichtigste Inhaltsstoff im Johanniskraut. Mit seiner Hilfe ist der Organismus in der Lage, Lichtenergie aufzunehmen. Es wurde festgestellt, daß nach dem Genuß von Hypericum die Hautschranke für das Licht durchbrochen wird. Hypericin verwandelt das Licht kurzer Wellenlängen (z. B. ultraviolette Sonnenstrahlen) in langwelliges Rot, wie es uns als Infra-Rot-Strahlung bekannt ist, im wesentlichen also Wärme. Dabei wird Energie freigesetzt, die sich am Stoffwechsel der Körperzellen, besonders der Nervenzellen, beteiligt.

Bei hellfarbigen Tieren, bei blonden und rotblonden Menschen kommt es nach innerlicher Gabe von Johanniskraut nicht selten zu Hautreizungen und Hautentzündungen, wenn diese sich über längere Zeit dem Sonnenlicht aussetzen.

Volkstümlich bezeichnet man das Johanniskraut als „Seelenarznei". Gleichsam wie die Sonnenstrahlen unsere Psyche aufzuhellen vermögen, so vermag das auch das Johanniskraut. Von den vielerlei Heilanzeigen, die bereits in den alten Kräuterbüchern zu finden sind, haben sich durch neueste Untersuchungen einige Hauptanwendungsgebiete ergeben: Nervenstärkung und Wiederherstellung der inneren Ruhe bei depressiver Stimmungslage, innerer Unruhe und Angstzuständen, entspannende Wirkung bei Übererregbarkeit und Empfindlichkeit. Andere Anwendungsgebiete sind klimatische Reize, wie z. B. Föhn, Wetterfühligkeit, Depressionszustände in den Wechseljahren, krampfartige Magen- und Darmbeschwerden.

Eine Wirkung des Johanniskrautes ist allgemein erst nach einer Anwendungsdauer von zwei bis drei Wochen zu erwarten. Eine kurmäßige Anwendung über einen Zeitraum von drei Monaten ist zu empfehlen. Schädliche Nebenwirkungen sind nicht zu erwarten. Jedoch sollte während der Einnahme von Johanniskraut möglichst der Aufenthalt in intensiver Sonnenbestrahlung vermieden werden.

Neben dem roten Farbstoff Hypericin enthält das Johanniskraut noch andere Wirkstoffe, die weitere Anwendungsgebiete ermöglichen. Johanniskraut fördert die Wundheilung. Damit ist neben der innerlichen auch die äußerliche Anwendung zu begründen, vor allem bei Hautverletzungen, Verbrennungen, Brandwunden, Schürfwunden. Diese wundheilende Wirkung wurde schon im frühen Mittelalter erkannt.

Für die innerliche Anwendung nimmt man einen Teeaufguß aus dem getrockneten Kraut (1 bis Teelöffel auf eine Tasse), für die äußerliche Anwendung zum Einreiben nimmt man Johanniskrautblütenöl.

Der Weißdorn, der „Baldrian des Herzens"

„Wenn der Weißdorn blüht im Hag, wird es Sommer auf einen Schlag", lautet eine alte Bauernregel. Daß der blühende Weiß- oder Hagedorn den „Sommer zu Tisch bittet", den Bienen süßen Nektar im Überfluß bietet, wußten auch unsere Vorfahren. Bei ihnen spielte der stark duftende Strauch in den Tagen vor der Sommersonnenwende eine magische Rolle. Liebende, die sich in der Johanninacht unter dem Weißdorn fanden, blieben das ganze Leben treu vereint. Diese Zauberwirkung wird verständlich, wenn man weiß, daß die beiden bei uns vorkommenden Weißdornarten in ihrem Blütenbau einander täuschend ähnlich sind und den gleichen Standort an Wegrändern haben. Sie gehören eben wie Zwillingskinder oder wie Mann und Frau zusammen. Die Weißdornzwillinge tragen in ihren Blüten einen oder zwei Griffel, und beide sind herztherapeutisch gleichermaßen wohltuend wirksam.

Auch heute noch erweckt der Weißdorn, der ähnliche Rosenblüten wie Kirsche und Apfel besitzt, bei den meisten Menschen mehr poetische als pharmazeutische Gedankenverbindungen. Von den Dichtern der Antike wird immer wieder die Schönheit des Weißdorns gepriesen, und Shakespeares König Lear zog seinen „süßen Schatten" dem weichen Bett eines Königs vor.

In den Kultvorstellungen früherer Zeiten spielte der Weißdorn eine wichtige Rolle bei den magischen Alltagsbräuchen. Die Bauern pflanzten ihn dicht beim Haus, um es gegen Blitzeinschlag zu schützen. Seine Wirkkraft gegen Krankheit und Hexerei war nahezu unbegrenzt. Der Kranke brachte ihm ein Opfer dar, sprach dazu ein Gebet oder eine rituelle Formel, mit der er seine Fieberschauer an den Strauch weitergab. Er war überzeugt, bald zu genesen. In manchen Gegenden glaubte man, er könne den Teufel und die Schlangen vertreiben. „Einen Weißdorn pflanzen" hieß im Volksmund soviel wie „ein Feld eingrenzen". Als die Römer Gallien und England besetzten, benutzten sie Weißdorn wegen seines dichten Wuchses für die Hecken um die Felder, und noch heute zeigt er in der Bretagne und in Norddeutschland nicht nur Besitzergrenzen an, sondern wirkt in den „Knicks" auch als Windbremse.

Der Weißdorn ist der „Baldrian des Herzens". Seine Hauptwirkung zielt auf die Herzberuhigung und Erweiterung der Herzkranzgefäße. Weißdornpräparate sind angebracht bei Herzstörungen des alternden Menschen, bei Durchblutungsstörungen der Koronargefäße des Herzmuskels. Anders als die starken Herzmittel Strophantin und Digitalis (Fingerhut) ist die Wirkung des Weißdorns nicht in erster Linie auf die Förderleistung des Herzens gerichtet, sondern auf seine Ernährung, auf die Erhaltung der Funktion jeder einzelnen Zelle, auf seine Energiebevorratung, kurz; auf das gesamte Stoffwechselgeschehen. Die Herzkranzgefäße führen dem Herzen unter der Wirkung des Weißdorns eine größere Blutmenge zu. So wird der Herzmuskel besser mit Sauerstoff versorgt. Herzschmerzen, oft ein Ausdruck von Sauerstoffnot, verschwinden. Darüber hinaus hat der Weißdorn einen günstigen Einfluß auf die Merk- und Konzentrationsfähigkeit älterer Menschen und hilft auch durch seine beruhigende Wirkung, leichtere Schlafstörungen zu beseitigen.

Der Weißdorn muß allerdings regelmäßig über einen längeren Zeitraum eingenommen werden. Erst dann kommen seine Eigenschaften, die sich auf den ganzen Menschen erstrecken, voll zur Geltung.

Zur Teebereitung nimmt man die Blüten (und Blattspitzen) und im Herbst die roten, hagebuttenähnlichen Früchte, die „Mehlbeeren". Einen Teelöffel der getrocknete Blüten überbrüht man mit einer Tasse Wasser. Der Tee wird schluckweise tagsüber getrunken.

Aus den Beeren stellt man auch Tinkturen, Liköre und Konfitüre her. Auch die Kosmetik hat die Blüten, Blätter und Beeren des Weißdorns entdeckt. Durch ein Weißdornbad wird die Haut mit köstlichen Naturstoffen belebt, massiert und gereinigt, was gleichzeitig auch der Herzstärkung und Kreislaufanregung dient.

Der Rotdorn, eine wunderschön blühende Abart des Weißdorns, der als Alleebaum in Anlagen zu finden ist, wird zu medizinischen Zwecken nicht genutzt.

Lichtlein auf der Wiese

Die goldgelbe Pracht des Löwenzahns hat ausgeblüht, die kleinen Sonnen sind verglüht.

Jetzt glimmt ihr Licht in silbernen Laternchen, doch bald haben auch die letzten Lämpchen ausgeglüht. Über die junge Sommerwiese schweben kleine Fallschirmchen, von einem leichten Wind im Spiel verweht. Sie säen neue goldne Sonnen, die im nächsten Frühling aus weichem Erdreich geboren werden.

Spielende Kinder suchen die Lichtlein auf der Wiese und pusten sie mit dicken Backen freudestrahlend aus. Ich schaue den fliegenden Schirmchen nach, dem wogenden weißen Flaum, der langsam in der Ferne entschwindet.

Juli

Die Hundstage im Honigmond

Im „Sommer-Gesang" von Paul Gerhardt, des großen Kirchen-
lieder-Dichters, werden wir in die hohe Zeit des Jahres entführt. Er
enthält eine Aufforderung zur Entspannung an uns, einen Aufruf,
unsere Freizeit sinnvoll auszufüllen. In den letzten Jahren ist auch der
Garten mehr und mehr zum Freiraum und Freizeitraum geworden.

„Geh aus, mein Herz, und suche Freud'
In dieser lieben Sommerszeit
An dieses Gottes Gaben:
Schau an der schönen Gärten Zier,
Und siehe, wie sie mir und dir
Sich ausgeschmücket haben."

Der Juli, der siebte Monat des Jahres, hat seinen Namen von Julius
Cäsar. Nicht nur dessen Ruhm als Feldherr und Politiker trug ihm
einen eigenen Monat ein, sondern wohl auch Cäsars Kalenderreform.
Mit ihr und dem seit dem Jahr 45 gültigen „Julianischen Kalender"
kam Ordnung in das bis dahin bestehende Durcheinander von Mond-
und Sonnenjahren. Noch heute beruhen die Monatslängen von sie-
benmal 31 Tagen, viermal 30 und einmal 28 oder 29 Tagen auf diesem
Kalenderentwurf. Sonst allerdings hat ihn der „Gregorianische
Kalender" abgelöst.

Bis zu Julius Cäsar hieß der Monat „Quintilis" (von lateinisch „quintus" = der fünfte) und war der fünfte Monat des altrömischen Kalenders. Im Juli ist Hochsommer – die wärmste Zeit des Jahres. Der Landwirt denkt jetzt allerdings kaum an Badefreuden, Ferien und weite Reisen, sondern an die Ernte, die bald ins Haus steht. Daher rührt auch der alte deutsche Name „Heumond" oder „Heuert".

In der Regel begann die Heuernte früher mit den schönen Tagen um Johanni, dem „Johannisommer".

Andere, wenn auch nicht sehr volkstümlich gewordene Namen für den Juli sind „Bärenmonat" oder „Honigmonat", was leicht zu erklären ist: Im Juli hielten sich früher der Fleiß der Bienen und der genießerische Raub der Bären wohl in etwa die Waage.

Sommer, Sonne, warme Nächte und Tage voll Sonnenschein – eigentlich sollte man meinen, daß sich im Juli die Kalenderfeste nur so aneinanderreihen. Aber die Deutschen waren wohl in früherer Zeit ein arbeitsames Völkchen, das den Juli von allen Fest- und Feiertagen freihielt, so daß kein besonderer Festtag auszumachen war. Wahrscheinlich hat die Notwendigkeit zu intensiver Arbeit auf dem Feld die ehemals weitgehend bäuerliche Bevölkerung veranlaßt, Feiertage auf die arbeitsmäßig unfreundlicheren Jahreszeiten und Monate zu verlagern. Über den Mangel an besonderen Fest- und Feiertagen kann man sich allerdings mit mancherlei privaten und örtlichen Feiern hinwegtrösten: Bierfeste, Vereinsfeste und Vereinsjubiläen ringsum, Sommernachtsbälle, Waldfeste, Straßenfeste, Weinfeste und natürlich Gartenpartys, zu denen die Nachbarn eingeladen werden, und viele andere Gelegenheiten für vergnügte Abende und Tage bieten sich für fast zwei Monate überall an.

Und mitten hinein in die hohe Festzeit fallen die „Hundstage". Manche Spezialisten für den Kalender lassen die „Hundstage" exakt am 24. Juli beginnen und am 23. August enden. In den Wetter- erfahrungen des Volkes handelt es sich bei dieser Zeit um Tage oder Wochen, die gewöhnlich recht heiß sind. Ihren Namen als „huntlich tag" tragen sie seit dem 15. Jahrhundert, weil diese Wochen unter dem Sternbild „Canicula", dem „Hund" des Orion stehen. Die Lehnüber- setzung des lateinischen Begriffs „dies canicularis", also „Hundstage", fand Anklang und hat sich bis heute erhalten.

So wünsche ich Ihnen während der „Hundstage" warme Sommer- abende mit einem abendlichen Gartenplausch von Nachbar zu Nach- bar, Ruhe und Entspannung nach getaner Arbeit auf der Gartenbank und eine zünftige Gartenfete auf der Terrasse.

Wenn es donnert und blitzt

Gewitterentwicklungen an schwülwarmen Sommertagen treten in Mitteleuropa häufig auf. Wird die bodennahe feuchte Luft durch die Sonne stark angeheizt, so bilden sich meist am späten Nachmittag Wärmegewitter, die in der Regel lokalen Charakter haben. Die meisten Gewitter jedoch sind an Kaltfronten gebunden. Sie ent- stehen als Frontgewitter mit weit über 100 Kilometer langen Bändern, wenn vordringende Meereskaltluft auf vorher stark aufgeheizte Festlandsluft trifft.

Die nahenden Unwetter, begleitet von Blitz und Donner, Wolken- brüchen, Hagel und oft verheerenden Sturmböen, versuchten unsere Vorfahren auf verschiedene Art und Weise zu bannen. Der Ton der Kirchenglocken sollte das Gewitter vertreiben. So läutete man in allen Dörfern die Glocken, wenn man den Hagel von den Ernten oder den Blitz von den Häusern abwenden wollte. „Vivos voco, mortuos plango, fulgura frango" war eine der Formeln, die man im Mittelalter in die

Glocken eingravierte: „Ich rufe die Lebenden, ich beklage die Toten, ich banne den Blitz." Das Ansehen der Glocken hing von der Wirksamkeit ab, die sie bewiesen hatten. So genoß auch der Glöckner besondere Achtung, da er imstande war, die Unwetter zu vertreiben. Wenn Gebete und Glocken sich als unwirksam erwiesen hatten, warf man in manchen Gegenden den Kesselhaken gegen die Wolken hinauf oder der Pfarrer sein Schuhwerk gen Himmel.

Vielerorts stellte man, wenn ein Gewitter drohte, eine Sense mit der Schneide gegen den Himmel gerichtet auf die Schwelle des Hauses, um es vor dem Blitz zu schützen; in manchen Gegenden nahm man dafür eine Axt. Es ist hervorzuheben, daß diese Werkzeuge, abgesehen davon, daß sie aus dem „magischen" Metall Eisen sind, einen speziellen Symbolcharakter für unsere Vorfahren hatten. Die Sense war das Zeichen des Todes und die Axt das Utensil des Donnergottes Thor oder Donar.

Als Mittel gegen Gewitter pflegte man auch Johanniskräuter ins Feuer zu werfen. Auch die Hauswurz auf dem Dach wurde von unseren Vorfahren als Schutzpflanze gegen Gewitter geschätzt. Sie bewahrte die Gebäude und besonders die gefährdeten Strohdächer vor dem Blitzschlag.

Wie soll man sich nun verhalten, wenn man draußen von einem Gewitter überrascht wird? Der im Volksmund oft zitierte Satz „Eichen soll man weichen, Buchen soll man suchen" ist grundfalsch, denn jeder hochragende Gegenstand bringt die für einen Blitzeinschlag günstigen Bedingungen. Dazu muß er keinesfalls unbedingt aus Metall sein. Unter einer Buche kann man genau so getroffen werden wie unter einer Eiche oder einem anderen Baum. Oberster Grund-

satz bei Gewitter ist daher, sich nicht unter einzelstehende hohe Bäume zu stellen oder sich in der Nähe von Pfählen, Masten oder Kränen aufzuhalten. Auch am Rande eines Waldes sollte man nicht Schutz suchen.

Den allerbesten Schutz hat man in einem Auto mit geschlossenem Metalldach. Das Auto funktioniert dann als sogenannter Faraday-Käfig, das heißt die elektrischen Ladungen können nicht in den Innenraum gelangen. Wenn der Blitz den geschlossenen Wagen treffen sollte, wird er an der Außenwand zum Erdboden abgeleitet. Ein offener Wagen dagegen erhöht das Risiko.

Zu meiden bei Gewitter ist auch das Reiten, das Schwimmen oder Radfahren.

Wird man unter freiem Himmel von einem Gewitter überrascht, gelten als Verhaltensregeln: Kontakt mit größeren Metallgegenständen meiden, hinknien, Füße und Knie zusammenbringen, Hände auf die Knie legen und sich vorbeugen. Hinlegen erhöht das Risiko, vom Blitz getroffen zu werden, da die Körperoberfläche dann größer ist. Da in Gräben und Senken der Boden feuchter ist als in der Umgebung, so daß dort die natürliche Elektrizitätsleitung groß ist, sollte man sie ebenso meiden wie Anhöhen, Bergrücken und Berggipfel.

Sankt Jakob: Die Ernte beginnt

Der 25. Juli ist der Tag des heiligen Jacobus. Am Jakobstag war früher der Erntebeginn, vor allem der Beginn der Roggen- und Weizenernte. Die ersten Kartoffeln hießen Jakobskartoffeln, die ersten Äpfel Jakobsäpfel.

In den Alpen wanderte die Familie auf die Alm, um nach Sennen und Vieh zu sehen, denn der heilige Jakob galt als Schutzherr der Hirten. Der Tag wurde am Abend mit einem Hirtentanz gefeiert. Auch das „Jakobsen" war eine Sitte in den Alpen: Die Sennerinnen, die den Sommer meist allein in ihrer Schwaige, dem kleinen Blockhaus, zugebracht hatten, kochten an diesem Tag ein festliches Essen, denn die Burschen stiegen festlich gekleidet zu den Almen hinauf. Jakobsfeiern wurden auch bei uns in ländlichen Bereichen früher oft begangen. Sobald es abends dunkel zu werden begann, tanzte man um das Jakobsfeuer herum. Oft gab es einen Ziegenbraten, der an ein altes Tieropfer aus vorchristlicher Zeit erinnert.

Das Jakobsfest zu Beginn der Getreideernte stellte im Dorf einen Höhepunkt der Festlichkeiten im Sommer dar. Die Mägde und Knechte tranken die „Jakobsstärke", damit sie beim Mähen nicht „in den Halmen stecken blieben". Der Bauer brachte ihnen an diesem Tag Krüge mit Most oder ein Faß Bier aufs Feld, die Bäuerin buk ein ganz spezielles Roggenbrot, flache sogenannte Roggenstuten. Die Schnitter bedankten sich beim Bauern oder bei der Herrschaft mit einem Ährentanz, der mit bunten Bändern geschmückt war oder einem Strauß, in dem Ähren von allen Kornarten zusammengefaßt waren.

Pflanzen und Bäume hat man in heidnischer Zeit als mit besonders heilenden und magischen Kräften begabt angesehen. Diesem Glauben entsprangen viele Sitten für den Erntebeginn am Jakobstag. So wohnten vornehmlich den ersten Ähren oder der ersten geschnittenen Garbe wunderbare Fähigkeiten inne. Es war Brauch, daß sich die Schnitter die ersten drei Ähren, die gemäht wurden, um den Hals wanden, an den Hut steckten, an die Haustür nagelten oder kreuzweise – gegen Hexen – auf den Acker legten.

Der Auszug aufs Feld geschah an Jakobi meist nach einer Frühmesse, bei der die Erntegeräte gesegnet wurden. Die erste Garbe steckte am Pferdegeschirr. Zur Einfahrt wurden Wagen, Schnitter und Pferde, Sensen, Peitschen und Hüte mit Blumen und Bändern geschmückt. Es wurde gesungen und oft war diese erste Ernte für die Armen des Dorfes bestimmt.

Die Erntezeit dauerte von Jacobi bis Ägidii, also vom 25. Juli bis zum 1. September.

Zauberhafte Linden

Jeder kennt den unbeschreiblich süßen und heimatlich vertrauten Duft der Lindenblüten, der einen an warmen Sommerabenden förmlich einhüllt. Der französische Dichter Marcel Proust wurde durch den Lindenblütenduft und durch den nektarsüßen Geschmack des Lindenblütentees so an seine Kindheit erinnert, daß er ihn zu seinem Buch „Auf der Suche nach der verlorenen Zeit" inspirierte.

Nicht die „deutsche" Eiche, die Linde ist der Schicksalsbaum der Deutschen. Einst Waldbaum in Mitteleuropa, kennen wir ihn heute

nur als Einzelbaum mit mächtiger Krone auf kurzem, dickem Stamm, auf dem Felde stehend, im Mittelpunkt des Dorfes und als Alleebaum. Um den prächtigen Baum haben sich viele Sagen und Legenden geknüpft; er ist Gegenstand der Dichtung und des Liedes. Dazu hat zweifellos auch die Tatsache mit beigetragen, daß die Linde ein verehrungswürdiges Alter von 700 bis 800 Jahren erreicht. Und tausendjährige Linden sind keine Seltenheit.

„Under der linden an der heide, da unser zweier bette was, da mugt ihr vinden schone beide gebrochen bluomen unde gras. Vor dem walde in einem tal, tandaradei, schone sanc diu nahtegal." So spricht Walter von der Vogelweide in seinem schönsten Minnelied, dem Tandaradei-Lied, von der Linde und der Liebe. Und Wilhelm Müllers „Am Brunnen vor dem Tore, da steht ein Lindenbaum, ich träumt in seinem Schatten so manchen süßen Traum …" wurde zum Sinnbild der Lyrik der deutschen Romantik.

In den Märchen, Volkssagen und Volksliedern spielt immer wieder die Linde eine magisch-zauberhafte Rolle. Es war der Baum der Liebenden, um sie tanzten die Paare bei Ernte- und Kirchweihfesten. Bei den Germanen war die Linde sowohl Friedensbaum wie auch Gedächtnisbaum für die Toten einer Dorfgemeinschaft. Sie war auch Lebens- und Schicksalsbaum. Ähnlich wie unter den Wurzeln der Weltesche Ygdrasil, liegt unter dem Lindenbaum der Brunnen der Urzeit, an welchem die drei Nornen (Schicksalsgöttinnen) über das Los der Menschen bestimmen. Dort haben auch die Götter ihre Gerichtsstätte.

Die Linde, die sich auf dem Dorfplatz, am Dorfbrunnen oder bei der Kirche erhebt, hat Symbolwert: Unter der hundertjährigen Linde werden die dörflichen Probleme besprochen, versammeln sich die Alten, um zu beraten. Hier hat die Linde eine ähnliche Funktion wie der „Palaverbaum" in Afrika. Diese Funktion der Linde verleiht dem Ort Weihe. Der Baumgott selbst segnet die Handlungen, die sich unter seinem Blattwerk vollziehen.

Das weiche Holz der Linde wurde früher für Schnitzereien und Bildhauerarbeiten gern verwendet; es ist das „lignum sanctum", „das heilige Holz" unserer mittelalterlichen Madonnen.

Lindenholz wird auch medizinisch verwendet. Man stellt daraus eine wertvolle Holzkohle her, die der Bindung von Krankheitserregern und giftigen oder gasförmigen Stoffen dient. Innerlich kommt sie bei verdorbenem Magen, Durchfällen, bei Fäulnis- und Gasbildungen und als Gegenmittel bei Vergiftungen in Frage, äußerlich als Streupulver zur Behandlung schlecht heilender Wunden.

Linden werden erst spät „mannbar", sie blühen erst nach dem 20. Lebensjahr. Aber diese Blüten haben es „in sich": Man trinkt den Tee, um ordentlich zu schwitzen. Lindenblütentee hilft bei fieberhaften Erkältungskrankheiten, bei Katarrhen der Luft- und Harnwege, bei Halsentzündungen. Man mischt ihn gerne zu gleichen Teilen mit Holunderblüten.

Er wirkt schweißtreibend, was wohl auf ein ätherisches Öl zurückzuführen ist. Seine einfache Zubereitung und Bekömmlichkeit haben den Tee zu einem beliebten Haustee gemacht.

Die Lindenblüte ist eines der besten Kosmetikkräuter, sanft bleichend, reinigend, läßt Sommersprossen verschwinden und heilt Akne ab.

Rosmarin wärmt Herz und Gemüt

Rosmarin, das klingt ein wenig verstaubt, ein wenig großmütterlich. Der Name weckt vielleicht Erinnerungen an einen feinen, fernen Duft, der in der Nähe des Lavendel liegt. Es könnte auch sein, daß uns der Vers unserer Kindheit „Guten Tag, Herr Gärtnersmann, haben Sie Lavendel, Rosmarin und Thymian und ein wenig Quendel…?" einfällt, an den wir lange nicht gedacht haben.

„Tau des Meeres" heißt die Pflanze, wenn wir ihren Namen vom lateinischen „ros marinus" ableiten. Darin steckt eine poetische Beschreibung der Feuchtigkeit, die sich an den Küsten während der Nacht niederschlägt oder als leichter Sprühnebel vom Meer herüberweht. Küstenregionen eignen sich besonders gut für den Rosmarin, ein immergrüner Lippenblütler mit typisch mittelmeerischer Verbreitung. Die Pflanze war schon in der Antike bekannt und wurde sowohl in die Siegeskränze zusammen mit Myrte und Lorbeer gewunden als auch medizinisch gebraucht.

Bei den Griechen war Rosmarin vornehmlich Kultpflanze. Sie glaubten, den Göttern gefalle ein Rosmarinkranz besser als einer aus Gold. Die Pflanze mit dem kampferartigen Duft war Aphrodite geweiht, der griechischen Göttin der Liebe. Auch in der Geschichte unseres Volkes hatte die „Rosemarie", das „Brautkraut" oder der „Hochzeitsmaien", wie die Pflanze im Volksmund auch genannt wird, eine besondere Stellung. Sie fand einerseits als Heilpflanze und Küchengewürz, andererseits als Brautpflanze und im Liebeszauber vielfache Anwendung. Noch heute sind Rosmarin wie Myrte Sinnbilder der Jungfräulichkeit („Marienkraut"). Und tatsächlich waltet hier eine gewisse Symbolik. Rosmarin ist, wie neue medizinische Forschungsergebnisse zeigen, ein typisches Frauenmittel, das eine hormonartige Wirkung hat und gerne bei Zyklusstörungen und Regelbeschwerden verordnet wird.

Rosmarin, die alte Hochzeitspflanze, taucht aber auch bei Taufe und Begräbnis auf. Bei der Hochzeit wurde sie für den Brautkranz verwendet, Bräutigam und Gäste schmücken sich mit Rosmarinsträußchen. Rosmarin, Symbol der Liebe, der germanischen Göttin Hulda heilig, gehörte zu den Lebensruten, galt des starken Geruchs wegen als ein vorzügliches Mittel, Hexen zu vertreiben. Das Wachsen und Welken des Rosmarinstockes, der für die Hochzeit gepflanzt wurde, bedeutete Gedeih oder Verderb in der Zukunft. Oft wurde das bei der Hochzeit getragene Rosmarinzweiglein nach dem Fest als Steckling in einen Blumentopf gepflanzt. Schlug es Wurzeln und blühte weiter, so galt das als gutes Zeichen für eine lange Ehe. Der Rosmarinkranz mit seinen immergrünen Zweigen, Symbol von Segen und Lebenskraft, wurde auch als Advents- und Weihnachtsschmuck verwendet.

Kräutermönche haben die Pflanze aus dem Mittelmeergebiet zu uns gebracht. Doch kann die frostempfindliche Pflanze in unseren Breiten nur während des Sommers draußen gehalten werden. Vor dem ersten Nachtfrost müssen die Töpfe oder Kübel zur Überwinterung ins Haus. Sie sollen sehr hell und möglichst kühl, bei Temperaturen dicht über zehn Grad, stehen. Manchmal eignet sich ein heller Kellerraum zur Aufbewahrung, wo man die Pflanzen dicht ans Fenster stellt. Während des Winters ist nicht zu düngen und nur sparsam zu gießen.

Rosmarin hat viele kulinarische Verwendungsweisen. Die Blätter und jungen Triebe sind voller Aroma. In Südeuropa ist es eines der verbreitetsten Küchenkräuter. Frisch oder getrocknet, verfeinert es Lammbraten, Wild, Geflügel, Kaninchen, Fisch, Muscheln, Kalb- und Hackfleisch. Es paßt aber auch zu Pizza, Pilzen, Gemüse, Tomaten, Saucen, Suppen und Kartoffeln. Das ätherische Rosmarinöl wird besonders in der Kosmetikindustrie zur Parfümherstellung verwendet.

Zur medizinischen Anwendung werden die Blätter und Triebspitzen während des Blühens gesammelt. Den Tee als Aufguß der Blätter nimmt man bei nervösen Herzbeschwerden, bei Appetitlosigkeit, Kreislaufschwäche, niedrigem Blutdruck, bei Regelbeschwerden und allgemeiner körperlicher Schwäche. Überdosierungen mit Rosmarin sind zu vermeiden, sie können zu Rauschzuständen und Krämpfen führen.

Rosmarintinktur nimmt man äußerlich zum Einreiben bei Rheuma, Nervenschmerzen und Migräne, innerlich bei Kreislaufschwäche und nervösen Herzbeschwerden. Bei allen Schwächezuständen, nach schweren Krankheiten und im hohen Alter zeigt Rosmarin seine anregende und belebende Wirkung. Nach Pfarrer Kneipp ist es das Tonikum für alte Menschen. Rosmarin findet man auch in Präparaten für die Mund- und Zahnpflege. Hier wird die antiseptische und desinfizierende Wirkung seines ätherischen Öles besonders geschätzt. Dieses ist übrigens auch Bestandteil des Kölnischen Wassers. Auch Rosmarinwein ist geschätzt. Man nimmt dafür auf einen Liter Weißwein eine kleine Handvoll Rosmarinblätter, läßt beides einige Tage unter gelegentlichem Umrühren stehen und filtriert dann ab. Einen beruhigenden und belebenden Effekt zugleich haben Rosmarinbäder. Dazu wird ein Aufguß von 50 Gramm Blättern auf einen halben Liter Wasser gemacht und dann dem Bad zugesetzt.

Rosmarin – Tau des südlichen Meeres! Die Astrologen ordnen die Pflanze dem Planeten Sonne zu, von ihr wird sie regiert. Von daher wird der wärmende Einfluß auf das Herz verständlich, die anregende Wirkung auf Geist und Nerven.

Lavendel, Balsam für die Nerven

L avendel erweckt mehr als jedes andere Kraut die Erinnerung an warme Sommertage und sonnenheiße, duftende Bauerngärten. Es ruft Erinnerungen wach an ungetrübte Urlaubsfreuden an der Sonnenküste Südfrankreichs, wo blühende Lavendelfelder die Provence mit einem berauschenden Duft verzaubern. Es erinnert an Großmutters Zeiten, als kleine Lavendelkissen zwischen das frische Leinen in die Schränke gelegt wurden und ihr liebliches Aroma verbreiteten.

Die Zeiten sind vorbei, da die „Lavendelweiber" singend von Haus zu Haus zogen und ihre duftende Ware anboten; ihre Lavendellieder sind verstummt. Es bleibt uns nichts anderes übrig, als selbst im Garten oder auf dem Balkon die zierlich duftende Pflanze anzubauen, um im Hochsommer ihre in Säckchen eingenähten Blüten zwischen die Kleider zu hängen. Natürlich läßt sich Lavendel auch für niedrige Hecken und Einfassungen, für Steingärten, Terrassen und Trockenmauern verwenden, zumal er leichten, trockenen und kalkigen Boden liebt und ihm als Kind des Südens die volle Sonne nichts ausmacht.

Berühmt für ihren Lavendel ist die Provence, wo er in Feldkultur angebaut wird, besonders auf den Gebirgsterrassen des Luberon, wo ihn die pralle Sonne des Südens trifft, die allein seine aromatischen Öle vollends zur Entfaltung bringt. Ambulante Destillationskolonnen verarbeiten ihn bei der Ernte im August gleich an Ort und Stelle zu Lavendelöl. Dieses dient als Ausgangsprodukt für die Parfümherstellung im benachbarten Grasse, der Parfümhauptstadt Frankreichs. Dichter und Maler wie Alphonse Daudet und Vincent van Gogh ließen sich hier durch den Lavendelflor zu ihren unvergänglichen Werken anregen. Es scheint, als ob der stark aromatische, himmelblaue Lippenblütler wie Rosmarin und Salbei nur unter reichlicher Sonnenbestrahlung seine feinsten ätherischen Öle erzeugt. Und Tausende von Schmetterlingen besuchen die nektarreichen Blüten, um sich ihren Labtrank zu holen.

Schon seit Jahrtausenden duftet der liebliche Lavendel, der im Altertum unter den Duftbegriff der „Narde" fiel. Lavendelöl oder Narde werden mehrfach im Hohen Lied Salomos und im Neuen Testament genannt. In biblischer Zeit war man sehr duftbewußt; Lavendelöl wurde zusammen mit anderen Heilmitteln und Gewürzen in Parfümen und als Beigabe zum Weihrauch im Tempel verwendet. Das ätherische Öl wurde zur Herstellung der kostbaren Nardensalbe, die einst als wertvolles Schönheitsmittel galt, aber auch in der Medizin zur Behandlung von Nervenkrankheiten verwendet: „Da nahm Maria ein Pfund echtes, kostbares Nardenöl, salbte Jesus die Füße und trocknete sie mit ihrem Haar. Das Haus wurde vom Duft des Öls erfüllt" (Joh 12,3). „Als Jesus in Bethanien im Hause Simons des Aussätzigen bei Tisch war, kam eine Frau mit einem Alabastergefäß voll echtem, kostbarem Nardenöl, zerbrach es und goß das Öl über sein Haar" (Mk 14,3).

Die Römer parfümierten ihre Bäder mit Lavendelöl. Man nimmt an, daß der botanische Name der Pflanze „Lavandula" vom lateinischen „Vavere" herkommt, was „waschen" bedeutet. Virgil erwähnt den Lavendel in seinen Hirtengedichten. Seit alten Zeiten wurde er geschätzt als Nervenmedizin (Nervenbalsam) und Verdauungshilfe. Er wurde verschrieben „als hilfreich bei leichter Migräne und um dem Pumpen und Anstrengungen des Herzens zu helfen". Jedoch warnte man vor zu häufigem Trinken des destillierten Lavendelwassers, da „durch den Gebrauch von solch heißen Getränken, die den Kopf füllen und stopfen, sowohl die Krankheit schwerer gemacht als auch der Kranke in Gefahr gebracht wird".

Das Heil- und Zierkraut hat im Volksmund unzählige Namen, die auf seinen Gebrauch schließen lassen: Narde, Hirnkraut, Schwindelkraut, Balsam, Speik, Ruchtee, Nervenkraut und Schlafkraut. Heute nimmt man den Tee als Aufguß der Blüten zur Beruhigung, bei

Kopfschmerzen und Migräne, bei Schwindel und durch Streß beding-
ten Verdauungsbeschwerden. Man begnügt sich mit einem Teelöffel
der getrockneten Blüten für eine Tasse Tee. Vorsicht vor Überdosierungen! Diese können zu Kopfschmerzen führen. Die Tinktur der
Blüten ist als Einreibemittel hilfreich bei Rheuma und regt die
Durchblutung der Haut an. Am bekanntesten sind Lavendelbäder. Für
das Lavendelbad werden 50 bis 60 Gramm der Blüten mit einem Liter
Wasser aufgekocht, nach zehn Minuten abgeseiht und in das
Badewasser gegossen. Menschen mit niedrigem Blutdruck werden
dadurch angeregt und schöpfen neue Kraft. Aufgrund der starken
Wirkung des Lavendels sollte man ein solches Bad nicht in den
Abendstunden nehmen. Lavendelblüten sind auch Bestandteil zahlrei-
cher Nerven- und Schlaftees. Mit getrocknetem Lavendel gefüllte
Stoffbeutel, sogenannte Duftkissen, parfümieren nicht nur die
Wäsche, sondern verhelfen, aufs Kopfkissen gelegt, auch zu besserem
Schlaf.

Als Küchengewürz nimmt man Blüten und Blätter des Lavendel
getrocknet als „Herbes de Provence" zu Gemüse, Hammelfleisch,
gedünstetem Fleisch, Steaks, Fisch, Schwenkbraten und Gemüse-
eintopf.

Im biologischen Gartenbau eignet sich Lavendel vorzüglich als
Randbepflanzung, um Blattläuse und Ameisen von Nutzpflanzen
fernzuhalten. Dekorativ macht er sich in einem Rosenbeet, wo
Lavendel nicht nur für Auflockerung sorgt, sondern auch vor zu star-
kem Blattlausbefall schützt. Die heutigen Zuchtformen von Lavendel
zieren unsere innerstädtischen Parkanlagen, wobei sie von himmelblau über violett bis „pinkfarben" variieren.

Nach der Blüte Ende August schneidet man die Halbsträucher alljährlich um knapp die Hälfte zurück. Die Vermehrung durch Teilung
der Pflanze oder durch Stecklinge ist nicht schwierig und führt rasch
zu einem größeren Pflanzenbestand.

Ringelblumen heilen Wunden

Im Blütenflor des sommerlichen Gartens darf die Ringelblume nicht fehlen. Die gelben bis orangefarbenen Arten mit den großen Blütenköpfen strahlen wie feuerige Sonnen aus der bunten Fülle der einjährigen Sommerblumen. Sonnenhungrig sind sie auch bei uns, sind sie doch in den warmen Gebieten rings um das Mittelmeer beheimatet.

Einmal angebaut, sät sich die Ringelblume (Calendula officinalis) immer wieder selbst aus: eine anspruchslose Geliebte, die mit jedem Land zufrieden ist. Eine gute Gabe Kompost und eine zeitige Baldrianblütenspritzung in den Boden lohnt sie reichlich mit ihrer Blüte. Man sät im März/April sehr dünn aus. Später kann man die jungen Pflanzen bis auf 25 cm Abstand vereinzeln. Zu enger Stand behindert die Blüte und treibt zu Verästelungen. Feinde hat die Ringelblume kaum. Zur Vorbeugung gegen Mehltau gibt man eine Schachtelhalmspritzung.

In der Pflanzenheilkunde spielt die Ringelblume eine große Rolle. Ringelblumenblütentee sollte in keiner Hausapotheke fehlen. Mit beginnender Blüte im Juni/Juli beginnt die Ernte, die bis in den Spätherbst hineingeht. Geerntet werden nur die Blütenblätter, die man von den voll aufgeblühten Köpfchen abzupft. Diese werden im Schatten getrocknet. Die Blütendroge sollte die goldgelbe Farbe der frischen Blumen behalten.

Innerlich als Tee genommen wirkt die Droge mild abführend, krampflösend, entzündungshemmend bei Magenschleimhautkatarrh und schweißtreibend bei fieberhaften Erkältungen. Bei Neigung zu Menstruationsschmerzen kann Ringelblumentee, einige Tage vor Eintritt der Regel dreimal täglich getrunken, gute Hilfe leisten. Die Bedeutung der Ringelblume als Heilpflanze liegt aber stärker in der äußerlichen Anwendung bei schlecht heilenden Wunden, Hautausschlägen, Nagelbettentzündungen, Quetschungen, Blutergüssen, Prellungen und Muskelzerrungen. Hierzu verwendet man Ringel-

blumensalbe oder Tinktur. Der
Effekt der Ringelblumensalbe
wird durch das Zusammenwirken
des ätherischen Öls mit einigen
anderen Stoffen, die auch in der
Arnika enthalten sind, erklärlich.
Es handelt sich dabei vor allem um
Farbstoffe, die in der Blüte vorkommen und zum Teil dem Vitamin A nahestehen. Schließlich

soll der frisch gepreßte Blütensaft auch bei Insektenstichen helfen.
Zur farblichen Aufbesserung von Kräutertees werden Ringelblumen-
blüten oft als sogenannte Schmuckdroge verschiedenen Teemischun-
gen beigegeben.

Auch in der Küche können die Blütenkörbchen verwendet werden.
Sie haben zwar einen etwas strengen Geruch, sind aber gekocht sehr
schmackhaft. Frische, gehackte Blüten dienen nicht nur zur Dekora-
tion von Salaten, sie verleihen ihnen auch einen pikaten Beige-
schmack. In Nordamerika, England und Frankreich wurden sie früher
getrocknet und zum Färben und Würzen von Fisch, Suppen, Wild,
Käse, Butter, Kuchen und Wein verwendet. In der Nahrungsmittel-
industrie wird die Ringelblume noch heute in Limonaden, Speiseeis, in
Zucker- und Backwaren verwendet. Auch gibt es eine Art „Rosinen-
brötchen", bei deren Herstellung die Blütenkörbchen der Ringelblume
in Milch getaucht, mit Mehl vermengt und dann gebacken werden.

Die Ringelblume ist auch eine der wichtigsten Blumen im biologischen Gartenbau. Sie wirkt gesundend auf den Boden und sollte im
Nutz- wie im Ziergarten als heilsame Mischkultur eingeplant werden.
Ihre Wurzelausdünstungen töten schädliche Fadenwürmchen (Wur-
zelälchen-Nematoden) ab.

Die Hauswurz bannt Gewitter

Jupiter, der römische Licht- und Himmelsgott, mit den Beinamen „Fulgur" (Blitzgott) und „Tonans" (Donnerer), stand bei unseren Vorfahren Pate bei der volkstümlichen Namensgebung der Hauswurz (Sempervivum tectorum). So nennt man diese anspruchslose Pflanze aus der Familie der Dickblattgewächse auch Dachwurz und Donnerwurz. Die Hauswurz, die auf alten, bemoosten Hausdächern oder auf Umfassungsmauern und Eingangspfosten alter Bauernhöfe wächst, ist trotz ihres äußeren Anscheins keineswegs eine „harmlose" Pflanze. Als magisches Mittel beim Schutz des Hauses hatte sie eine wesentliche Funktion: Der „Jovisbart" (Bart des Jupiters, wie die Pflanze in der Bretagne auch genannt wird), galt in jedem Fall als unfehlbares Mittel gegen Gewitter und als unbestreitbarer Glücksbringer. Die Haus- oder Donnerwurz, die schon von unseren frühen Vorfahren geschätzt wurde und all die kleinen, ihr verwandten Fettgewächse, wie etwa auch der Mauerpfeffer, bewahren seit undenklichen Zeiten die Gebäude und besonders die stark gefährdeten Strohdächer vor Gewitter.

Auf steinigem Gelände, in Felsspalten, in altem Mauerwerk finden wir heute die Hauswurz, eine Heilpflanze, die ein karges Leben gewöhnt ist. In zunehmendem Maße wird sie heute auch angepflanzt in sonnigen Steingärten und vor allem auf Friedhöfen zur Einfassung der Gräber.

Die Hauswurz besteht aus einer Rosette von zahlreichen dickfleischigen Blättern, aus deren Mitte ein bis 40 cm hoher Stengel wächst, der oben, doldenartig angeordnet, sternförmige rosafarbene Blüten trägt. Die Blätter enthalten Gerbstoffe, Schleimstoffe, Harz und Apfelsäure. Sie werden äußerlich in der Volksmedizin zur Entfernung von Sommersprossen und Warzen empfohlen. Man verwendet hierzu am besten den frischen Preßsaft. Bei Fieber nimmt man die frisch zerquetschten Blätter als Kühlmittel auf die Stirn.

Ein Minimum an Nährstoffen genügt der Hauswurz, um sich voll und ganz zu entwickeln. Sie ist eine Sonnenpflanze. Im Schatten gedeiht sie nicht. Sie blüht nur bei erhöhter Kohlenstoffassimiliation durch lebhafte Transpiration und karge Nährsalzzufuhr, also bei Einschränkung der Nahrungsaufnahme. Zuviel Wasser und Nährstoffe verträgt die Pflanze nicht; sie blüht nicht. Sie hilft sich dann selbst, indem sie ihre fleischigen Rosettenblätter gegen die Bodenunterlage stemmt und sich selbst entwurzelt. So wird die Nahrungszufuhr unterbunden. Es wird einfach „gefastet". Ist aller „Wohlstandsüberfluß" aufgebraucht, wurzelt sie sich wieder ein.

Der reine Saft der Blätter wird auch auf Wunden, Entzündungen, Brandwunden und gichtische Stellen gebracht, wo er lindert und heilt. Mit einer Dachwurz-Tinktur behandelt man Hühneraugen. Etwas Watte wird mit Tinktur getränkt, leicht ausgepreßt und auf das Hühnerauge gelegt. Mit Heftpflaster hält man die Watte fest. Über Nacht läßt man die Tinktur wirken. Das wiederholt man vierzehn Tage lang. Dann nimmt man ein heißes Salzwasser-Fußbad und schält das Hühnerauge vorsichtig heraus. Mit Dachwurz-Tinktur wird die Stelle noch einmal betupft. Zur Herstellung der Tinktur nimmt man 200 Gramm Blätterbrei für einen Liter hochprozentigen Alkohol. In einem verschlossenen Glasgefäß läßt man den Brei 14 Tage lang ziehen, wobei man täglich einmal umschüttelt. Nach Ablauf der Ansatzfrist filtriert man. Dachwurz-Öl nimmt man äußerlich bei Gürtelrose, rissiger Haut und Hämorrhoiden. 200 Gramm zerquetschte Hauswurzblätter werden in einem Liter kaltgepreßtem Olivenöl 14 Tage bei Wärme in einem verschlossenen Glasgefäß aufgestellt. Dann seiht man ab, preßt den Rückstand aus und füllt in Flaschen ab. Hauswurz-Salbe nimmt man vor allem bei Quetschungen, Ätzwunden, Verletzungen, Hautentzündungen, Brandwunden und Insektenstichen. Hauswurztee nimmt man bei Menstruationsstörungen. Ein Eßlöffel zerquetschter Blätter wird mit einem Viertelliter kochenden Wassers abgebrüht, 15 Minuten ziehen gelassen und abgeseiht. Man trinkt schluckweise zwei bis drei Tassen Tee am Tag.

Die ausdauernde Hauswurz, die zu jeder Jahreszeit „griffbereit" ist, eignet sich auch für die Küche. Die immergrünen dickfleischigen Blätter können fein geschnitten als Zusatz von Salaten gegessen werden. Um Dachwurzblätter immer zur Verfügung zu haben, muß man sie selber ziehen. Blumentöpfe auf der Terrasse mit viel Sonne eignen sich dazu. Sand und Lehm im Verhältnis 2:1 gemischt stellt die richtige Pflanzerdemischung dar.

Baldrian lockt Katzen an

Baldrian lockt Katzen an" heißt es im Volksmund. Das ist richtig, doch die Katzen werden nicht vom Geruch der nach Honig duftenden Blüten angelockt, sondern von einem ätherischen Öl, das aus den Wurzeln der Baldrianpflanze strömt. Frische Wurzeln riechen angenehm schwach nach Baldrianöl. Erst beim Trocknen wird das ätherische Öl freigesetzt und strahlt einen fast penetranten Duft aus.

Der Echte oder Gemeine Baldrian (Valeriana officinalis) ist eine uralte Heilpflanze, die als charakteristischer Bestandteil von Hochstaudenfluren auf feuchten Standorten an Gräben, Flüssen und auf quellfeuchten Hängen, auf unregelmäßig genutzten Feuchtwiesen und an Waldrändern alljährlich erscheint. 170 verschiedene Baldrianarten gedeihen in der Alten Welt und in Südamerika, vornehmlich aber in Mexiko.

Der Wurzelstock unserer heimischen Baldrianarten ist walzenförmig ausgebildet und mit zahlreichen Nebenwurzeln besetzt. Er ist als Radix oder Rhizoma Valeriana in der Teeheilkunde bekannt. Die Geschichte und Kultur des Baldrians ist sehr alt. Bereits die hippokratische Medizin im alten Griechenland kennt die Wirkung der Valeriana. Vor der wissenschaftlichen Ära der Pflanzenheilkunde hat vor allem der starke Geruch die Menschen dazu angeregt, den Heilwirkungen nachzuspüren. Der Volksglaube schrieb der Pflanze die Fähigkeit zu, Unheil zu bannen und bösen Zauber zu wehren. Heute geht man von den definierten Inhaltsstoffen aus, um die Wirkungen zu bestimmen. Der Name Baldrian ist seiner Herkunft nach dunkel und gibt keinen Hinweis auf die Wirksamkeit der Droge. Vielleicht steckt das lateinische Wort „valere" dahinter, was soviel wie „gesund sein, stark sein" bedeutet. Im altdeutschen Sprachbereich wird

Baldrian gelegentlich mit Baldur, dem germanischen Gott des Lichts und des Frühlings, in Verbindung gebracht. Der Volksmund hat eine Vielzahl von Namen für den Baldrian gefunden: Katzenkraut, Mondwurzel, Stinkwurz, Schlafwurz, Herzruhe und Nervenwurzel. Die medizinische Wirkung des Baldrians ist eine beruhigende und richtet sich auf das zentrale Nervensystem. Menschen, die übererregt sind, werden ruhiger. Damit rücken die exakten Indikationen in den Vordergrund: Schlafstörungen, nervöse Herzbeschwerden, Angstzustände, depressive Empfindsamkeit und Gehemmtsein. Somit ist der Baldrian die „medizinische Schwester" des Johanniskrautes, das Depressionen und Angstzustände lindert. Der Mensch mit seinen Streßsituationen, Belastungen und Ängsten reagiert in hervorragender Weise auf die Wirkstoffe der Baldrianwurzel. Die Wurzeln werden im Herbst ausgegraben, gewaschen, getrocknet und zu Baldriantee verwertet.

Auch im naturgemäßen Gartenbau spielt die heilkräftige Pflanze eine besondere Rolle. Hier sind es aber vornehmlich die Blüten, die als Baldrianblütenextrakt gezielt als biologisches Pflegemittel für Pflanzenschutz und Kompostbereitung verwendet werden. Die Bodenbespritzung mit Baldrianblütenextrakt in der Verdünnung von etwa 1:200 (5 Kubikzentimeter auf 10 Liter Wasser) hat eine stark anregende Wirkung auf die Stoffwechseltätigkeit der Bodenbakterien und der Regenwürmer. Frostempfindliche Kulturen wie Gurken, Tomaten, Bohnen, Zucchinis und Kartoffeln werden mit der gleichen Verdünnung abgespritzt, wenn Spätfröste im Mai (Eisheiligen) oder Juni (Schafskälte) angesagt sind. Dies geschieht am Abend vorher. Das Spritzmittel Baldrianblütenextrakt schützt vor leichten Nachtfrösten.

Mit Baldrianblüten kann man auch eine Kräuterjauche ansetzen. Man nimmt etwa ein Kilogramm Baldrianblüten auf einen Eimer (10 Liter) Wasser. Nach der völligen Vergärung gießt man die Jauche unverdünnt auf den Komposthaufen, wodurch Verrottung und Reifeprozeß beschleunigt werden. Eine Baldrianblütenjauche stinkt nicht. Zur Geruchsbindung einer Brennesseljauche vergärt man einige Hände voll Baldrianblüten mit.

Bei Aussaaten haben sich Saatbäder stets positiv bewährt. Solche Saatbäder bereiten das Saatkorn vor und regen die in ihm vorhandenen Lebenskräfte schon vor der Einsaat an. Saatbäder bewirken dadurch ein schnelleres und sichereres Austreiben. Auch sind die Jungpflanzen später weniger krankheitsanfällig. Saatbäder aus Baldrianblütenextrakt sind bekannt. Hier werden nur zwei bis drei Tropfen Extrakt in einer Tasse mit handwarmem Wasser gut verquirlt und anschließend die Samen für ein bis zwei Stunden eingelegt. Das Baldriansamenbad kann durch die Zugabe von Ackerschachtelhalmbrühe verbessert werden. Dadurch wird die Anfälligkeit gegen Pilzerkrankungen gemindert.

Bestimmte Pflanzen, vornehmlich Heilkräuter, scheiden durch ihre ober- und unterirdischen Teile bestimmte Wirkstoffe aus, sogenannte Phytonizide, die das Wachstum benachbarter Pflanzen anregen oder dies auch vor Schädlingsbefall und Krankheiten schützen. Die Wurzelausscheidungen des Baldrians regen den Phosphorstoffwechsel der Nachbarpflanzen an. Phosphor ist vornehmlich zuständig für die Ausbildung von Blüten, Früchten und Samen. Demnach passen Baldrianpflanzen im Garten hervorragend zu Tomaten. Man sucht sich im Mai draußen junge Baldrianpflanzen und pflanzt sie neben die Tomatenstöcke. Die Tomaten entwickeln sich zu kräftigen Pflanzen, kommen früher zur Blütenbildung, Blätter und Früchte bleiben von pilzlichen und virösen Erkrankungen verschont und schließlich reifen die Früchte schneller heran.

Man kann natürlich Baldrian auch selbst heranziehen. Samen, leider nur ein halbes bis ein Jahr keimfähig, gibt es zu kaufen. Im März/April wird er dünn in Kistchen ausgesät, angedrückt und bis zur Keimung in drei bis vier Wochen feucht gehalten. Nach fünf bis sechs Wochen ist zu pikieren. Baldrian wächst in jedem guten kalkhaltigen Gartenboden, wenn er nur genügend locker und feucht ist, am besten an halbschattiger Stelle. Reichlich eingebrachter Kompost erhöht den Wurzelertrag. Die Pflänzchen aus der frühen Saat werden im Juni aufs Beet gesetzt (Abstand 30 auf 30 cm). Sie werden stets feucht gehalten. Bei guter Pflege ist bereits im Herbst des gleichen Jahres mit einer kleinen Wurzelernte zu rechnen, vorausgesetzt man entfernt die entstehenden Blütentriebe. Die Wurzeln zweijähriger Pflanzen sind viel stärker ausgebildet und enthalten am meisten Wirkstoffe.

ᨳ August ᨲ

Wenn es reift im Ernting

D ie hohe Zeit des Sommers, oft von der Sonne verwöhnt und verklärt, neigt sich seinem Ende zu. Zwar bringen uns die „Hundstage" in manchen Jahren die höchsten Jahrestemperaturen, doch in den späten Nächten spürt man schon den milden Atem des frühen Herbstes. Die Pflanzen fangen die letzte Sonnenenergie ein, formen sie um, damit ihre Früchte und Samen vollständig ausreifen.

Gelb und golden wie die Sonne ist die Gartenfarbe im „Ernting", wie unsere Vorfahren den Erntemonat August nannten. Gelb ist das Leuchten, der Sonnenschein, der Glanz; eine erfreuende, die Lebensfreude steigernde Farbe. Stimmungsmäßig ist gelb gleichzusetzen mit lebhaft, heiter und fröhlich, Zeichen des „sonnigen Gemüts". Gelb ist auch die Farbe der Reife, die Lichtfarbe und die Tugendfarbe der Treue. Gelb bedeutet Erdverbundenheit, es ist die Farbe des Ostens, der aufgehenden Sonne; eine weitwirkende Farbe, die auf große Entfernungen sichtbar ist.

Gelb als warme Farbe – vielleicht darum so wohltuend für Gemütsleidende – versinnbildlichte in der antiken Musik den „Wohlklang", gelb wurde bevorzugt von den Ägyptern,

165

Griechen und Römern und ist heute noch rings um das Mittelmeer die Farbe, die als anheimelnd, behaglich und bekömmlich gilt. Es bleibt eines der ungelösten Symbolrätsel, warum Gelb die Farbe des Neides ist.

Schon beginnen die ersten Rückblicke. Die Ernte wird eingebracht. An der Tatsache, daß die Ernte der Lohn systematischer Arbeit ist, hat sich genausowenig geändert wie daran, daß die Früchte um so intensiver und genußvoller angenommen werden, je größer die Anstrengung war.

Wir halten einen Apfel in der Hand. Wir stehen auf einem Gipfel. Gemeinsamkeiten? Ja. Es gibt heute schnell gezüchtete Früchte, oft tiefgefroren fad im Geschmack und Geruch. Und es gibt mit Seilbahnen bestückte Bergspitzen, die menschenüberfüllt sind. Aber es gibt auch noch den „Natur-Apfel", vielleicht kleiner, weniger perfekt, mit Stellen und Flecken. Wenn wir ihn in die Hand nehmen, seine nicht wachsglatte, sondern naturbelassene Oberfläche spüren, seinen Duft längst vor dem Geschmack einsaugen, meinen wir, das Jahr des Apfelbaumes vor uns zu sehen: Aus der Ruhe in die Frühlingssonne streben die Knospen, der weiß-rosa Blütenwipfel zeichnet sich ab gegen den weißblauen Himmel über der grüngelben Wiese. Die Wanderung durch sommerliche Felder läßt uns schattige Ruhe unter seinem grünen Dach finden. Und nun beschert uns der späte Sommer schon die erste Frucht: gelb glänzend, golden strahlend wie die Sonne. Beim Biß in den Apfel kommt jeder auf seinen Geschmack. Von säuerlich-frisch bis fein-würzig mild, von knackig-saftig bis mürb und fein; wir haben die Qual der Wahl. Da auch der Apfelgeschmack nach der Mode geht, kommen jedes Jahr neue Kreationen hinzu. Auf jeden Fall halten wir es mit Goethe, der gesagt hat: „Über Rosen läßt sich dichten, in den Apfel muß man beißen."

Der Biß in den Apfel ist der Blick vom Gipfel ins Land der Berge, zur auf- oder untergehenden Sonne am Horizont – nach mühevollem Aufstieg. Daseinsgenuß erreichen wir als Krönung einer Anstrengung, eines langen Weges – und dieser Genuß ist eine wesentliche Grundlage unseres immer wieder durch uns selber neu gestalteten Wohlbefindens.

Wir müssen in unserem Leben viele kleine Ernten einbringen! Um ernten zu können, müssen wir die biologischen Wachstumsbedingungen berücksichtigen – und nach getaner, notwendiger Arbeit die heitere Gelassenheit besitzen, die Ernte zu erwarten, uns daran zu erfreuen und sogleich in Vorsorge an das nächste Jahr denken! Schließen wir den spätsommerlichen Erntekreis mit zwei Strophen des Gedichtes „Sommerbild" von Friedrich Hebbel: „Ich sah des Sommers letzte Rose stehn, sie war, als ob sie bluten könne, rot; da sprach ich schauernd im Vorübergehn: So weit im Leben, ist zu nah am Tod! Es regte sich kein Hauch am heißen Tag, nur leise strich ein weißer Schmetterling; doch, ob auch kaum die Luft sein Flügelschlag bewegte, sie empfand es und verging."

Kräuterbüschel an Maria Wurzweihtag

Auf den 15. August, also gegen Ende der Hundstage, die oft von schweren Gewittern abgelöst werden und deshalb im Volksmund auch Gewitter- oder Hageltage heißen, hat die Kirche das Fest Mariä Himmelfahrt angesetzt. In diese Periode fielen ursprünglich die germanischen Erntefeste. Die Zeit vom 15. August bis zu Maria Geburtstag (8. September) nennt man, einschließlich der dazugehörigen kirchlichen Oktav, die „Frauendreißiger". Diese Bezeichnung geht auf die dreißigtägige Fastenzeit zurück, die als Toten- und Fruchtbarkeitsopfer zum germanischen Erntefest gehörte.

An Maria Himmelfahrt werden seit altersher in der Kirche Kräuter geweiht. Liebevoll wird deshalb der Tag auch „Maria Wurzweih" genannt, „Würzeltag", „Kräutertag" oder „Würzbüscheltag". Seit Beginn des 9. Jahrhunderts wird das höchste Marienfest gefeiert. So brachte man am Tag der Mutter Gottes, die schon früh als Beschützerin der Feldfrüchte verehrt wurde, Wurzeln, Blumen, Kräuter und die Früchte des Feldes in die Kirche, um sie dort segnen zu lassen. Die Kräuter sollen im Mitte August ihre größte Heilkraft besitzen.

Die Segnung der Kräuter ist in manchen katholischen Gemeinden bis heute geblieben. Eine Liturgieformel für den Kräutersegen ist bereits aus dem 10. Jahrhundert überliefert. Die an diesem Tag geweihten Kräuter galten einst in der bäuerlichen Hausapotheke als unverzichtbar. Sie wurden getrocknet, sorgfältig verwahrt und bei Bedarf entweder als Tee getrunken oder als Sud für schmerzlindernde Umschläge verwandt.

Je nach Gegend wurden sieben, neun, zwölf oder neunzehn verschiedene Gewürz- und Heilpflanzen zu einem Kräuterbusch zusammengebunden. Alten Überlieferungen zufolge mußten die „Kräuterbuschen" eine Menge Kräuter enthalten: Arnika, Kamille, Pfefferminze, Wilder Dost („Majoran"), Waldmeister, Schafgarbe, Thymian, Zinnkraut, Salbei, Beifuß und Johanniskraut. Oftmals band man den „Kräuterbuschen", dessen Kraut nicht mit Messer oder Schere geschnitten, sondern von Hand gepflückt werden mußte, um eine lange Königskerze oder um einen Rohrkolben.

Mit der Kräuterweihe verbunden war auch mancher Aberglaube. Im Haus wurden die geweihten Kräuter zum Schutz gegen Feuer und Blitzschlag aufbewahrt. Man band sie über die Haustür, steckte sie auf die Saatfelder und legte sie hinter die Futterkrippen der Viehställe. Sie wurden bei Gewitter im Herdfeuer verbrannt, und man trug sie als Schutzmittel gegen mancherlei Unbill bei sich. Darüber hinaus wurden sie in vielen Gegenden zu Weihnachten, Neujahr und Dreikönig zum Räuchern der Wohnung und der Ställe mitverbrannt. Das alles sollte Glück und Segen bringen.

Der Bauer hat aber auch noch andere Erfahrungen mit „Mariä Wurzweih" gemacht: „Wer Rüben will, recht und zart, sä' sie an Maria

Himmelfahrt." Und die Winzer wissen: „Maria Himmelfahrt klar Sonnenschein, bringt gern viel guten Wein." „Scheint an Maria Himmelfahrt die Sonne hell nach ihrer Art, so freuen sich des Winzers Reben, um einen guten Trunk zu geben." Bäuerliche Wetterpropheten stellten in jahrhundertelangen Wetterbeobachtungen fest, daß sich die Witterung um Maria Himmelfahrt gewöhnlich vierzehn Tage oder länger halten kann. Und manche gingen sogar darüber hinaus: „Wie das Wetter am Himmelfahrtstag, so der ganze Herbst sein mag." „Fängt Mariä mit Donnern an, sie's bis zum End' nicht lassen kann."

Wo der Barthel den Most holt

A m Bartholomäustag (24. August) geht der Hochsommer zu Ende, der Spätsommer beginnt. Die Hundstage verabschieden sich oft mit drückender Schwüle und heftigen Gewittern. Die Sonne tritt ein in den „Tierkreis der Jungfrau", eine Phase der Reife beginnt. Die Pflanzen formen die Sonne in Lebensenergie um, damit Früchte und Samen vollständig ausgebildet werden.

24. August, Tag des heiligen Bartholomäus. Er hat in Indien, Mesopotamien und Armenien das Evangelium verkündet und erlitt dort den Märtyrertod. Er ist der Patron der Fischer. An seinem Tag ging früher die Schon- und die Laichzeit der Fische zu Ende; der Heilige gab den Fischfang in den Binnengewässern wieder frei.

Am Bartholomäustag wurde früher in Gegenden mit fischreichen Flüssen und Seen ein großes Fischfest gefeiert, das mit üppigen Fischessen verbunden war. Von Mittag bis Abend wurde am Fluß oder am Seeufer unter schattigen Bäumen Fischsuppe gekocht. Auch wurden Fische auf Holzkohle gegrillt. Dazu gab es Bauernbrot und Schüsseln mit Gurkenschnitzen und Radieschen. Zum Abschluß reichte man selbstgepflückte Brombeeren.

Auf großen Binnenseen und an Strömen hat es am Bartholomäustag Prozessionen der Fischer oder auch berühmte Fischerumzüge

gegeben. Fischerkönig ist derjenige gewesen, der an diesem Tag den erfolgreichsten Fischzug gemacht hat.

Schäferfeste und Hirtentänze sind an Bartholomä ebenfalls veranstaltet worden. Der Schäferlauf war einer der berühmtesten Wettkämpfe der Schäfer, an dem Burschen und Mädchen teilnahmen. Es ging um einen Wettlauf über ein langes Stoppelfeld. Barfuß wurde gelaufen, zuerst die Burschen, dann die Mädchen. Der schnellste Bursche gewann einen mit Bändern geschmückten Hammel, die Siegerin unter den Mädchen erhielt ein Schaf, manchmal auch ein Kleidungsstück und Silbergeld. Ein Stadtpfleger zu Pferde hat dem Wettlauf mit einem roten Schnupftuch das Startzeichen gegeben und ritt als Schiedsrichter neben den Burschen und Mädchen her.

Das Wassertragen war ein Wettkampf der Mädchen. Sie mußten mit einem vollen Kübel auf dem Kopf ebenfalls barfuß übers Stoppelfeld laufen. Wer gewann, erhielt ein neues Kleid für das Kirchweihfest oder Silberschmuck.

Auch Erntefeste wurden am Bartholomäustag gehalten. Der Bartholomäus-Erntetanz war ein Hahnen- oder ein Hammeltanz. Beim Hahnentanz wurde mitten in der Scheune eine Stange eingerammt, auf deren Querholz ein Hahn und ein Glas Wasser thronten. Alle Paare tanzten um die Stange herum. Wenn ein Paar unter dem Hahn tanzte, mußte die Tänzerin versuchen, ihren Partner so hoch zu stemmen, daß er das Wasserglas herabstoßen konnte. Gelang es ihm, so hatte das Paar den Hahn gewonnen. Beim Hammeltanz stand ein Glas Wasser in einem Doppelreifen aus Holz, an dem eine Lunte brannte. Irgendwann brannte einer der Reifen durch, das Glas kippte um, und das Paar, das gerade vorbeitanzte, hatte den mit Bändern geschmückten Hammel gewonnen.

Kein Tag im August war mit so vielen Bauernregeln verbunden wie der Barthelstag. Dieser alte Lostag enthält viele Wettervorhersagen. Um den 24. August sollen die Störche in den Süden ziehen: „Bleiben die Störche nach Barthelmä, so kommt ein Winter, der tut nicht weh." Nach den Bauernregeln bestimmt St. Barthel das Wetter im Spätsommer und Herbst: „Ist St. Barthel klar, wird ein schöner Herbst uns wahr." „Wie sich Bartholomäus hält, so ist der ganze Herbst bestellt." Der „Bartholomäuswind" soll vierzig Tage andauern, so bringt er sechs Wochen Regen oder sechs Wochen Sonnenschein.

Und woher „holt der Barthel den Most"? Die Erklärung findet sich auch hier in einer Bauernregel: „Sankt Barthel mit heißem Hauch, füllt dem Winzer Faß und Schlauch."

Die erste und die letzte Garbe

Kultische Erntefeste sind so alt wie der Ackerbau. In der Bibel ist es Kain, der Ackermann, der „Gott Opfer brachte von den Früchten des Feldes". Als der Mensch vor drei- oder viertausend Jahren bei uns seßhaft wurde, war dies nur möglich durch Bearbeitung und Bepflanzung der Scholle.

August

Auch die heidnischen Erntefeste unserer Vorfahren, Kelten und Germanen, schlossen kultische Opfer an Früchten des Feldes für ihre Götter ein: Baldur, der Gott des Lichts, der Frühlingsgott, der Gott der Fruchtbarkeit, stand bei den Germanen in besonderem Ansehen. Erntefeste wurden in der Zeit, als noch 80 Prozent unserer Bevölkerung auf dem Lande lebte, als jeder Erwachsene und jedes Kind bei der Ernte mit eingespannt wurden, und vor allem eine gute Ernte als gnädiges Geschenk des Himmels betrachtet hat und nicht von einer wissenschaftlich und technisch abgesicherten Landwirtschaft fast als selbstverständlich betrachtet wurde, in allem Überschwang gefeiert: zu Beginn der Ernte, während der Ernte und vor allem nach der Ernte.

Der Auszug aufs Feld geschah am ersten Erntetag meist nach einer Frühmesse, bei der die Erntegeräte gesegnet wurden. Vorm ersten Schlag schlugen die Knechte ein Kreuz über ihre Sense, oder alle haben sich am Feldrand hingekniet, und die älteste Magd hat für alle das Vaterunser und das Glaubensbekenntnis gebetet. Auf jeden Fall entließ der Bauer seine Leute mit einem Segensspruch. In manchen Gegenden marschierten die Schnitter und Schnitterinnen von einem Geiger oder Trommler begleitet aufs Feld.

Die erste Garbe steckte am Pferdegeschirr, die später zuerst gedroschen wurde. Zur Einfahrt wurden Wagen, Leute und Pferde, peitschen und Hüte mit Bändern und Blumen geschmückt; es wurde gesungen, und oft war diese erste Ernte für die Armen des Dorfes oder der Stadt bestimmt.

Die ersten drei Früchte, Ähren, Beeren, Kartoffeln, Obst, hat man über die Schultern geworfen, hat sie in Kreuzform auf den Boden gelegt, oder hat ein Häuflein in bestimmten Baumstümpfen zurückgelassen: Ernte-Aberglaube! Gaben für die Kornmutter oder einen Waldgeist.

Die letzte Garbe spielte eine ebenso bedeutende Rolle wie die erste: unsere Vorväter glaubten, im Korn wohne ein Dämon, ein unberechenbarer Geist, der bald segens-, bald unheilvoll ins Leben der Menschen wirke. Die Schnitter störten ihn natürlich in seiner Ruhe auf, deshalb mußte er von einem Stück gemähten Feldes ins andere fliehen, bis ihm nur noch die letzte Garbe übrigblieb. In und mit ihr war der Korngeist dann endlich gefangen. In anderen Gegenden folgte man der Sitte, die letzten Ähren nicht zu schneiden, sondern stehenzulassen und so zusammenzubinden, daß sie wie ein Wesen mit Leib, Hals und Kopf aussahen.

Die Kornmuhme oder -mutter war eigentlich Frau Holle, Wotans Frau, die als altes Weib mit grauen Haaren, roten Augen und schwarzer Nase die Kinder schreckte, die im Kornfeld Blumen pflückten und dabei das Getreide zertraten. Oder sie stellte als Roggenmuhme die Erdmutter dar, die ihre kostbaren Garben schützt oder als Mittagsfrau darüber wacht, daß alle Schnitter ihre Mittagsruhe halten. So wurde ihr zu Ehren die letzte Garbe als Erntemutter zu einer Figur zusammengebunden, mit Kittel und Schürze bekleidet, möglichst recht dick, weil das Fruchtbarkeit bedeutete: Wunsch und Beschwörung zugleich.

Sankt Peter wurde in manchen Gegenden die letzte Garbe geweiht. Man ließ die Halme um eine Birke herum stehen, schmückte den Platz so, wie Petrus den Schnittern und Schnitterinnen später den Himmel schmücken soll, und umtanzte Korn und Baum wie den Maibaum.

Zum Winden des Erntekranzes nahmen die Mädchen alles, was Spätsommer und Frühherbst zu bieten hatte: Ähren und Feldblumen, Kräuter und Früchteketten und dazu bunte Papierstreifen, Gold- und Glanzpapier. Die Haferbraut, das Mädchen, das die letzte Garbe gebunden hatte, trug den Erntekranz feierlich vor dem Erntezug zum Gutshaus. Bei der Übergabe trug die Haferbraut ein Gedicht vor, Gruß, Dank und Segen für die Herrschaft und alle Arbeiter und Arbeiterinnen.

Beim Erntetanz gab es bestimmte Regeln. Auf den Gütern begann der allgemeine Tanz nach dem Ehrentanz der Herrschaft, beim Dorffest tanzten Vorarbeiter und erste Schnitterinnen den ersten Ehrentanz, beim Hoferntefest tanzten Bauer und Bäuerin reihum und nacheinander mit den Schnittern und Schnitterinnen. Die große Mahlzeit beim Erntefest begann in den meisten Gegenden mit einem Gebet und einem Segensspruch für alle, die bei der Ernte geholfen hatten. Es gab auf jeden Fall besseres Essen als sonst. Oft wurde schon eine Kostprobe von dem aufgetischt, was gerade geerntet worden war.

So stand ein ährengeschmückter Erntekorb auf dem Tisch, in dem die schönsten und größten Früchte aus dem Bauerngarten und vom Feld lagen. Zur Suppe und zum Fleisch gab es oft das erste Brot aus dem neuen Getreide, das mit besonderer Ehrfurcht gegessen wurde.

Holunder – Frau Holle stand Pate

Wer hat nicht eine Schwäche für diesen großen buschigen Strauch, der an Wegrändern steht, über Mauern und Zäune schaut, Giebelwände beschattet und sich im Garten ansiedelt? Von einem blühenden Holunderstrauch geht etwas Beruhigendes aus.

In den deutschen Bezeichnungen Holunder, Holder, Hollerstrauch, Hollerbusch, Hollerstock oder Bachholder verbirgt sich die germanische Göttin Hulda, Holla oder Holda, die spätere Frau Holle im Märchen der Gebrüder Grimm. In ihr begegnet uns die Naturgöttin Hulda, die ursprünglich als „Erdmutter" die Kinder zur Welt bringt, diese beschützt und die verstorbenen Seelen in ihr Reich zurückholt. Brunnen und Höhlen sind im Volksglauben unserer Vorfahren Eingänge in ihre Welt. Auch im Märchen kommt das fleißige Mädchen durch einen Brunnen zu Frau Holle, einer schönen weißen Frau mit langen, goldenen Haaren. Das Mädchen schüttelt ihre Betten aus und die weißen Flaumfedern verwandeln sich im Winter in flockigen Schnee und im Sommer in die weißen, süß duftenden Blüten des Hollerstrauches.

In der Nähe menschlicher Siedlungen war der Schwarze Holunder (Sambucus nigra) immer anzutreffen. Hier spielte er im altbäuerlichen Brauchtum unserer Vorfahren eine magische Rolle. So schrieb man dem Holunder seit jeher eine wichtige Schutzfunktion zu. Ähnlich wie die Zypresse oder der Lorbeer im Süden Europas, stand der Holunder oft ganz dicht am Haus. So war er zugleich Symbol des Lebens, der Fruchtbarkeit, der Heiterkeit, aber auch ein Sonnen-

symbol, blühte er doch um die Sommersonnenwende. In der phäno-
menologischen Betrachtung der Jahreszeiten kündet der Beginn seiner
Blüte den Frühsommer an. In alten Bauernregeln zeigt der früh
blühende Strauch einen frühen Beginn der Getreideernte an: „Je
früher im Juni der Holunder blüht, um so zeit'ger der Schnitter zur
Ernte zieht."
Auch wehrte der zauberhafte Strauch den Blitz vom Hause ab. In
manchen Gegenden glaubte man, er könne den Teufel und die
Schlangen vertreiben. Aber vor allem bei Fieber ging man ihn um
Hilfe an. Der Kranke brachte dem Strauch ein Opfer dar, sprach dazu
ein Gebet oder eine rituelle Formel, mit der er seine Fieberschauer an
den Holunder weitergab, überzeugt von seiner baldigen Genesung.
Liebende finden sich unter einem blühenden Holunderstrauch, und
ihre Wünsche gehen in der Sommersonnenwende in Erfüllung.
Im Mai und Juni kleidet sich der Holunder mit unzähligen honig-
vollen, stark duftenden Blüten in schirmförmigen Trugdolden; im
Frühherbst biegt sich der Strauch unter seinen fast schwarzen Beeren-
schirmen. Die Beeren sind eine Lieblingsnahrung verschiedener
Vogelarten, die den Samen an oft schwer zugänglichen Orten aussäen.
Eine „lebende Hausapotheke" war früher der Holunderstrauch an
jedem Bauernhaus. Wenn man in alten Kräuterfibeln nachliest,
bekommt man willkürlich den Eindruck, daß es sich um einen
Wunderstrauch handeln muß: „Hut herunter vor dem Holunder!"
Die Achtung vor dieser Pflanze stieg im Mittelalter so sehr, daß
Männer der damaligen Zeit den Hut vor ihr zogen. Es stimmt, der
Holunder birgt hohe Heilkräfte in sich.
Die jungen Blätter eignen sich als Blutreinigungstee, die Blüten
werden eingesetzt bei Fieber, Grippe, Erkältung und Rheuma, die
Rinde ist stark harntreibend und die Beeren sind leicht abführend,
führen aber in höheren Dosen zu Brechreiz und Schwindelgefühlen.
Roh sollte man sie nicht essen!
In der Teeheilkunde am bekanntesten ist der Holunderblütentee,
auch als Fliedertee bezeichnet. (In Norddeutschland heißt der Schwarze
Holunder auch „Flieder" oder „Fliederstrauch", wohl weil die Blüten
in ihrem Duft an unseren Gartenflieder erinnern.) Als stark schweiß-

treibender Aufguß findet er vor allem Verwendung bei Erkältungen, fieberhaften Erkrankungen, Husten und Heiserkeit. Der angenehm süßlich schmeckende Tee kann mit Lindenblüten gemischt werden. Trinkt man vor dem Saunabad Holunder-Linden-Blütentee, schwitzt man doppelt so stark. Holundertee steigert bei Nieren- und Blasenleiden die Harnabsonderung und lindert rheumatische Erkrankungen. Aus den Blüten bereitet man auch ein durststillendes Getränk, das angenehm schmeckt und blutreinigend wirkt. Etwa fünf Blütendolden werden mit einem Liter Wasser kurz aufgekocht, zehn Minuten ziehen gelassen und abfiltriert. Dem Filtrat gibt man etwas ausgepreßten Zitronensaft und ein halbes Pfund Honig hinzu.

Eine köstliche Delikatesse sind Holunderpfannkuchen. Die frischen Blütendolden werden in Omelettenteig getaucht und in heißem Fett schwimmend gebacken.

Ein Medikament von besonderer Wirkung ist der ausgepreßte Holunderbeersaft. Man verwendet den Saft in Tagesdosen von zwei Dezilitern bei Patienten mit langwierigen schmerzhaften Neuralgien. Kinder lieben Holunderbeerenmus. Das ist zwar ein köstliches Kompott mit lieblichem Duft und Aroma, doch sollte man daran denken, daß bei zu hohen Gaben Brechreiz auftreten kann.

Aus den abgezupften Beeren, mit wenig Wasser weichgekocht und durch ein Sieb passiert, stellt man auch Holunderbeerenmarmelade her. Je nach Geschmack würzt man mit Vanille, Zimt, Gewürznelken oder Rum. Man kann die Marmelade mit Brombeeren-, Johannisbeeren- oder Apfelmus mischen. Auf drei Kilo Holunderbeeren gibt man 1 $1/2$ kg Zucker. Die Marmelade wird heiß in vorbereitete Gläser gefüllt.

In der Naturkosmetik ist die Holunderblüte eines der begehrtesten Kräuter. Schon seit Jahrhunderten werden die Blüten als Mittel gegen Sommersprossen und gegen Falten im Gesicht verwendet. Das Gesichtswasser als Aufguß der Blüten reinigt den Teint, macht ihn weich und weiß.

Den Schwarzen Holunder pflanzt man auch gerne als schattenspendenden Strauch rings um den Komposthaufen, zumal ihm auch nachgesagt wird, Wühlmäuse abzuwehren. Zusammen mit den

Blättern des Walnußbaumes stellt man aus Holunderblättern eine Jauche her. Diese gießt man unverdünnt in die Gänge der Wühlmäuse, um die schädlichen Nager im Garten zu vertreiben.

Das Anpflanzen des Strauches rings um Ruhebänke im Siedlungs- und unmittelbaren Wohnbereich des Menschen, an Ruhebänken auf Dorfplätzen und in Parkanlagen ist zu empfehlen. Gerade hier ist der anheimelnde Charakter des Strauches zu spüren. Auch zum Bepflanzen von Gehölzrändern, zur Anlage von Hecken und Schutzpflanzungen eignet sich der Schwarze Holunder, der einen radikalen Verjüngungsschnitt gut verträgt. Erwerbsmäßiger Anbau von Schwarzem Holunder mit ausgesuchten Sorten findet sich in Österreich und in der Schweiz. Dazu gehört auch der Großfruchtige Schwarze Holunder (Sambucus canadensis Maxima), der in Baumschulen angeboten wird. Aus den streng duftenden Blüten entwickeln sich ab September dunkelrote Beeren, die eßbar sind. Er liebt frische, nährstoffreiche Gartenböden und eignet sich als Solitärgehölz, zur Pflanzung an Waldrändern und Gehölzsäumen. Ein radikaler Rückschnitt führt allerdings zu vermehrter Bildung von Wurzelausläufern.

Blüten und Beeren der nahe verwandten Arten des Schwarzen Holunders, des Roten Traubenholunders (Sambucus racemosa) und des Zwergholunders oder Attichs (Sambucus ebulus – kein Strauch, sondern eine Staude), sind entweder gar nicht genießbar oder teilweise giftig – wie die Steinkerne (Samen) des Roten Holunders.

Als der Zichorienkaffee noch das Standardgetränk war

Zichorienkaffee war einst das Standardgetränk in der deutschen Küche. Die Älteren unter uns erinnern sich gerne an „Ziggorie", wie die Kaffee-Essenz im Volksmund genannt wurde. Unter dem

Markennamen „Pfeifer-Diller" kam er in den Handel, war zusammen mit Kneipp-Malzkaffee stets gefragt. „Ziggorie" als Kaffeezusatz gab dem Malzkaffee die schwarze Farbe und den Kaffeegeschmack.

In einem Kriegskochbuch aus dem Jahre 1722 wird ein Hofgärtner Timme in Thüringen als Erfinder des Zichorienkaffees erwähnt. Friedrich der Große förderte die Verwertung der Zichorienpflanze für Kaffee, daher auch die Bezeichnung „Preußischer Kaffee". Beim Rösten der zerkleinerten Zichorienwurzeln entwickelt sich ein Öl, das an Kaffee erinnert. Nach dem Erkalten kann man die gerösteten Wurzeln gleich wie Kaffeebohnen verwenden.

Im letzten Weltkrieg und danach hat man sich auf dem Land den Zichorienkaffee vielfach selbst hergestellt. Dazu sammelte man die Wurzeln der Kaffeepflanze im Herbst. Sie wurden zerkleinert, getrocknet und dann geröstet; man bewahrte sie das ganze Jahr über in Kaffeedosen auf. Früher kannte jeder die Pflanze, die als blau blühende Wegwarte an Straßen- und Wegrändern wächst und von Juli bis September blüht.

Wie nach der Rückkehr eines entschwundenen Glückes ausschauend, steht die Wegwarte melancholisch an Wegen, so sehnsüchtig der Sonne entgegenblickend, daß ihr schönes, am Morgen azurblaues Blütenauge immer glanzloser wird, bis es sich am Abend müde und entfärbt endlich schließt.

Darum nannte Albertus Magnus (1193–1280) die Pflanze „Sonnenbraut" oder „Sonnenwende". Und er hat recht: Die end- oder winkelständigen hellblauen Blütenscheiben mit den zungenförmigen Blütenblättern öffnen sich in den Vormittagsstunden und drehen sich stets der Sonne zu. Auch die Volksnamen der Wegwarte geben dies wieder, verraten zudem noch ihre Anwendung in der Volksmedizin und in der Küche unserer Vorfahren: Wegelagerer, Zichorie, Wegleuchte, Wegweiser, blaue Distel, wilde Endivie, Kaffeewurz, Kaffeekraut, Sonnenwirbel und Leberkraut.

Den Tee als Abkochung der Wurzel nimmt man bei Leberleiden, zur Förderung des Gallenflusses, bei Appetitlosigkeit, Milzbeschwerden und Gallenleiden. In der kalten Jahreszeit gewinnt man einen Wintersalat aus der Pflanze. Sobald die Blätter der Wegwarte im Herbst gelb werden, gräbt man die Wurzeln aus der Erde und pflanzt sie im Keller in feuchtem Sand ein. Im Winter holt man sie wieder hervor und reinigt sie von den verwelkten Teilen. Dann setzt man die Wurzeln in eine Kiste mit feuchtem Sand ein und stellt diese in einen warmen Raum. Nach einigen Wochen guter Pflege sprießen mehrere Triebe, die man ernten und als Salat verwenden kann. Aus den frischen Wegwartenblüten kann man ein gesundes Kräutergelee herstellen. Die blauen Blüten werden zerschnitten, zerstoßen und mit drei Teilen Zucker vermischt. Sobald sich der Zucker aufgelöst hat, wird durch ein Tuch filtriert und in Honiggläser abgefüllt. Man kann es kaum glauben, doch es trifft zu: Der rotblättrige, knusprig frisch schmeckende Radicchio stammt von der blaublütigen Wegwarte ab. Dazu bedurfte es verschlungener züchterischer Umwege, bevor die Wegwarte vom Wegesrand in unsere Nutzgärten kam.

Der Radicchio ist ein winterharter Freilandsalat mit rotbraunen Blättern, pikant, von leicht bitterer Würze. Die Aussaat erfolgte – je nach Sorte – von Mitte Mai bis Mitte Juni. Der Reihenabstand beträgt 25 Zentimeter. In der Reihe werden später die Pflanzen ausgelichtet auf einen Abstand von 10 bis 20 Zentimeter. Düngung und Kultur erfolgen wie beim Kopfsalat. Im Spätherbst werden die länglichen, grünbraunen Blätter bis auf fünf Zentimeter abgeschnitten. Erst dann bildet der Radicchio die roten Rosetten. Auch unser Chicorée stammt von der Wegwarte ab.

Thymian, erotische Bienenweide

Neben dem Lavendel war in der griechischen Antike auch der Thymian wegen seines Wohlgeruchs in erster Linie eine erotische Pflanze, der Liebesgöttin Aphrodite geweiht. Daneben stand dieser aromatische Lippenblütler auch in dem Ruf, empfängnisverhütend und abtreibend zu wirken. Und der griechisch-römische Arzt

Dioscorides glaubte, mit einem Absud von Thymian könne man Menstruation, Geburt und Nachgeburt fördern. Auch galt der Thymian als Hexenkraut, der mit seinem starken Duft Hexen vertreiben und vor deren Verzauberungen schützen konnte.

So ist auch zu verstehen, daß die Mädchen in Bayern und Österreich früher Thymiankränze flochten, damit nicht der Teufel in Gestalt eines schönen Jünglings zu ihnen komme und sie verführe.

Der botanische Name des Thymian (Thymus) leitet sich wohl ab von dem griechischen Verb „thyo = ich opfere", was auf die Ähnlichkeit des Thymianduftes mit dem des Weihrauches hinweist.

Der Gartenthymian (Thymus vulgaris), seit uralten Zeiten als Heilpflanze gebraucht, stammt wie viele duftende Heilkräuter aus dem Mittelmeerraum. Die etwas nach Zitronen und Kampfer riechende Bienenpflanze wurde um 800 n. Chr. von den Benediktinermönchen zu uns gebracht, wo sie dann im Mittelalter in den Kräutergärten der Klöster und Burgen vornehmlich zusammen mit Lavendel angebaut wurde.

Sein nächster Verwandter ist der bei uns heimische Sandthymian oder Quendel (Thymus serpyllum), der die gleichen ätherischen Öle und Inhaltsstoffe wie der Gartenthymian besitzt. Die vielen volkstümlichen Namen geben Auskunft über Standort, Verwendung und Duftstoffe: Feldthymian, Heidethymian, Sonnenbeter, Marienkraut, wilder Zimt, Wurstkraut, Kriechkraut, Bienenkraut, wilder Rosmarin, Duftholz, Feldkümmel und Hustenkraut.

Altehrwürdig ist auch die Geschichte des Quendels, das „konile". Den Musen heilig, deckte er in seinem unbezähmbaren Wuchsdrang den Berg Hymettos bei Athen völlig ein, der im Altertum seines sagenhaften aromatischen Bienenhonigs wegen berühmt war.

Den Honigspender nannten die Griechen „Konile", den Betäuber, woraus sich wohl der Name Quendel ableitet.

Der heimische Quendel oder Sandthymian wächst an trockenen und sonnigen Standorten, wo er sehr flach am Boden dahinkriecht. Sein etwas höherer Kollege aus dem Süden braucht im Garten einen sonnigen Platz: trockene, sandige, nährstoffarme Böden liebt er. Er ist also eine ideale Pflanze für den Steingarten. Bunte Blütenpolster, Steinbrocken und auch stufig angeordnete Trittplatten, das alles gibt Gestalt und lockert auf. Da hinein paßt der Thymian zusammen mit Lavendel, Ysop und Bergbohnenkraut: Eine würzige Duftkombination, die von hunderten Nektar suchenden Insekten aufgesucht wird.

Das blau-violett blühende Duftkraut aus dem Süden ist etwas frostempfindlich, besonders der Französische oder Sommer-Thymian, der in jedem Fall einen Winterschutz braucht. Weniger empfindlich ist der Deutsche oder Winter-Thymian, der allerdings deutlich langsamer wächst.

Der wichtigste Inhaltsstoff ist das Thymol, das stark keimhemmend wirkt. Diese Eigenschaft war bereits den alten Ägyptern bekannt, die Thymian auch dazu benutzten, Tote einzubalsamieren. Während Lavendel seltsamerweise Ameisen verscheucht, lockt Thymian Ameisen sogar an: Sie bauen das Kraut gerne über ihren Nestern an, um den Staat vor Bakterienbefall zu schützen.

Als Gewürz in der Küche und als Heilpflanze wird Thymian heute vielfach verwandt. Das aromatische Gewürz ist vielseitig verwendbar. Die ätherischen Öle wirken verdauungsfördernd. Fette Speisen wie Speck, Hausmacher Wurst, Bratkartoffeln und kräftige Suppen werden damit gewürzt. Alles, was fad und leer schmeckt, wird appetitlicher: Eier, Käse, Gemüse, Salat, Fisch und Geflügel. Und schließlich erlebt der Thymian während der sommerlichen Grillsaison als Schwenkbratengewürz vielfache Anwendung.

In der Vollblüte wird Thymian gesammelt, drei Zentimeter über dem Boden abgeschnitten und im Schatten getrocknet. Der Tee als Aufguß des getrockneten Krautes bekämpft Erkrankungen der Atemwege, hauptsächlich Bronchitis, Husten und Heiserkeit. Auch bei

Verdauungsbeschwerden hilft Thymiantee. Für eine Tasse Tee nimmt man einen Teelöffel voll Thymian, den man mit siedendem Wasser übergießt und zehn Minuten ziehen läßt. Leidet man öfters unter „Einschlafen der Füße", so massiert man diese früh und abends mit einem Thymianauszug. Prellungen, Verstauchungen und Quetschungen kann man ebenfalls damit behandeln, indem man einen Baumwollappen mit dem Auszug gut tränkt und diesen eine Stunde lang auflegt.

Bei äußerlicher Anwendung hilft verdünnte Thymiantinktur als Einreibemittel gegen Rheuma und Zahnschmerzen.

Die hocharomatische Pflanze hat in der Naturkosmetik als Gesichtsdampfbad stark antiseptische Kräfte und wirkt gegen Entzündungen und Unreinhalten der Haut. Reinigt die Poren.

Schließlich sollten Hobbygärtner wissen, daß Thymian wegen seines intensiven Geruchs geradezu ein klassisches Mittel ist, um Kohlpflanzen vor Kohlweißlingsraupen und Blattläusen zu schützen.

Eine Pflanze mit der Neigung zum Flirt

Wie alle Nymphen in der griechischen Sage war auch Minthe dem Flirt und dem neckischen Liebesspiel nicht abgeneigt. Sie wurde in eine wohlriechende Pflanze verwandelt, die durch ihren besonderen Duft die „Neigung zum Flirt" nicht verlor. Im Gegenteil: Die ausgeprägte Weiblichkeit des appetitlichen Naturkindes Minthe übertrug sich auf die Minze. Der typische Pfefferminzgeruch, der aus den Blättern strahlt, kommt von einem ätherischen Öl, dem Menthol.

Die bei uns im Garten angebaute echte Pfefferminze (Mentha piperita) ist ein Bastard, eine Kreuzung zwischen der Wasserminze (Mentha aquatica) und der Grünen Minze (Mentha spicata). Sie stammt aus England. Die brennesselähnlichen, jedoch etwas länglicheren Blätter sind meist dunkelgrün, gelegentlich auch schwach röt-

lich gefärbt. Rot ist oft auch der Stengel, blaßrot sind die Lippen-
blüten, meist unfruchtbar und ohne Samen. So kann sich die Pflanze
nur durch ihre unterirdischen Wurzelausläufer vermehren. Der
Volksmund gab der echten Pfefferminze zahlreiche Volksnamen:
Edelminze, Gartenminze, Balsamminze, Piperminze und Englische
Minze. Im Garten angebaut werden auch die Gewürzminze und die
Krause Minze (Mentha spicata). Letztere hat größere Blätter, die
gekraust sind. In der freien Natur finden wir bei uns drei Minzearten:
Die Wasserminze (Mentha aquatica), am Wasser wachsend, die
Ackerminze (Mentha arvensis) und die Roßminze (Mentha longifo-
lia), in feuchten Wiesen vorkommend. Alle enthalten das Pfeffer-
minzöl Menthol, wenn auch in verschieden hoher Konzentration. Alle
Arten können medizinisch verwendet werden.

Mit Wurzelausläufern vermehren wir die Pflanze. Empfehlenswert
ist ein halbschattiger Standort, der jedoch gut belüftet sein muß. Bei
zu dichtem Wachstum entsteht leicht der Pfefferminzrost, eine
Pilzkrankheit, die nur durch radikalen Rückschnitt bekämpft werden
kann. Auf alle Fälle sollte man den Platz alle drei Jahre wechseln, da
sich die Pfefferminze „selbst nicht mehr mag", wenn der Standort der
gleiche bleibt. Der Boden sollte nährstoffreich und ständig feucht sein.

Kurz vor Blühbeginn sollten die
Blätter geerntet werden, denn jetzt
ist der Wirkstoffgehalt am größten.
Die Blätter werden getrocknet.
Frische Blätter können ständig bei
Bedarf gepflückt werden, denn ein
Tee aus den frischen Pfefferminz-
blättern besitzt ein unvergleichli-
ches Aroma. Der erfrischend-küh-
lende Pfefferminzgeschmack begeg-
net uns häufig: in Kaugummis,
Zahnpasta und Mundwässern, in
Bonbons, Dragees und Pastillen zur
Behandlung von Entzündungen im
Mund- und Rachenraum sowie bei

Husten und Heiserkeit. Das darin enthaltene Pfefferminzöl wirkt desinfizierend, geruchsbeseitigend und auswurffördernd. Ganz besonders wohltuend ist der Pfefferminztee. Er gilt als bewährtes Hausmittel bei dem sogenannten „verdorbenen Magen", der sich in Übelkeit, krampfartigen Schmerzen, Blähungen und Erbrechen äußert. Untersuchungen ergaben, daß Pfefferminztee die Gallensekretion auf das Neunfache der sonst üblichen Menge steigern kann. Somit ist Pfefferminztee auch bei Verdauungsstörungen, Gallenerkrankungen und Gallensteinen zu empfehlen. Weil er außerdem die Entleerung des Magens beschleunigt, kann er auch bei Magenschleimhautentzündung angewendet werden. Und so wird der Tee zubereitet: Man übergießt einen Teelöffel der Droge (getrocknete Blätter) mit einem Viertelliter siedenden Wassers und läßt 15 Minuten ziehen. Bei akuten Beschwerden werden ein bis zwei Tassen ungesüßt langsam und schluckweise getrunken. Eine Pfefferminzkur erstreckt sich über drei Wochen, wobei man dreimal täglich eine Tasse trinkt. Das im Pfefferminzöl enthaltene Menthol lindert, in Salben und Einreibungen eingearbeitet, den Juckreiz der Haut, rheumatische und Nervenschmerzen. Säuglinge und Kleinkinder dürfen keinen Pfefferminztee trinken, da sie das für sie noch recht aggressive Menthol auf der Magenschleimhaut nicht vertragen. Es gibt auch Erwachsene, denen das Menthol im Pfefferminztee nicht bekommt.

Die Pfefferminze gewinnt aber auch zunehmend als Gewürz an Bedeutung. Suppen, Salate und Gemüse, Eintöpfe, denen vor dem servieren feingehackte frische Pfefferminzblätter zugegeben werden, sind nicht nur aromatischer, sondern schmecken auch besser. Frische Pfefferminze kann man auch Quark und Frischkäse zugeben.

Die Pfefferminze darf auf keinen Fall mit Kamillen zusammenwachsen. Beide stören sich im Wachstum. Eine gute Nachbarschaft sind jedoch Möhren, Salat, Kartoffeln, Tomaten und verschiedene Kohlpflanzen.

Rot heißt Reife

Köstlich ist die Tomate leider nur, wenn sie am Stock errötet. Denn Rot heißt Reife.

Die Tomate ist eine anspruchsvolle Gartenfreude. In voller Sonne will sie stehen, in trockener Luft, aber nicht im Wind. Temperaturen unter zehn Grad schockieren sie nachhaltig. Der Boden soll tiefgründig locker und sehr nahrhaft sein, der Dünger reichlich, aber organisch. Die Blätter darf nur der Regen netzen, nicht die Gießkanne, doch die Wurzeln wollen es gleichmäßig feucht. Wer das Gießen vernachlässigt, dem platzen die Früchte, sobald es wieder naß wird. Ein „trockener Kopf und nasse Füße" sind ihr am liebsten.

Die Tomate fühlt sich in ihrem eigenen „Dunstkreis" am wohlsten. Eine Mulchdecke aus den eigenen Abfällen, den Blättern oder Geiztrieben, liebt sie besonders. Auch fällt sie nicht unter das „Gesetz des Fruchtwechsels". Als einzige einjährige Pflanze des Gemüsegartens wollen Tomaten jahrelang auf dem gleichen Stammplatz stehen. Und niemand weiß bisher warum.

Zu einer harmonischen Entwicklung der Tomate tragen „gute Nachbarn" entscheidend bei. So liebt sie Petersilie, Kopfsalat, Sellerie und Knoblauch. Doch unsympathisch sind ihr Erbsen, Gurken und ihre Verwandte, die Kartoffel. Sie will sie nur aus der Ferne sehen.

An der sonnengereiften Tomate mit ihrer köstlichen Süße ermessen wir das Glück eines Sommers. Wie die aromatische Süße jedoch zustande kommt, die wir bei den gekauften Tomaten immer vermissen, weiß die Wissenschaft offenbar noch nicht so ganz. Gewiß ist nur, daß das kalte Nachreifen der für den Transport immer zu früh gepflückten Früchte dem Ausreifen am Stock nicht gleichkommt. In den entscheidenden Tagen, wenn die Frucht rot wird, werden Säuren abgebaut, auch das giftige Solanin, das dann nur noch in Resten am grünen Stielansatz bleibt. Zucker bildet sich und allerhand ätherische Substanzen finden sich ein: hundertundachtzehn Aromastoffe wurden schon in einer Frucht nachgewiesen. Sie vor allem geben unserer Gartentomate den unvergleichlichen Geschmack.

Drei Generationen vor uns war die Tomate in Deutschland kaum den Italienreisenden und den Feinschmeckern als eßbar bekannt. Zwar ist diese alte indianische Kulturpflanze nach der Entdeckung Amerikas gleich mit den ersten Silberschiffen aus Mittelamerika herübergekommen, gegessen wurden ihre Früchte jedoch nur am Mittelmeer. Nördlich der Alpen hat man sie bloß als Paradiesäpfel bestaunt. Die Tomate wurde zur Zierpflanze erhoben, zugleich als giftig gefürchtet und deshalb von Medizinern zu Salben und Essenzen gegen jederlei Gebrechen verwendet. Und noch zu Kaiser Wilhelms Zeiten meldet ein Appetitlexikon erstaunt: „In Spanien verspeist man die Tomate sogar roh."

„Tomatenjahre sind auch Weinjahre", sagen die Winzer in Deutschland. Und das stimmt, was die Sommer 1959, 1976 und 1983 beweisen.

Was gibt es denn Schöneres, als abends, von der Arbeit ins Leben zurückgekehrt, im Garten an die sonnenwarmen Früchte zu gehen – nicht an die pfundschweren Fleischtomaten, sondern die kleineren, runden Sorten der Liebesäpfel: Aperitif zu einem lauen Sommerabend.

Der Apfel fällt nicht weit vom Stamm

Wer denkt bei den seltsamen Auswüchsen an der Unterseite von Eichenblättern schon daran, daß die kugelrunden Schlafäpfel von winzigen Insekten verursacht werden? Sie heißen auch Eichäpfel, Galläpfel oder Eichengallen. Im Sommer sind sie grün, im frühen Herbst rotbackig und im Spätherbst schließlich dunkelbraun.

Architekt und Bauleiter zugleich sind die nur drei Millimeter großen Eichengallwespen. Die Schlupfwespen stechen mit ihrem

Legebohrer die Blattnerven der jungen Eichenblätter an und legen ihre Eier ab. Das „angestachelte" Blatt wird durch Wachstumshormone des Wirtes zum Wohnungsbau kommandiert. Wie von einem Zauberstab berührt, beginnen die Pflanzenzellen lebhaft zu wachsen und nach einem bestimmten Bauplan ein „Apfelhaus" zu formen. Die Larven leben im Innern der vielkammerigen Galle wie in einem Kuchen, denn die Eiche liefert Nahrung nach. Mit dem Herbstlaub fällt der „Apfel" nicht weit vom Stamm. Erst im Laufe des Winters schlüpfen die Weibchen aus der Galle.

Die Entwicklung der Eichengallwespen ist letztlich sehr kompliziert und verläuft über einen sogenannten Generationswechsel. Neben den Eichengallen sind die flaumigen Wuschelköpfe an Heckenrosen, die Rosenschlafäpfel, am bekanntesten. Diese sind die „Schlafkammern" der Rosengallwespen.

Die Galläpfel der Eiche waren jahrhundertelang ein wichtiger Rohstoff zur Herstellung von Tinte und Farben. In den Klöstern des Mittelalters schrieben die Mönche mit Tinte aus Eichäpfeln.

Eigentlich heißt er „Öhrwurm", der Ohrwurm

Noch im „Gartenbuch für Anfänger" des Ökonomierats Johannes Böttner aus dem Jahre 1950 wurden die Ohrwürmer als „Schädlinge tierischer Art" aufgeführt: „An Dahlien, Chrysanthemen und Nelken fressen die jungen Ohrwürmer die Knospen an, die dann später in der Ausbildung unvollkommen bleiben. Sie sind Nachttiere und verstecken sich tagsüber. Wir fangen die Schadinsekten in hohlen Blumenstäben, in Blumentöpfen, die mit Holzwolle gefüllt sind." Kein Wort, keinen Andeutung über die Nützlichkeit der lichtscheuen Tiere!

Gehen wir noch weiter zurück und blättern im „Praktischen Ratgeber im Obst- und Gartenbau", der „Illustrierten Wochenschrift für Gärtner, Gartenliebhaber und Landwirte" aus dem Jahre 1887, so finden wir nur negative Abhandlungen über die Ohrwürmer, die als Schädlinge in einem Atemzug mit dem Apfelblattwickler genannt werden: „Dieses Proletariat im Garten erscheint überall da, wo es etwas zu zerstören, zu zerfressen giebt und dem Obstbau bringen sie unerhörten Schaden." Leserstimmen schimpfen über den „Blüten-knospenfresser", den „Früchteausbohrer" oder den „Ohrklemmer", wie der Ohrwurm in Norddeutschland genannt wurde. Einige wenige, erste verlegene Fragen stellen die absolute Schädlichkeit des Ohr-wurms zur Diskussion: „Wer von unseren freundlichen Lesern ist auch thatsächlich, auf gründlicher Forschung beruhende, wissen-schaftliche und unwiderlegbare Beweise in der Lage, die Wahrheit die-ses Urteilsspruchs zu dokumentieren?"

Heute sind sich zumindest die Zoologen einig: Der Ohrwurm ist ein typischer Allesfresser mit Mundwerkzeugen zum Beißen und Kauen sowohl tierischer als auch pflanzlicher Kost, wobei er – je nach Jahres-zeit und Nahrungsangebot – mal pflanzliche, mal tierische Nahrung bevorzugt.

Mit den „Würmern" haben die „Ohrwürmer" so wenig zu tun wie die Spitzmäuse mit den Mäusen oder der Tintenfisch mit den Fischen. So ist das liebliche Johanniswürmchen ein Leuchtkäfer, Mehl- und Holzwurm sind Käferlarven, der Pfahlwurm ist eine Muschel und der Ohrwurm ein ausgebildetes Insekt, ein Geradflügler. Den Bücher-wurm trifft man in den Holzeinbänden alter Bücher und den „gemei-nen Wurm" im Apfel oder in der Birne und in den Kirschen. Doch „wurmstichige" Äpfel gibt es nicht: Es ist die Raupe eines kleinen Schmetterlings, des Apfelwicklers, die solche Löcher bohrt. Und in den Kirschen ist es eine Made, die Larve der Kirschfruchtfliege. Der Ohrwurm trägt also seinen Namen doppelt zu unrecht. Denn wenn er schon kein Wurm ist, so hat er am menschlichen Ohr gar kein Interesse (man hat sogar behauptet, er würde das Trommelfell durch-beißen). Als dunkle Schlupfwinkel sucht er tagsüber feuchte Plätze auf, so die Unterseite von Baumrinde, Steinen, Holzstapeln oder

Brettern. Gerne verkriecht er sich auch in Vogelnistkästen, die nach der Brut noch nicht gereinigt sind und voller Milben und Läusen sind. Bei unseren Vorfahren waren eben die „Ohrenkriecher", wie sie auch genannt werden, ein „lichtscheues Gesindel".

Die einheimischen Ohrwürmer fliegen sehr selten; bei manchen Arten sind die Flügel völlig verkümmert. Sehr auffällig sind die Schwanzborsten am Hinterleib, die zu einer Zange umgebildet sind. Berührt man sie mit dem Finger, werden die Borsten nach oben über den Rücken gebogen, um eine Abwehrhaltung einzunehmen. Bei diesem Verhalten sieht der Ohrwurm wie ein kleiner Skorpion aus. Er besitzt jedoch kein Gift und die Zangen können niemanden verletzen. Sie sind in erster Linie Verteidigungswaffen, zweitens dienen sie dem Beutefang. Auf der nächtlichen Jagd werden Kleininsekten (kleine Raupen, Blattläuse, Spinnen, Fliegen) mit der Zange ergriffen und über den Rücken hinweg dem Mund zugeführt. Erst seit knapp zwanzig Jahren hat man seinen großen Nutzen im Garten erkannt, wenn man an das Vertilgen von Blattläusen, Apfelwicklerlarven und verschiedenen Raupen denkt. In der biologischen Schädlingsbekämpfung hängt man mit Stroh oder Heu gefüllte Blumentöpfe nach unten in das Geäst des Obstbaumes. Tagsüber verbergen sich die Ohrwürmer in den Töpfen, nachts kriechen sie heraus und machen Jagd auf Blattläuse. Eine Ohrwürmerkolonie eines Topfes im Frühsommer (10 bis 20 Tiere) vertilgt in einer Nacht bis zu 250 Blattläuse.

Diese Ernährungsgewohnheiten sind in Tierlexika und in zoologischen Nachschlagewerken bis zum Jahre 1970 noch nicht erwähnt. Dort heißt es über ihre „wirtschaftliche Bedeutung": „Nur gelegentlich werden sie in Gärten schädlich, weil ihnen einige Blumen, wie etwa Dahlien, besonders gut Unterschlupf gewähren. Sie benagen dann auch die Blütenblätter, was den Wert der Blüten mindert." Oder es heißt: „Ohrwürmer schädigen durch ihren Fraß Knospen, Blüten und Früchte der Obstbäume; bei Mais und Gemüse kann es zu erheblichen Ernteausfällen kommen. Ferner sind Ohrwürmer Überträger von Pflanzenkrankheiten."

Der Name „Ohrwürmer" kommt von der einem Nadelöhr ähnlichen Form der Zange des Männchens: Das Tier müßte also eigentlich „Öhrwurm" heißen. Das beweist auch der früher gebräuchliche Name „Öhrling", den man noch in Lexika aus der Zeit um 1900 findet.

Seifenblasen

Sie zaubern immer wieder gerne, gerade in der Ferienzeit, kleine, buntschillernde Seifenblasen. Da sitzen die Kinder abends in der angenehm lauen Luft auf den Vortreppen und Balkonen, ein Glas mit Seifenlauge und bunte Strohhalme in der Hand. Pustet nur, kleine „Zauberer"! Dann entströmen sie dem Strohhalm, lustig, hauchzarte kleine „Luftballons". Der leichte Sommerwind trägt sie fort, schaukelt sie ein wenig hin und her, und bald zerplatzen die hautdünnen Bläschen, in denen sich die untergehende Sonne in den Regenbogenfarben spiegelte. Sie zerplatzen wie Träume in hundert kleinste Spritzer. Jähe Zerstörung der Freude, kurze Enttäuschung bei den Kleinen.

Für sie sind die Seifenblasen niedliche „Fensterchen" oder Spiegel, zierliche, farbige „Weihnachtskügelchen", aus denen ihnen ein fröhliches Kindergesicht entgegenlacht.

Für Erwachsene sind die Seifenblasen Sinnbilder trügerischer Illusionen, wenn sie jählings vor unseren Augen zersprühen: kurze Traumbilder der Wirklichkeit.

September

Wenn Sonne und Sommer scheiden

Herbsting heißt der September auch oder Scheiding, weil Sonne und Sommer scheiden; Holzmond, weil man im Wald wieder zu fällen beginnt. Die Pflanzen stellen die Saftzufuhr ein und verfallen in einen Zustand aktiver Ruhe. An die Stelle des Wachstums tritt das Reifen der Früchte und der Samen. Die Naturelemente werden zu Lebensenergien umgeformt. Durch die Ruhe und den gebremsten Energiehaushalt beginnen die Pflanzen zu welken und schließlich auszutrocknen.

Am 24. September, dem Äquinoktium, sind Tag und Nacht gleich lang, sie halten sich die Waage. Poetisch ausgedrückt, tritt nun die Sonne durch die Pforte des Todes ins Schattenreich; sie steigt in die Unterwelt, hinab zu den Drachen und Dämonen, deren Gewalt über sie bis zur Wintersonnenwende zunimmt. Die Vegetationsgöttin Flora, die während des Sommers Königin der Oberwelt war, muß jetzt ihren Platz an die schwarze, unterweltliche Proserpina abtreten.

Auf den Termin der Herbst-Tagundnachtgleiche fiel das germanische „große Ding" oder „Thing", die jährliche Volks- und Gerichtsversammlung, zu welcher sich alle freien, wehrfähigen Männer einfinden mußten. Am „Thing" wurde über Leben, Freiheit und Grundeigentum des freien Mannes entschieden.

Wetterregeln gibt es rund ums Jahr, aber gerade im September stand der Bauer in einer besonders engen Beziehung mit der Natur,

galt es doch die letzten Ernten einzuholen und gleichzeitig den Boden für die neuen Saaten vorzubereiten. So entstand eine Fülle von Bauernregeln, gebunden an die Namenstage der Heiligen und an kirchliche Festtage, die den Menschen früher viel vertrauter waren als heute. Auch die Lostage, bestimmte Tage im Jahr, an denen der Bauer glaubte, das Wetter vorausbestimmen zu können, sind meist Heiligenfeste.

Die Wetterregeln im September sind durchweg gebunden an die beständigste Wetterlage des ganzen Jahres, an die Hochdruckzone über ganz West- und Mitteleuropa, die trocken-warme Septemberwochen beschert, die sich schließlich im Altweibersommer und im Martinisommer fortsetzen: „Durch des Septembers bunten Blick schaut noch einmal der Mai zurück."

Sankt Aegidius und Verena (1. September) sagten das Wetter für den ganzen Monat voraus: „Wie auf Aegidi das Wetter sich stellt, den ganzen Monat es noch hält." Ähnlich: „Ist St. Verena ein heiterer Tag, ein guter Herbst stets folgen mag." „Kommt Verena aber mit dem Krüglein an, zeigt einen nassen Herbst dies an." Regine (7. September) und Mariä Geburt (8. September) geben die gleiche Vorhersage: „Ist Regine warm und wonnig, bleibt das Wetter lange sonnig." „Wie sich's Wetter an Maria Geburt tut verhalten, so wird's sich weitere vier Wochen gestalten." Auch St. Gorgon (9. Sept.) und Protos (11. Sept.) sagen einen schönen Herbst voraus: „Ist's an Gorgon schön, bleibt's sechs Wochen stehn." „Wenn's an Protos nicht näßt, ein dürrer Herbst sich erwarten läßt." Und schließlich „macht das Wetter an Matthis die Birnen süß" (Matthäus, 21. Sept.).

Der Erzengel Michael (29. Sept.) bringt oft den Michaelissommer: „Kommt St. Michael heiter und schön, wird es noch vier Wochen so gehen." Auch: „Michaeliwein wird süß und fein." Da sollte aber der heilige Hieronymus (30. Sept.), so hoffen wir, unrecht haben: „Sankt Hieronymus macht mit dem Altweibersommer Schluß."

Wenn Spinnen auf die Reise gehen

Bedingt durch ein Hochdruckgebiet, das sich von Südosten her über ganz Europa erstreckt, schenkt uns der Frühherbst alljährlich von Mitte September bis Anfang oder Mitte Oktober eine trockene, warme Schönwetterperiode mit freundlichen, ruhigen Tagen.

Es ist eine der beständigsten Wetterlagen des ganzen Jahres. Sie stellt sich mit großer Wahrscheinlichkeit jedes Jahr ein. Die Nächte bringen reichlich Tau und vielfach Nebel, doch tagsüber wird es in der Mittagssonne noch sommerlich warm. Die höchsten Temperaturen werden vielfach zwischen dem 28. und 30. September gemessen, wenn der Altweibersommer seinen Höhepunkt hat. Die Sonne tritt ein in das Sternkreiszeichen der Waage, eine Phase der Ausgeglichenheit und der Reife beginnt.

In Frankreich heißen die sonnigen Wochen im Frühherbst „L' été de Saint Michel", in Süddeutschland auch „Michaelisommer". Sie sorgen für den sprichwörtlich bekannten „Goldenen Oktober": „Kommt St. Michael (29.9.) heiter und schön, wird es noch vier Wochen so gehn." „Nach St. Gallus-Tag (16.10.) man den Nachsommer erwarten mag."

Altweibersommer! Haben alte Frauen etwa ihren eigenen Sommer? Der Name kommt daher, daß jetzt

Spinnenfäden wie lange graue Haare in der Luft umherfliegen. Nicht alte Frauen haben sich die Haare gekämmt, sondern junge Spinnen gehen auf die Reise. Weil sie das nur bei schönem Wetter tun, nennt man die Schönwetterperiode im ausklingenden Sommer eben „Altweibersommer", im Volksmund auch „Witwensommer" genannt.

Die Felder und Pflanzen überziehenden oder in der Luft schwebenden feinen, silbrig glänzenden Fäden („fliegender Sommer") werden von kleinen Krabbenspinnen in die Luft geschossen, um sich an ihnen zu einem Winterquartier forttragen zu lassen. Die kugeligen Spinnen sind nicht größer als ein Stecknadelkopf. Sie nähren sich von winzigen Insekten, bringen den Winter über in der Erde zu und kriechen im Frühjahr hervor. Meistens verbergen sie sich aber bald wieder, um sich erst im Frühherbst richtig zu zeigen. Dann aber arbeiten sie um so eifriger. Die Fäden werden zum Teil vom Wind losgerissen und weitergetragen, meist aber von den Spinnen direkt für eine Schaukelfahrt durch die Luft erzeugt. Das Tierchen krabbelt dazu auf einen erhöhten Punkt, reckt den Hinterleib in die Höhe und schießt dann einen, mitunter auch mehrere Fäden aus seinen Spinnwarzen hervor und überläßt sich, von diesen Fäden getragen, der Luftströmung. Am Ende des Fadens baumelt die kugelige Krabbenspinne.

Dem Altweibersommer bei uns ist in Nordamerika der Indianersommer ähnlich. Er bringt dort nach den letzten Sommerregen im Oktober eine Periode warmer, trockener Zeit mit starker Dunstbildung. Den Indianersommer nutzten die Indianer einst, um rechtzeitig vor Eintritt der kalten Jahreszeit in die Winterquartiere zu ziehen.

Altweibersommer. Der alt und müde gewordene Sommer versucht sich in einer Art „Verjüngungsmühle" zu regenerieren, um im nächsten Jahr als junger, schöner Sommer wieder zu erstehen.

„Dies ist ein Herbsttag, wie ich keinen sah! Die Luft ist still, als atmete man kaum. Und dennoch fallen raschelnd fern und nah die schönsten Früchte ab von jedem Baum." So sieht Theodor Storm den Altweibersommer.

Ab der ersten Novemberwoche folgt der Martinisommer, der als spätherbstliche Schönwetterlage mit Nebel, Rauhreif und Frost bis zum 20. November andauern kann. Der 11. November, der Martinstag, galt früher als Abschluß des alten Wirtschaftsjahres, als Abschied der letzten sonnigen Herbsttage mit dem Heimtrieb des Viehs und dem Tag des Gesindewechsels.

Als es noch nach „Quetschemus" roch

Die Septemberkirmes war früher auf dem Land die „Quetschekerb"; drei Tage lang gab es „Quetschekuche". Und war die „Quetschekerb" vorbei, dann rüstete man sich allüberall auf das „Quetschemuskoche", das „Laxemriehre".

Einige Zentner Zwetschgen wurden „abgemacht" und geschüttelt. Aber eine noch größere Arbeit war das „Auskäären" und das „Einschäle". Da mußte alles helfen, was Hände hatte. Am Abend saßen alle „Weibsleit" im Hause auf dem „Stühlche" zusammen und steinten die blauen Früchte. Da gingen die Hände wie die Mäuler geschmiert und schnell. Da wurde getratscht und „gemait". So ein paar Zentner Zwetschgen wollten entsteint, Körbe voll Birnen geschält sein.

Kaum waren die letzten Körbe an der Reihe, richtete die Mutter schon den Kupfer- oder Emailkessel her, sorgte für gutes Brennmaterial und einen guten „Rührer". Da herrschte dann Großbetrieb in der „Worschdkich" oder in der „Wäschkich". Die Luft war geschwängert vom Dunst und Musgeruch. Da kochte und brozelte es Tag und Nacht. 24 bis 28 Stunden dauerte die Arbeit des Einkochens. Da mußte die brodelnde Masse dauernd gerührt werden, in Bewegung gehalten werden, damit das Mus nicht anbrannte. Hier zeigte sich die gute Nachbarschaft, die alte Dorfgemeinschaft allzeit hilfsbereit. Etwas Gutes zu essen und zu trinken gab es, Bohnenkaffee und Zwetschgenkuchen gehörte dazu.

In fein gesäuberte und gesüßte „steinerne Hawe" wurde der Laxem dann eingetopft und sorgsam verschlossen. Jede Hausfrau hatte eine „Spezialität" im Einkochen. Die eine nahm recht viel Gewürz, Nelken und Ingwer, die andere vermengte die Zwetschgen mit Nüssen oder Holunder, die meisten aber mit recht viel „Mostbirnen".

Die Kinder bekamen am nächsten Morgen eine große „Laxem-schmeer" mit zur Schule. Nach der Pause hatten die meisten einen saftigen braunen Schnorres (Schnurrbart). Die größte Freude der Kinder aber war dann das Auslecken des geleerten Laxemkessels. Da pappten Gesicht und Hände von der süßen „Schmeer".

Laxem heißt auch „Latwerg" oder „Latwerich". „Latwerg" ist eigentlich ein eingedickter Heilsaft, der „geleckt" wurde. So wurde der „Huf-Lattich" als Brustsirup eingedickt und „geleckt".

An Mariä Geburt fliegen die Schwalben furt

Von altersher mußte der Bauer Wetter und Witterung besondere Aufmerksamkeit schenken, denn seine Arbeit wurde wesentlich von Sonne und Mond, von Regen und Schnee, Frost und Wind beeinflußt.

Karl der Große hat den September Herbstmond nennen lassen. Er heißt auch Herbsting, Engelmonat, Holzmonat, weil man das Holz zu fällen begann, oder Scheiding, weil Sonne und Sommer scheiden.

Der Namenstag des Heiligen Ägidius (1. September) war für die Bauern ein wichtiger Lostag. So heißt es in drei verschiedenen Bauernregeln für diesen Tag: „Wie an Sankt Ägidius, vier Wochen das Wetter bleiben muß." „Ist's an St. Ägidi rein, wird's so bis Michaeli (29. September) sein." „Kommt Ägidius mit dem Krüglein an, zeig einen nassen Herbst dies an." Ägidius, einer der vierzehn Nothelfer, ist zusammen mit Eustachius und Hubertus der Schutzheilige der Jagd und der Jäger.

Lorenz (5. September) und Regine (7. September) sagen das gleiche im Wetterspruch aus: „Lorenz im Sonnenschein, wird der Herbst gesegnet sein." „Ist Regine warm und sonnig, bleibt das Wetter lange wonnig."

Das Fest Mariä Geburt (8. September) verzeichnet zwei Wetterregeln: „Wie's Wetter an Mariä Geburt, so bleibt es noch vier Wochen furt." „Wenn's zu Mariä Geburt nicht regnet, bleibt des Bauern Tisch gesegnet."

„Bringt St. Gorgon (9. Sept.) Regen, folgt ein Herbst mit bösen Wegen."

„St. Ludmilla (16. Sept.), das fromme Kind, bringt gern Regen und Wind." Der 16. September ist aber auch der Gedenktag der heiligen Lucia. An ihrem Tag und am Lambertustag (17. September) wurden früher die ersten Lichterfeste (Laternenfeste) gefeiert. In der frühen Dunkelheit des Abends zogen die Kinder mit selbst gemachten Laternen herum und sangen das Laternenlied: „Ich geh mit meiner Laterne und meine Laterne mit mir, hoch oben leuchten die Sterne, hier unten leuchten wir." Und die Bauernregel zum Lambertustag sagte aus: „Trocken wird das Frühjahr sein, ist St. Lambert klar und rein."

Der 21. September, der Tag des Evangelisten Matthäus, der Tag der Tag- und Nachtgleiche, war in vielen Ländern des Ostens ursprünglich der Anfang des Jahres. Schönes Wetter am Matthäustag hält vier Wochen an und bedeutet für den Winzer ein gutes Weinjahr. „Wie's Matthäus treibt, es vier Wochen bleibt."

Mauritius (22. September), der „Schwarze Mohr", war das Sinnbild für den Beginn der dunkleren Jahreshälfte. „Zeigt sich klar Mauritius, viele Stürm' er bringen muß." Schließlich gilt für den heiligen Kleophas (25. September): „Nebelt's an St. Kleophas, wird der ganze Winter naß."

Die Bauernregeln schließen mit dem Michaelistag (29. September), an dem früher die Michelsgans verspeist wurde: „Wenn man Michaelis eine Gans ißt, braucht man das ganze Jahr kein Geld."

Sankt Michael, der „Mai des Herbstes"

Die Tage um Michaeli sind gewissermaßen der „Mai des Herbstes": „Durch Sankt Michaels heit'ren Blick schaut noch einmal der Mai zurück."

Der Erzengel Michael ist der Vorsteher des Paradieses und als solcher hat er in der Vorstellungswelt unserer Vorfahren vieles gemeinsam mit dem „Wettermacher Petrus". Seit dem 6. Jahrhundert kämpft Michael mit Schwert und Rüstung gegen den Drachen. Die Deutschen verehren ihn so sehr, daß ihnen der Titel „deutscher Michel" geblieben ist. Er ist der Fürst über die himmlischen Heerscharen und bestand als Anführer der guten Engel den Kampf gegen Luzifer und seinen Anhang. Er ist der ritterliche Schutzpatron Deutschlands. Sein Tag ist der Tag der Engel, die die Seelen der Abgeschiedenen zu Gott führen, aber auch der Tag der streitenden Kirche.

Bei den Germanen war sein Tag das Herbstthing, der Herbstgerichtstag. Der leitete die sogenannte Gemeinwoche ein, in der die Sachsen ihr großes Herbstopferfest feierten. Viele Feiertagsgerichte und Festlichkeiten weisen heute noch auf ein ehemaliges Opferfest hin, das am Ende der Ernte und des Sommers dem Wotan als Spender des Erntesegens gewidmet wurde.

Die Licht- oder Michelsgans war früher bei uns üblich. „Wenn man an Michaelis eine Gans ißt, braucht man das ganze Jahr kein Geld." Wenn die Dienstboten nämlich eine Gans als Draufgabe zum Jahres-

lohn bekamen, waren sie gut versorgt. Die Michelsgans wurde mit gekochten Kartoffeln, Zwiebeln und Salbei gefüllt. Dazu gab es Apfelmus und Zwiebelsauce.

Die Tage werden nun merklich kürzer, der Abend dunkelt schon früh: „Michel zünd's Licht an." Das Michelsfeuer wurde früher am Vorabend vor Michaeli angezündet, als Zeichen dafür, daß der Mensch wieder ein selbstgemachtes Licht für die Arbeit und gegen die Winterdunkelheit brauchte. Der Beginn der Lichtarbeit wurde entsprechend gefeiert: Am Michaelistag wurde nicht auf dem Feld gearbeitet, nicht gesponnen; der Bauer lud die neugedingten Mägde und Knechte zum Essen ein.

Der lichtblaue Montag wurde in Süddeutschland am Montag nach Michaelis begangen. Nach diesem Tag wurde in den Werkstuben wieder bei Licht gearbeitet. Zur Feier dieses Übergangs gaben die Handwerksmeister ihren Gesellen und Lehrlingen an diesem Tag frei.

Vom Michaelistag heißt es auch: „Michel steckt das Licht an: Das Gesind muß zum Spinnen heran." Der Michelstag war in einigen Gegenden, wie der Martinstag in anderen, Beginn der bäuerlichen Spinnstube.

An diesem Tag muß der Bauer noch allerhand besorgen: „Auf St. Michael beende die Saat, sonst wirst du's bereuen zu spat." „An Michaeli kauft man gut Vieh, doch den Verkauf brich nicht übers Knie." Als Wetterlostag gleicht der Michelstag dem heiligen Matthäus (21. September): „Regnet es an Michaeli ohne Gewitter, so folgt meist ein milder Winter. Ist es aber warm und trocken, darf man auf ein gutes und trockenes Frühjahr hoffen." „Auf trocknen Michaelistag trockner Herbst folgen mag."

Eine Losregel des Michaelistag bezieht sich auf die Eicheln: „Wenn Michael viel Eicheln bringt, Weihnachten die Felder mit Schnee dann düngt." Aber man beobachtete früher auch die Auswüchse an den Blättern und Früchten der Eiche, die sogenannten Eich- oder Galläpfel, die durch Gallwespen hervorgerufen werden und zur Gewinnung von Gerbsäure und sogar Tinte dienten. Von diesen Galläpfeln handelt folgendes Lostagsgedicht: „Willst du sehen, wie das Jahr geräten soll, so merke folgende Lehre gar wohl: Nimm wahr der Eichäpfel am Michaelistag, an welchem man das Jahr erkennen mag: Haben sie Spinnen, so folgt kein gutes Jahr, haben sie Fliegen, so zeigt's ein Mitteljahr fürwahr; haben sie Maden, so wird das Jahr gut; ist nichts drin, so hält der Tod die Hut."

Und der Herbstwind
küßt die Herbstzeitlosen

Die Herbstzeitlose: In der Bretagne heißt sie auch „La dame sans chemise" – die „Dame ohne Hemd". In Süddeutschland nennt man sie treffend „Die nackte Jungfrau", steht sie doch wirklich im Herbst ohne schützende Blätter da, fast nackt in einem hauchzarten blaß-lilafarbenen Blütenflor. Sie hält sich nicht an den jahreszeitlich gebundenen Lebensrhythmus in der Natur: Colchicum – die Zeitlose. Sie blüht als letzte ihrer großen Lilienverwandtschaft in der Milde des Altweibersommers. Wenn sich andere Pflanzen bereits auf die winterliche Ruhe einstellen, tupft sie den letzten Farbengruß des Sommers in die feuchten Wiesen:

> „Auf der Heide blüh'n die letzten Rosen,
> braune Blätter fallen müd' vom Baum.
> Und der Herbstwind küßt die Herbstzeitlosen,
> mit dem Sommer flieht manch' Jugendtraum."

Im Frühling aber sprießen ihre lanzenförmigen grünen Laubblätter und reifen ihre Samen in dickwandigen Fruchtkapseln aus: Die Herbstzeitlose dreht die Jahreszeiten einfach um.

Feuchte Wiesen, oft überschwemmt, sind ihre Lieblingsstandorte. Doch diese hat man ihr geraubt, wie so vieles seit den Jahren unserer Kindheit. Einst von Landwirten geächtet und verfolgt wegen ihrer todbringenden Giftigkeit für das Weide-Jungvieh, bewundern wir heute die wenigen Zurückgebliebenen, die Lila-Blütenschönheiten mit den langen weißen Schwanenhälsen.

Die „nackte Jungfrau" ist tödlich giftig. In all ihren Organen, besonders aber in ihrem Samen, kommt das Alkaloid Colchicin vor. Die tödliche Colchicin-Dosis für den Erwachsenen beträgt 50 mg. Die Vergiftungssymptome äußern sich wie folgt: Sodbrennen, Erbrechen, heftiger, blutiger Durchfall, Blut im Harn, unerträglicher Durst, starker Temperaturrückgang. Der Tod tritt etwa 30 Stunden nach der Vergiftung durch Kollaps oder Atemlähmung ein. Kleine Kinder waren früher besonders gefährdet, wenn sie im Frühjahr mit den reifen Fruchtkapseln spielten, in denen die harten, braunen Samen so schön klapperten. Bei Erwachsenen sind Verwechslungen mit den Blättern des eßbaren Bärlauchs vorgekommen.

Herbstzeitlosensamen werden immer wieder zu (erfolgreichen) Selbstmordversuchen und Mordversuchen benutzt. In den letzten Jahren wurde eine weitere Möglichkeit schwerer Colchicinvergiftung bekannt. Bei der Obduktion von Drogentoten wird häufig Colchicin nachgewiesen, mit dem harte Drogen „gestreckt" werden.

Giftpflanzen sind meistens auch hochwertige Arzneipflanzen. Das Gift der Herbstzeitlose spielt eine überragende Rolle bei der Behandlung der Gicht. Colchicin ist ein starkes Zellgift, das Kernteilungen in der Zelle hemmt. Es wird deshalb als Auslöser künstlicher Genmutationen zur Verbesserung pflanzlicher Qualitäts- und Ertragsmerkmale eingesetzt. So wird auch die Anwendung von Colchicin in der Krebstherapie verständlich.

Die Frucht des Paradieses

Die Geschichte des Apfels beginnt möglicherweise im Garten Eden, als Eva den Adam mit der Paradiesfrucht verführte. Adam mußte blind vor Liebe gewesen sein, sonst hätte er den „Urapfel" nicht gekostet. Denn der war wohl bitter wie Galle und sauer wie Essig. Die nur 14 Millimeter im Durchmesser große, überaus holzige und saure Apfel-Urfrucht, die vor mehr als 5000 Jahren die Syrer aus Kleinasien nach Ägypten brachten, dürfte wirklich nicht verführerisch ausgesehen haben. Das änderte sich, als dann die Ägypter in großen Plantagen am Nil den Apfel kultivierten. Von dort brachten die Römer die „Frucht des Paradieses" nach Europa und zu den Germanen. Heute ist

der Apfel „der König der Früchte", und 32 Prozent der Deutschen bezeichnen ihn als ihr Lieblingsobst. Unser heutiger Kulturapfel geht aber wohl auch auf die Wildform des Holzapfels zurück, der von Europa bis Vorderasien vorkommt. Vermutlich sind unsere Kulturäpfel aus der Kreuzung des Holzapfels mit dem „Paradiesapfel" hervorgegangen. Funde aus der Jungsteinzeit (vor 3000 Jahren) lassen den Schluß zu, daß es sich bei den „Pfahlbauäpfeln" vom Bodensee bereits um eine „gekreuzte" Kultursippe handelte. Die Germanen lernten dann von den Römern, die neue Sorten ins Land brachten, die Technik des Veredelns. Karl der Große pflegte den Apfelanbau weiter, und in vielen Klostergärten wurden neue Sorten gezogen. Bereits 1596 kannte man im deutschen Raum 49 Apfelsorten. Bedingt durch die Mendelschen Vererbungsregeln, setzte dann im 19. Jahrhundert die planmäßige Sortenzüchtung ein. Heute gibt es etwa 20000 verschiedene Apfelsorten auf der Welt. Unter ihnen hat man die 300 besten und schmackhaftesten für den Markt ausgewählt. Doch da auch der Apfelgeschmack mit der Mode geht, kommen jedes Jahr neue Kreationen hinzu. Zu den beliebtesten Apfelsorten zählen Golden Delicious und Cox Orange, dicht gefolgt von Jonagold, Ingried Marie und Gloster. Unseren Obst- und Gartenbauvereinen ist es zu verdanken, daß „altdeutsche" Sorten – jahrzehntelang verpönt – wieder im Vormarsch sind und verstärkt in Gärten und in Streuobstanlagen angebaut werden: Ontario, Geheimrat Oldenburg, Kaiser Wilhelm, Orangenburg, Boskoop oder Roter Berlepsch.

Der Apfel ist – wen wundert's? – die beliebteste Frucht der Deutschen. Und als „Pausenapfel" hat er längst Einkehr in den

Schulen gehalten, kräftigt sein Genuß doch Zahnfleisch und Gebiß: 38 Prozent der Kinder im Grundschulalter wollen Äpfel als „Pausenbrot". Das ist gut so. Schließlich enthält jeder Apfel mehr als 20 verschiedene, lebenswichtige Mineralstoffe, Vitamine und Spurenelemente. Kein Zweifel, der Apfel spielt für die gesunde Ernährung eine besonders wichtige Rolle. Apfelkuren und Apfeldiäten werden von Ärzten zur Linderung von Magen-Darm-Katarrhen und zur Senkung des Cholesterinspiegels empfohlen. Roh geraffelte Äpfel sind ein ausgezeichnetes Mittel bei Durchfällen im Kleinkindalter. Schon Paracelsus erwähnte den „Schlafapfel", den Apfelgenuß vor dem Schlafengehen als Mittel zur Förderung der Gesundheit. Besonders bekömmlich ist Apfelschalentee als Tagesgetränk, der eine nervenberuhigende Wirkung ausübt, bei Gicht, Rheumatismus, Blutarmut und nervösen Herzstörungen Linderung verschafft. Der Apfelschalentee wird folgendermaßen zubereitet: Eine Handvoll getrocknete Apfelschalen werden mit einem halben Liter kochenden Wassers übergossen und zehn Minuten ziehen gelassen. Das ist auch die Tagesration.

Beim Biß in den Apfel kommt jeder auf seinen Geschmack. Gelb, die Farbe der Reife, war früher die begehrteste Apfelfarbe. Heute ist die Nachfrage nach rotbackigen Äpfeln am größten.

Der Vitamin-C-Gehalt ist in den einzelnen Apfelsorten großen Schwankungen unterworfen. Der bekannteste Sommerapfel, James Grieve, enthält leider nur 6,8 mg Vitamin C in 100 Gramm frischem Apfel. Auch die besten Speiseäpfel, Golden Delicious und Cox Orange, stehen mit 8,0 und 10,6 mg Vitamin C auf den untersten Stufen der Vitamin-C-Leiter. Die meisten Äpfel, so auch Gloster, Alkmene und Ingried Marie, enthalten 12 mg Vitamin C pro 100 Gramm Frischgewicht. Auf der obersten Leitersprosse mit 32 mg Vitamin C steht Lombarts Calville, der bei uns im Kommen ist. Da genügen zwei frische Äpfel, um den Vitamin-C-Bedarf für den Tag zu decken.

In der griechischen Sage war der Apfel Symbol der „Zweitracht". Auf Geheiß der Göttin der Zwietracht, Eris, mußte der junge Paris das Urteil fällen, wer nun die Schönste im olympischen Festsaal sei: Hera, Athene oder Aphrodite. Der goldene Apfel wurde zum Streitobjekt und löste den Trojanischen Krieg aus. So entstand auch unser bildlicher Ausdruck „Zankapfel".

Ist der Paradiesapfel aus dem Garten Eden auch der biblische „Liebesapfel"? Schon Salomo spricht in seinem Hohen Lied der Liebe: „Er labte mich mit Rosinenkuchen, erquickte mich mit Äpfeln; denn ich bin krank vor Liebe."

Eicheln als Wetterpropheten

Hat Michael (29. September) viel Eicheln, liegt zu Weihnachten viel Schnee", heißt es in einer alten Bauernregel. Dieser Wetterspruch und ähnliche Wetterregeln sind im ländlichen Bereich auch heute noch fest verwurzelt. Man schwört darauf, daß ein strenger Winter folgt, wenn es viele Eicheln, Buchecker und Haselnüsse gibt. Diese Bauernweisheiten halten aber keiner wissenschaftlichen Überprüfung stand.

Sogenannte Vollmastjahre unserer Waldbäume gibt es in fast regelmäßigen Zeitabständen. Um Samen und Früchte zu bilden, benötigt ein Baum eine erhebliche Menge an Nährstoffen, die er während einer längeren Periode sammeln muß. Vor allem Bäume, die große Samen erzeugen und daher erhebliche Mengen an Vorratsstoffen benötigen, so zum Beispiel Eiche, Buche oder Nußbaum, haben nur alle vier bis acht Jahre reichere Samenerträge. Aus einer solchen Vollmast dann auf einen strengen Winter zu schließen, ist völlig abwegig.

Die folgenden Bauernregeln, die sich mit dem Verhalten von Pflanzen im Herbst beschäftigen, haben auch nur eine Treffsicherheit von 50:50: „Sitzt das Laub im Oktober noch fest an den Bäumen, kommt ein kalter Winter, wenn auch mit Säumen." „Wenn das Laub nicht vor Martini (11. November) fällt, gibt's einen Winter mit großer Kält'." „Blühen im November die Bäume aufs neu, währet der Winter bis zum Mai." „Wenn die Bäume zweimal blühen, wird sich der

Winter lang hinziehen." Ob die Bäume nun früher oder später das Laub abwerfen, hängt in großem Maße von der vergangenen oder auch bestehenden Wetterlage ab. Nach trockenheißen Sommerperioden oder auch nach langen trockenen Wochen des Altweibersommers werfen die Bäume eben früher ihre Blätter ab. Dazu tragen aber auch Fröste in sternklaren September- und Oktobernächten bei. Eine längere Regenperiode im September und Oktober, was bei uns selten ist, wird den Laubfall verzögern.

Menschen, Tiere und Pflanzen spüren oft bevorstehende Änderungen des Wetters. Die Wetterfühligkeit mancher Menschen, besonders bei Föhn oder vor Niederschlägen, ist einwandfrei bewiesen. Tiere und Pflanzen reagieren häufig schon auf kleinste Änderungen des Zustands der Atmo-

sphäre, besonders der Feuchte und des elektrischen Zustandes, die den Wetteränderungen vorausgehen. Den Tieren jedoch eine Vorahnung zuzuschreiben, ist nicht berechtigt, sonst wären viele Katastrophen im Tierreich nicht erklärbar. Keinesfalls kann aus dem Verhalten der Tiere, etwa aus der Dicke des im Herbst angelegten Felles, der Tiefe der Winterbauten oder der Menge des angelegten Winterfuttervorrates, auf die Strenge des bevorstehenden Winters geschlossen werden. Tiere und Pflanzen reagieren nur auf das herrschende Wetter, und nur insoweit dieses schon das künftige Wetter mit beeinflußt, sind auch Schlußfolgerungen erlaubt. Dies ist nur bei kurzfristigen Wetteränderungen der Fall.

Bei unseren Vorfahren aber galten die Eicheln als Jahrespropheten: „Sind die Eichäpfel früh oder sehr viel, so schau, was der Winter anrichten will: Mit viel Schnee kommt er vor Weihnachten, danach kannst du große Kält betrachten. Sind sie mager, so wird der Sommer heiß, dies sei dir gesagt mit allem Fleiß."

Wer holt die Kastanien aus dem Feuer?

Die Kastanienzeit beginnt; für Kinder immer eine schöne Zeit, aus den verschieden großen Kastanienfrüchten allerlei phantasievolle Dinge zu basteln.

Ihre Früchte kleidet die Kastanie wie kleine, grüne Stachelfische, die irgendwann vom Baum purzeln und eine hübsche Überraschung in ihrer stacheligen Schale bergen. Sie tragen eine tiefbraune Kastanie in ihrem Bauch, die glänzt wie ein frisch polierter Mahagonie-Schreibtisch. Ein Trick im Verwandlungs- und Gaukelspiel der Roßkastanie: Zieht man zu Hause die gesammelten Kastanienkleinode aus der Tasche, wird man enttäuscht feststellen müssen, daß sie ihren hellen Glanz verloren haben und stumpf und matt in der Hand liegen. Aber gerade diese Kastanienfrüchte machen die Roßkastanie zu einem sehr wertvollen Waldbaum. Für das Wild sind sie eine nahrhafte und gesunde Speise.

Was die Roßkastanie eigentlich mit Rössern zu tun hat, das hätten uns die Roßknechte früherer Zeiten leicht beantworten können. Die Kastanien sind ein gutes Heilmittel für Pferde, die an Husten leiden, Hierfür mischte man die gehackten Früchte unter das Futter.

Dies sollen die türkischen Pferdeknechte häufig gemacht haben, um ihre Pferde wieder auf Trab zu bringen. Dieser Brauch scheint sich auch in der neuen Heimat der Roßkastanie herumgesprochen zu haben. Die Kastanie ist kein ursprünglicher Baum unserer Heimat, sie stammt aus Westasien und Südosteuropa. Relativ spät kam sie nach Mitteleuropa, wo sie erstmalig 1576 in Wien aus einem Samen gezogen wurde.

Die Kastanienfrüchte sind sehr stärkereich und wären deshalb tatsächlich ein geeignetes Nahrungsmittel, doch ihr hoher Gerbstoff- und Bitterstoffgehalt lädt nicht gerade zu einer Mahlzeit ein; sie schmecken bitter.

Die Indianer jedoch hatten eine spezielle Aufbereitungsart entwickelt, die es ihnen ermöglichte, aus den Kastanien einen Grundstoff herzustellen, den sie zu schmackhaften Gerichten wie Broten, Pfannkuchen und Suppen weiterverarbeiten konnten. Die Kastanien legten sie hierfür in ein mit heißen Steinen gefülltes Erdloch und deckten sie mit Blättern, heißer Asche und kleinen Ästchen ab. Darin ließen sie die Kastanien einen Tag garen. Danach wurden sie herausgenommen, geschält und kleingeschnitten. Man zerstampfte sie in einem Mörser. In einen engmaschigen Korb gefüllt, stellte man sie unter fließendes Wasser. Nach einer Wässerung von ca. vier Tagen wurde der Brei auf Korbteller gestrichen und an der Sonne getrocknet.

Aber auch hier bei uns scheint man sich Gedanken darüber gemacht zu haben, wie man die schönen Kastanienfrüchte nützen könnte. Und man ist auf einiges gekommen: Statt Hopfen nahm man zum Bierbrauen kleingeschnittene Kastanien, und durch Gärung erhielt man einen Branntwein. Auch als Kaffeersatzmittel verwandte man die Kastanien. Sie wurden dafür genauso präpariert wie die Eicheln. Der Buchbinder stellte sich aus den Kastanien einen Leim her, und der Tapezierer klebte damit seine Tapeten an die Wände und rühmte seinen hausgemachten Leim als besonders insektenabwehrend und schützend vor Fäulnis.

Als „medizinischer Wunderbaum" kann man die Roßkastanie heute bezeichnen. Die Hauptwirkstoffe des Baumes sind genau erforscht. Man hat einzelne Stoffe herauskristallisiert, deren Wirkung bekannt ist und die die alten volksheilkundlichen Anwendungen bestätigen. Zwei dieser Wirkstoffe tragen den Namen des Baumes: Aesculin und Aescin. Das Aesculin ist eine Cumarinverbindung und kommt hauptsächlich in der Rinde junger Kastanienzweige vor. Es wirkt anregend auf den Stoffwechsel und fördert die Durchblutung. Es kann ultraviolette Strahlen binden und wird deshalb sehr gerne für Sonnenschutzmittel verwendet. Aescin hat eine stark gewebeentwässernde Wirkung. Aescin ist auch ein Saponin, ein Seifenstoff, Saponinpflanzen werden in der Pflanzenheilkunde zur Schleimlösung bei Husten und Bronchitis verwendet. Auch der Kastanienblütentee ergibt einen Hustentee. Ein weiterer Wirkstoff der Kastanie sind die Flavone. Flavone festigen die Aderwände und fördern die Durchblutung der feinsten Blutgefäße.

Aus dieser Zusammenstellung der Wirkstoffe kann man sich schon fast die Krankheiten ableiten, die mit den Kastanienheilmitteln behandelt werden. Die Kastanie ist eines unserer wichtigsten Venenheilmittel. Sie hilft bei venösen Stauungen, Hämorrhoiden, Krampfadern und Pfortaderstau. Da sie durchblutungsfördernd wirkt, kann sie bei arteriellen Durchblutungsstörungen helfen. Zu Heilzwecken werden Blüten, Blätter, Früchte und Rinde verwendet. Eine Tinktur aus den Blüten ist ein gutes Einreibemittel bei rheumatischen Schmerzen. Bäder aus den Früchten haben sich besonders bei Rheuma, Gicht und Durchblutungsstörungen bewährt.

Kastanienfrüchte sind seit altersher in der Volksheilkunde auch als „Sympathiemittel" bekannt. Danach soll eine starke Beziehung, eine Sympathie, zwischen den Kastanien und den rheumatischen Krankheiten bestehen. Die sympathische Kastanienkur war einfach anzuwenden: Man sollte drei Kastanien bei sich in der Tasche tragen, um die Schmerzen zu lindern.

Und „wer holt die Kastanien aus dem Feuer"? Dieses ursprünglich französische Zitat „Tirer les marons du feu" stammt aus der Fabel von La Fontaine „Der Affe und die Katze". Der listige Affe Bertram bewegt die Katze Raton, für ihn geröstete Kastanien aus dem Feuer zu holen, die er dann sofort genüßlich verspeist, während die unzufriedene Katze ihre verbrannten Pfoten leckt.

Schließen wir die Betrachtungen über die Roßkastanie und ihre Früchte mit einem Gedicht von Karl Heinrich Waggerl:

„Wie trägt sie bloß
ihr hartes Los
in Straßenhitze und Gestank?
Und niemals Urlaub, keinen Dank!
Bedenk, Gott, prüft sie ja nicht nur,
er gab ihr auch die Roßnatur."

Schwarzbraun ist die Haselnuß

Die großen Zeiten hat der Haselnußstrauch längst hinter sich. Vor 8000 Jahren bedeckte er fast ganz Deutschland. Licht und hell, haselgrün war der Wald. Allmählich verdrängten Eichen, Linden und Ulmen den kleineren Haselstrauch. Jetzt ist er nur noch Beiwerk dieser Baumriesen.

Zum „Haselwald" hatten unsere Vorfahren eine enge Beziehung. Durch Schütteln der Zweige wurden die schwarzbraunen Haselnüsse geerntet. Sprichwörtlich „schwarzbraun ist die Haselnuß" im deutschen Volkslied geblieben. Sie war wohl das beliebteste Nußknabbergut von Kindern und Erwachsenen an langen Herbst- und Winterabenden. Und wenn es dann im Hals kratzte, setzte uns Großmutter gerne Haselnußmilch als heilendes Hustenmittel vor: Eine kleine Handvoll zerstoßene Haselnußkerne wurde zusammen mit einem Viertelliter Milch kurz aufgekocht, eine Viertelstunde stehen gelassen und dann abgesiebt. Man trank die wohlschmeckende „Hustenmilch" lauwarm.

Haselnüsse haben einen hohen Nährwert infolge des hohen Eiweiß- und Fettgehaltes. Sie sind leichter verdaulich als Walnüsse. Der Vitamin-C-Gehalt übertrifft den aller heimischen Früchte, ähnlich hoch ist der Gehalt an Vitaminen der B-Gruppe. So gilt die Haselnuß als Nervennahrung. Außer den wildwachsenden Haselsträuchern, die wie der Holunderstrauch früher in keinem Bauerngarten fehlen durften, werden heute gerne die Bluthasel, die Baumhasel und die Lambertshasel als Nußlieferanten angepflanzt. Im Handel kommen die meisten Haselnüsse aus der Türkei, wo sie an der Schwarzmeerküste angebaut werden. Ein Haselstrauch neben dem Haus gepflanzt, wirkt wie ein Blitzableiter für störende und krankmachende Strahlungen aus der Erde. Daran glaubten unsere Vorfahren. So wurden die elastischen und leichtbiegsamen Haselgerten als Wünschelruten verwendet. Mit ihnen suchten schon die Römer nach Wasseradern. Im Mittelalter versuchte man auch Schatztruhen mit ihnen zu öffnen.

Die Haselgerte war die Lebensrute bei den Kelten und Germanen. Ursprünglich war der Schlag mit der Haselrute ein Fruchtbarkeitszauber. Mit dem Schlag glaubte man die Kräfte, die dem fruchtbaren Strauch innewohnen sollten, auf anderes Leben, den Menschen, das Tier und auch auf Nutzpflanzen übertragen zu können. Später wurde die Wirkung des Schlagens mit der Rute erweitert. Auch Dämonen und böse Geister meinte man damit zu verjagen.

Das Vieh wurde beim ersten Weideaustrieb mit der Rute geschlagen, damit es den Sommer über gesund blieb, dem Hirten gehorchte und vor allem fruchtbar blieb. Brautpaare konnten sich den Schlägen mit der Lebensrute nicht entziehen, wollten sie doch gesund bleiben und viele Kinder zur Welt bringen.

Das Schlagen mit der Rute, um „böse Kinder zu bestrafen", ist eine Erfindung strenger Christen. Seither muß auch St. Nikolaus den unartigen Kindern die Rute mitbringen.

In Volksliedern und Bauernweisheiten wird noch heute das Nüsseknacken mit der sexuellen Kraft in Verbindung gebracht: „Wenn es im Herbst viele Haselnüsse gibt, gibt es im kommenden Jahr viele Kinder."

Oktober

Gedämpfter Abschied

Die Schollen auf dem Felde hauchten
herben Erdgeruch.
Ein grauer Nebelschleier netzte
Gras und Busch.
Mit zarten Silberfädchen,
kristallklar glitzernd in dem Morgentau,
umspannten Spinnen zaubernd ihren Bau.

Und noch einmal küßten Strahlen
leicht und schmiegsam ihre Ernte,
die in gelber Fülle prahlet,
wartet auf des Schnitters Hände.

Ein gedämpfter Himmel breitet
seinen letzten Glanz noch aus,
und die müde Erde kleidet
sich in bunten Farben aus.

Ruhe, die so lang entbehret,
hüllet Erd' und Himmel ein:
Was die Sonne einst gelehret,
wird gar bald ein Traumbild sein.

Wer jetzt kein Haus hat

Im Nebel ruhet noch die Welt,
noch träumen Wald und Wiesen:
bald siehst du, wenn der Schleier fällt,
herbstkräftig die gedämpfte Welt
in warmem Golde fließen.

So spricht Eduard Mörike vom Herbst, jener Zeit des Jahres, die oft von den Älteren am intensivsten empfunden wird, entspricht sie doch dem Werden und Vergehen, dem Festhalten und Loslassen. Erwerb führt zu Verlust, Aufbau endet in Zerstörung, Begegnung endet in Trennung und jede Geburt führt zum Tod.

Der Weinmonat Oktober heißt auch Gilbhart, weil das Laub zu gilben beginnt. Laubverfärbung. Wandlung und Verwandlung beschert uns dieser Monat. So wie der Kälte Grimm den Saft in den Blättern erstarren läßt, sie dadurch in die Wandlung der bunten Farben treibt, so gibt es auch bei uns Menschen Außen-Ereignisse und Innen-Ereignisse, die die Ströme des Glücks, des Wohlseins verschließen, vorübergehend verstopfen.

Die Morgennebel, die feuchte Kühle am Anfang und Ende des Tages lassen uns der Mittagssonne entgegenstreben, um umso intensiver die rasch folgende Abkühlung zu erleiden. Wandlung ist langandauernder Wechsel. Wie der Baum sein Laubkleid färbt, fallen uns zuweilen Stimmungen an. Was vorhin noch wahr und sicher schien, wird im nächsten Moment in Frage gestellt. Was löst diese Zweifel aus? Ein Wort, gesprochen oder nicht, eine Information, ein Blick, ein Gedanke, eine erfahrene Kränkung?

Eine chinesische Weisheit meint hierzu: „Der Mensch kann nicht tausend Tage ununterbrochen gute Zeit haben, so wie die Blume nicht hundert Tage blühen kann." Und Johann Wolfgang von Goethe sieht es als Gesetz der Natur: „Man sieht die Blumen welken und die Blätter fallen. Man sieht aber auch die Früchte reifen und neue Knospen keimen."

Die Verletzlichkeit ist in uns, in unseren Gedanken. Wir selber lassen es zu, daß der Frost in uns dringt, den Saftstrom des Glücks versperrt. Sicherlich sind diese Zeiten der Stille, des Leidens für die Erneuerung notwendig. Die Fragen nach dem Sinn sind immer Herbstfragen! Die nach innen geweinten Tränen sind Ausdruck unserer Sehnsucht nach mitmenschlicher Nähe. Die Gedanken in der Einsamkeit unseres Erleidens der Welt sind Quellbohrungen zu unserem Wachstum der Persönlichkeit. Vom Kältegrimm befreit, werden sie strömen, wie der Frühlingssaft aufsteigen wird, um junges Leben im alten Stamm zu künden.

Es ist die Zeit des nach innen Ertragens, des Durchleidens, des Bereitseins zur Erneuerung. In den Wurzeln unserer Person bleibt Freude, und das Wollen zum Glück schlummert neuer Erweckung entgegen.

Erntedank

Der Mensch hat sich von seiner natürlichen Lebensgrundlage geistig entfernt und durch Verstädterung und Industrialisierung eine unaufhaltsam um sich greifende Zerstörung der Umwelt proviziert. Ein Stück dieser Umwelt in seinem unmittelbaren Wohnumfeld ist der Garten: Der Weg vom Bauerngarten früherer Zeiten zum sterilen Chemielabor von heute dauerte nur 40 Jahre!

Hier, im eigenen Garten, ist der Ansatzpunkt für eine „Rückführung ins Paradies" gegeben (Paradies, griech. Paradeisos = Garten).

Die Solidarität mit der ganzen Schöpfung, das verantwortungs-
bewußte Haushalten mit den uns anvertrauten Naturgütern ist verloren gegangen. Natur, Pflanze und Tier haben nicht nur einen Nutz-
wert. Die Forderung nach immer höheren Erträgen und gesteigerter
Produktion in Industrie und Landwirtschaft öffnete der „Allmacht"
der Chemie alle Schranken. Erntedankfeste werden leicht zu Chemie-
dankfesten, Erntefeiern zu Pharmafeiern.

Erntedank! Ein Altarraum in der Kirche, geschmückt mit den
Früchten des Feldes; ein Erntekranz auf dem Dorfplatz, geschmückt
mit den Früchten des Waldes; Erntegirlanden, von Schulkindern aus
bunten Blumen geflochten, zierten Fenster, Tür und Tor und der große
steinerne Krug mit goldenen Getreideähren den Hausflur: Das alles
gehört der Vergangenheit an. Ebenso das Dankgebet für die ersten
Garten- und Feldfrüchte des Jahres, wenn sich die Großfamilie nach
getaner Feldarbeit bei Tisch versammelte. Rudimente eines fast schon
fernen Brauchtums übernehmen landaus und landein die Garten-
bauvereine. Wer stellt den größten Kürbis aus, die dicksten Kartoffeln
und den schwersten Krautkopf? Ein Wettbewerb. Und wer hat den
Mut, schorffleckige Äpfel zu zeigen, die nicht gespritzt wurden?
Vielerlei Sitten und Bräuche waren in der ländlichen Bevölkerung fest
verwurzelt. Sie zeigten ein tiefes Verbundensein mit der Natur und
der Religion. Der Bauer von früher hatte ein besonders enges
Verhältnis zur Scholle, die er von Hand bebaute. Der Landwirt von
heute ist mit der Technik verflochten: Maschinen bearbeiten seinen
Boden. Die alten Bauerngärten früherer Zeiten strotzten von Unkräu-
tern, viele waren Würz- und Heilkräuter. Diese deckten auch den
Erntetisch für viele nützliche Insekten und Kleinvögel. Die „chemische Sense" hat ihnen den Garaus gemacht.

Daß das Erntedankfest, das seit Jahrhunderten fester Bestandteil
bäuerlichen Brauchtums gewesen ist, heute in den Städten fast gar
nicht und auf dem Lande nur wenig zur Kenntnis genommen wird, ist
also im Grunde den veränderten Verhältnissen im Bereich der Land-
und Forstwirtschaft und im Gartenbau zuzuschreiben. Hinzu kommt,
daß die früher vorhandene unmittelbare Verbindung zwischen
Landwirten und Nichtlandwirten weitgehend abgerissen ist. Früher

hatte der Bauer ein Heer von Helfern aus dem Dorf. Heu-, Grummet-, Getreide-, Kartoffel- und Rübenernte wurden zu Höhepunkten im Kreislauf des Erntejahres. Keine Ernte ohne ein frohes Erntefest! Und die ganze Dorfbevölkerung feierte mit.

Die Sicht der naturgegebenen Gesetzmäßigkeiten ist uns immer mehr abhanden gekommen. Wir müssen wieder lernen, bei der Natur in die Schule zu gehen.

Umdenken tut not! Die Natur bestimmt den Rhythmus, sie bestimmt die Erträge. Wird uns das wieder bewußt, dann ist uns der Erntedank eine Selbstverständlichkeit.

Das kirchliche Erntedankfest wird in Deutschland am ersten Sonntag nach Michaelis (29. September) gefeiert. Es fällt hin und wieder auf den Namenstag des heiligen Franziskus (4. Oktober), den man auch zum Welttierschutztag ernannte. Schließen wir die „Gedanken zu Erntedank" mit einer Strophe aus dem „Sonnengesang" von Franz von Assisi:

„Gelobt seist Du, Herr,
für Bruder Wind, und für Luft und Wolke
und Himmelsblau und jedwedes Wetter,
wodurch Du Deine Geschöpfe erhältst.
Gelobt seist Du, Herr,
für unsere Schwester, die Mutter Erde,
die uns erhält und uns leitet
und mancherlei Früchte hervorbringt."

Dank für das tägliche Brot

Das Gartenjahr geht zu Ende, die Ernte ist eingebracht. Wir haben wieder erkannt, daß die Schönheit der Blütezeit im Sommer noch nichts über den Ertrag der Erntezeit im Herbst aussagt. Blüten sind immer Zeichen der Hoffnung, denen Zeichen der Erfüllung folgen müssen. Ein erfülltes Herz haben bedeutet nunmehr in der Stille des Oktobers auch Muße zur inneren Einkehr, zur Einkehr der Seele. Die Zeit ist gekommen, wo wir Dank sagen. Nirgendwo ist uns das Danksagen um das tägliche Brot so bewußt wie im „Vater unser". Für manche kann es ein hartes, schwer und mühsam verdientes tägliches Brot sein, das sie sich erwerben müssen. Andere finden überall ihr Brot, stellen sich dabei geschickt an, sind wahre Lebenskünstler, die sich ohne ernsthafte Sorgen durchschlagen. Bei Brot – da fallen einem die reifenden Getreidefelder ein, die prallen Ähren, auch helles und dunkles Mehl aus der Mühle, von der man noch als Schulkind gelernt hat. Auch kommt die „Brotzeit" in den Sinn, eine erholsame Pause, in der man sich genießerisch dem gebackenen, aber auch dem „flüssigen" Brot widmet. Die Redensarten wissen davon zu berichten, daß dem, der „kleinere Brötchen backen muß", der „Brotkorb höher gehängt wurde". Sie sprechen auch davon, daß manche „mehr können, als Brot essen" und andere „sich für ein Stück Brot verkaufen". „Der Mensch lebt nicht von Brot allein", sagt ein Bibelwort und Goethe ergänzt im „Harfenspieler": „Wer nie sein Brot mit Tränen aß, wer nie die kummervollen Nächte auf seinem Bette weinend saß, der kennt euch nicht, ihr himmlischen Mächte."

Wer sein tägliches Brot hat, lebt nicht im Überfluß, aber er hat sein Auskommen. Sein Existenzminimum ist gesichert. In unseren Breiten ist Brot kein Luxus, sondern wird als Selbstverständlichkeit empfunden. Das war nicht immer so.

Seit jeher galt das Brot bei allen ackerbautreibenden Völkern als heilig. In der Kirche wurde das Brot der Heiligen Agatha geweiht. Keine Hausfrau schnitt früher einen Brotlaib an, ohne vorher das

Kreuz darauf zu zeichnen. Und wenn ein Brot auf die Erde fiel, so war es im Mittelalter Brauch, das Brot zur Versöhnung zu küssen. Ein Haus ist früher nur bezogen worden, wenn es eingesegnet war und wenn das jüngste Mitglied der Familie Brot und Salz über die Schwelle trug. Und Brot ist heute in östlichen Ländern die Gabe für den Gast, mit der er begrüßt wird.

In welcher Form und Qualität auch immer, Brot wurde auch ohne die heutigen Möglichkeiten zu chemischen Analysen der Brotsubstanz hoch geschätzt. Ohne daß man viel von der Bedeutung des Brotes für die Ernährung aufgrund seiner Zusammensetzung wußte, ohne daß seine gute Verdaulichkeit und Ausnützbarkeit untersucht waren, galt einfach als Wertmaßstab: Brot macht satt. Wer satt ist, ist zufrieden. Der Zufriedene kennt keinen „Brotneid", er ist einfach glücklich. Wer denkt heute – und besonders in Mitteleuropa – noch in so schlichten Maßstäben?

Gibt es heute noch jemanden, der sich der Arbeit bewußt ist, die in einem Brotlaib von der Aussaat des Korns in den frisch gepflügten Boden über die Ernte bis hin zum Mahlen des Getreides und des Backens steckt? Weil dem Menschen oft der unmittelbare Naturbezug fehlt, wird allzu leicht auch die Abhängigkeit des Endproduktes „Brot" von wenig beeinflußbaren Naturkräften, von Sonne, Wind und Regen, fast vergessen. Was zählt, ist hauptsächlich der Geschmack, die Gaumenfreude. Immer feinere Gebäcke, Mischungen, Varianten, Backverfahren, Spezialbrote aller Art werden ersonnen und angeboten – oft nicht, um den Hunger zu stillen, sondern um den eigentlich schon Satten noch einen besonderen Gaumenkitzel zu bieten.

Und doch: Manchmal gibt es Zeiten, in denen einem der Wert des Brotes plötzlich bewußt ist, ohne daß es vieler Worte bedarf. Not gibt es in vielerlei Erscheinungsformen, überall auf der Welt, und gelegentlich scheinen erschreckende Bilder des Elends zu mahnen, wie wesentlich die Grundbedürfnisse und ihre Befriedigung sind: Wohl dem, der satt wird, wenn er Hunger hat. Gut auch, wenn man sich an etwas Einfachem freuen kann, dankbar sein kann für etwas Gutes, das einem schon fast selbstverständlich vorkommt – auch für ein Stück Brot.

Geheimnisse alter Buchen

Jetzt, in diesen Oktobertagen werden Kindheitserinnerungen wach an den Herbst des Nachkriegsjahres 1947.

Damals gab es sogar ganz besondere Schulferien, die „Bucheckerferien". In den Hungerjahren der Nachkriegszeit haben die Bucheckern, die als dreikantige, rotbraune Nüßchen in einem stachligen Fruchtbecher liegen, eine zeitgeschichtlich fast bedeutsame Rolle gespielt. Als die Hungersnot am größten war, war auch die Ernte des so selten seine Früchte in reicherem Maße spendenden Baumes ungewöhnlich ertragreich. Zahllose Familien sammelten Tag für Tag mühselig die Bucheckern, um sie weit weg in die Ölmühle zu tragen, wo aus den ölhaltigen Eckern ein Speiseöl gepreßt wurde, das sich gut zum Kochen und Backen verwenden ließ. Viele Menschen vermochten sich so den Winter über zu erhalten und vor Krankheit, insbesondere vor Tuberkulose, zu bewahren. Und die mühevolle, wochenlange Sammelarbeit bei Wind und Wetter lohnte sich, denn die Bucheckern enthalten bis zu 42 Prozent Fett. Aus einem Kilogramm Bucheckern erhielt man immerhin fast einen halben Liter gutes Speiseöl. Der übriggebliebene Ölkuchen war noch ein zusätzliches Schweinemastfutter.

Größere Mengen Bucheckern roh zu essen, auch wenn sie von Schalen und Samenhaut befreit sind, ist nicht ratsam, da sie zuweilen Kopfschmerzen und Übelkeit hervorrufen. Die Schale enthält den giftigen Stoff Fagin. Das Öl ist nach dem Erhitzen frei von giftigen Produkten und kann wie jedes andere Pflanzenöl in der Küche vorteilhaft verwendet werden. Die Bucheckern ähneln in ihrem Gehalt an Fett, Kohlenhydraten, Eiweiß und Kalorien sowie im Kochsalz- und sonstigen Mineralgehalt sehr den Erd- und Haselnüssen. Auffallend hoch ist ihr Eisengehalt.

Schon im Mittelalter gehörten Buchen wie Eichen zu den „fruchtbaren" Bäumen. Der botanische Name „Fagus" leitet sich vom griechischen Wort für „Essen" ab. Der Dorfhirte trieb seine Schweineherde in den Wald und schlug die Früchte der Buchen von den Bäumen, über die dann die Schweine schmatzend herfielen. Auch das übrige Vieh wurde in den Wald getrieben.

In Konkurrenz bleiben Ahorn, Fichte und selbst die Eiche zurück. Dabei wirkt die Buche gar nicht so kämpferisch. Im Gegenteil, sie steht wie eine grazile Königin mit silbrigem Rindenkleid und zartgrünem, gläsernen Blattschleier neben dem knorrigen Eichkönig. Im Frühjahr strecken sich die spitzen Knospen immer mehr, bis sich endlich neue Blätter herausschieben und die Knospenhülle abstreifen. Es gibt keine zarteren Frühlingsblätter als die der Buchen. Sie sind mit seidigen, glänzenden Wimpern bedeckt und scheinen in der Sonne so hellgrün, als wären sie aus purem Glas. Diese zarten Buchenblätter ergeben einen köstlichen Wildsalat.

Durch das Blätterdach der Buche fällt nur wenig Licht auf den Boden. Eine alte Buche mit ungefähr 15 Metern Kronendurchmesser hat rund 600 000 Blätter, die soviel Sauerstoff produzieren, daß davon 50 Menschen einen Tag leben können.

Buchenholz wurde früher in großen Mengen in der Köhlerei zur Holzkohlenherstellung verwendet. Die Buchenasche, die sich früher in den Herdstellen und Öfen ansammelte, war ein gebräuchliches Ausgangsmaterial zur Herstellung einer Lauge. Die Asche enthält sehr viel Kali, die daraus zubereitete Lauge schäumt und reinigt wie Seifenlauge. Die Buchenasche wurde einfach mit lauwarmem Wasser übergossen und über Nacht stehengelassen. Am nächsten Morgen seihte man die Brühe ab. Wurde die Asche im Haushalt nicht zur Laugenherstellung gebraucht, so streute man sie als Dünger auf die Felder. Dies kann man auch heute mit Buchenholz-Grillasche tun,

wenn man sie als kalireichen Dünger auf die Beete im Garten bringt, die im nächsten Jahr mit Wurzelgemüse bestellt werden. Wurzelgemüse und Kartoffeln sind „Kalifresser".

„Vor Eichen sollst du weichen, vor Fichten sollst du flüchten, die Weiden sollst du meiden, doch die Buchen sollst du suchen." So heißt es in einem uralten Ratschlag unserer Vorfahren. Tatsächlich schlägt der Blitz in Buchen sehr selten ein, so daß man früher beim Hereinbrechen eines Gewitters unter den Buchen Schutz suchte.

Auch unsere Buchstaben entstanden einst aus Buchenstäben. Das ist eine alte Geschichte. So manche alte Buche trägt auf ihrer Rinde viele eingeritzte Zeichen, verzerrte Linien, manche neu eingeritzt, andere schon seit Jahrzehnten verwachsen. Herzen sind darunter und die Namen derer, über die die Buche einmal ihre schützenden Äste gebreitet hat. Sie hat all die Liebespaare unter ihrem Dach beherbergt, die heute schon Großeltern oder bereits verstorben sind. Die Herzen haben sich mit der Zeit verzogen, verdickt, aber man kann sie noch immer in dem uralten Baum-Buch erkennen.

Bei den Germanen waren es keine Herzen, es waren magische Zauberzeichen, die eingeritzt wurden, Buchstaben der kultischen Schrift der Germanen, die sie „runa" nannten, das „Geheimnis". In bestimmter Folge aneinander gereiht, hatten diese geheimen Zeichen die Kraft, die Zukunft vorauszusagen. Ursprünglich waren es 24 Buchstaben, die ausschließlich zu kultischen Zwecken gebraucht wurden. Vor einer wichtigen Entscheidung befragte man das Orakel aus Buchenstäben, auf die die geheimen Schriftzeichen geritzt waren.

Runen oder Raunen, das ist eine geheimnisvolle Beratung mit den Göttern, die sich in den Formen der Natur offenbaren. Die weissagenden Nornen, die Schicksalsgöttinnen der Germanen, raunen noch immer ihre Geheimnisse dem zu, der Zeit hat, ihnen im Rauschen der Buchen, im Murmeln des Wassers oder im Summen eines Käfers zu lauschen.

Als Heilmittel hat die Buche nie eine große Rolle gespielt. Alte Kräuterbücher loben die Buchenblätter als kühlendes und linderndes Mittel in Umschlägen auf „hitzigen" Geschwüren. Buchenasche wirkt desinfizierend. Sie wurde früher zusammen mit Johanniskrautöl zu einer Paste vermischt und auf Wunden und Geschwüre gelegt. Aus dem Holz der Buche bereitete man mittels trockener Destillation den Buchenholzteer, der als Heilmittel in Apotheken unter dem Namen „Kreosotum" käuflich war. Er wurde als Desinfektionsmittel, Ätzmittel und zur örtlichen Betäubung in der Zahnheilkunde verwendet. Heute ist Buchenholzteer als krebserregend in Verruf gekommen. Er wird nur noch in der Homöopathie als völlig unschädliches Mittel bei schweren Magenleiden, Geschwüren und Blutungen eingesetzt.

Kartoffelfeuer an Sankt Lukas

Wie der Erzengel Michael im September, so ist der Evangelist Lukas einer der beliebtesten Heiligen im Oktober (18. Oktober). Ursprünglich Arzt in Antiochia, begleitete er dann den Apostel Paulus auf seinen Missionsreisen. Nach dessen Reden schrieb Lukas das dritte Evangelium und die Apostelgeschichte auf. Der Legende nach hat Sankt Lukas die Mutter Gottes gemalt. Dadurch wurde deren Bild überliefert. Somit gilt Lukas als Schutzheiliger der Maler und Künstler. In England wird er besonders verehrt, dargestellt mit Hörnern als Zeichen für den Stier. So wurde früher am Lukastag eine Hornfeier abgehalten. Alle möglichen Schnitzereien aus Horn konnte man auf einer Messe kaufen. Auch Pfefferkuchen in Horngestalt gab es.

Eine ganze Kostüm-Prozession zog früher zur Hornmesse; es gab einen Horn-König und eine Horn-Königin. Müller und Ratsherren, Handwerker, Bauern und Narren hatten sich Hörner an Hüte oder Hauben gesteckt und führten so viel Unsinn auf, wie ihnen gefiel.

Wenn man den widersprechenden Wetterregeln glaubt, so war der Lukastag gleichermaßen ein Tag für Optimisten und Pessimisten. Es heißt: „Das ist der Tag, der den Winter bringt!" Man spricht aber auch vom kleinen „Lukassommer", dem Ende des Altweibersommers: „Ist's an St. Lukas warm und fein, kommt ein scharfer Winter hinterdrein.

Oktober

Ist es aber naß und kühl, mild der Winter werden will." „Ein Lukashimmel voller Stern', hat warme Öfen gern. "

Der Lukastag war früher auf jeden Fall immer der Tag, an dem man ein Herbstfeuer angezündet und Laub und Kartoffelkraut verbrannt hat. Kartoffelfeuer kündigten früher auf den Äckern das Ende der Kartoffelernte an. Das alte, welke Kartoffelkraut wurde verbrannt. In die Glut vergrub man möglichst viele große Kartoffeln. Sie waren gar, wenn die Pelle vollkommen schwarz und verkohlt aussah.

Kindern schmeckten sie am besten. Sie rollten die heißen Kartoffeln aus der Asche, brachen sie vorsichtig auf, bestreuten sie mit Salz und aßen sie aus der schwarzen Schale heraus. Sie kannten auch den Trick beim Kartoffelbacken: Große Kartoffeln garen schneller und gleichmäßiger durch, wenn man einen langen Eisennagel hindurchsteckt, denn das Metall leitet die Hitze in das Innere der Erdfrucht.

Auch Kartoffelfeste wurden früher in den Bauerndörfern gefeiert. Selbstgeerntete Pellkartoffeln kamen in Körben auf den Tisch, wozu es frische Butter, grobes Salz und verschiedene Quark- und Kräutersaucen gab. Andere tauchten die dampfenden Pellkartoffeln in saure Sahne und streuten Kümmel darauf.

Mit dem Schwinden der bäuerlichen Dorfstrukturen, mit der Mechanisierung und Technisierung der Landwirtschaft und seit dem Einzug der Getreidemonokulturen in unsere Kulturlandschaft gehören Kartoffelfeste und Kartoffelfeuer der Vergangenheit an.

In den Dörfern gehalten hat sich vielfach noch ein anderer Brauch, den die Kinder in den Tagen um St. Lukas pflegten. Runkelrüben wurden ausgehöhlt und mit fratzigen Gesichtern versehen. In den so entstandenen „Rommelbooz" stellte man eine brennende Kerze. Die „Rommelbooze" wurden in der Dunkelheit auf die Fensterbänke gestellt, um Geister und Dämonen vom Haus und seinen Bewohnern fernzuhalten. Vielfach haben die Kinder mit den „Rommelboozen" auch Schabernack getrieben.

Hans Widerborst ist Igelart

Nicht Meister Lampe, auch nicht das Rehkitz Bambi, sondern Hans Widerborst, der Igel, ist laut Umfrage das Lieblingstier der Deutschen. Wenn Kinder Wildtiere zeichnen, so ist die „Stachelkugel" mit der feuchten Schnüffelnase beliebtestes Tiermotiv. Eigentlich verwunderlich, ist doch der Igel wahrlich kein Schmusetier wie Quick, das Eichhörnchen, das in der Beliebtheitsskala an zweiter Stelle rangiert.

Was macht also den Igel so attraktiv? Bestimmt nicht seine nadelspitzen Stacheln, die eher abschreckend wirken, riskiert man doch eine blutende Verletzung, wenn man den kleinen Stachelritter angreifen will. Und wenn man weiß, daß so ein kleiner Findling im Spätherbst voller Läuse und Zecken ist, vergeht einem die Lust am Überwintern.

Bis vor wenigen Jahren propagierte man die Überwinterung von untergewichtigen Igelkindern aus einem späten Herbstwurf in Kellern. Wahllos wurden Jungigel draußen eingesammelt, um sie in menschlicher Obhut überwintern zu lassen. Viel wichtiger ist es, den Igeln im Umfeld menschlicher Siedlungsräume ein vielfältiges Nahrungsangebot, Unterschlupf und Winterquartiere zu bieten. Naturnah gestaltete Gärten sind heute vielfach ihre Lieblingsreviere. Hier finden sie auch Verstecke für den Winterschlaf. Durch die Anlage von Kompostplätzen, Holz-, Laub- und Reisighaufen sorgen die Hobbygärtner zusätzlich für gedeckte Tische und Winterquartiere.

Ab Anfang November können stark untergewichtige Jungtiere in menschliche Pflege genommen werden, wenn sie weniger als 500 Gramm wiegen. Achtung, gute Fachkenntnisse sind erforderlich! „Dornröschen" braucht zunächst einmal eine warme Dusche. Dann sorgt ein entsprechender Puder für die Vernichtung der zahlreichen Flöhe zwischen den Stacheln. Schließlich geht es mit der Pinzette auf Zeckenjagd. Unter fauchendem Protest läßt das Igelkind alles über sich ergehen. Mit der Außenreinigung allein ist es leider nicht getan. Auch sein „Innenleben" muß gesäubert werden. Da muß schon ein

„Igeldoktor" helfen. Igel sind Träger lebensgefährlicher Parasiten. Magen-, Darm- und Lungenwürmer tun sich so lange am geschwächten Organismus gütlich, bis der Kreislauf des Tieres zusammenbricht. Gutgenährte, kräftige erwachsene Igel vermögen mit den Schmarotzern zu leben, nicht aber unterernährte Findlinge aus späten Herbstwürfen.

Das Schlafzimmer, eine kleine Kiste in einer großen, kann mit zusammengeknülltem Zeitungspapier und Holzwolle „igelgemütlich" gestaltet werden. Im Speisezimmer, dem restlichen Raum der großen Kiste, steht die Nahrung parat: Schälchen mit Wasser, handelsübliches Igelfutter, Hackfleisch-Haferflocken-Gemisch und Bananenscheibchen, die eine Igeldelikatesse sind. Die Winterpfleglinge müssen dem Naturschutzgesetz gemäß im März/April wieder freigelassen werden.

Der Igel ist eines der urtümlichsten Säugetiere der Welt. Über 8000 Stacheln schützen ihn seit Jahrmillionen vor seinen natürlichen Feinden. Auf der Straße aber wird ihm seine uralte Einrollmethode zum Verhängnis. Die sehr vibrationsempfindlichen Tiere merken das Herannahen eines Autos auf weite Entfernung. Nicht fliehen, sondern „einigeln" heißt die Überlebensdevise: und die „stachlige Kugel" wird überrollt. Kein wildlebendes Tier wird in seinem Bestand durch den Straßentod so dezimiert wie der Igel. In manchen Gebieten kommen bis zu 60 Prozent des jährlichen Bestands im Straßenverkehr um. Besonders die letzten warmen Herbsttage lassen Abend für Abend die nützlichen Insektenfresser auf den Straßen verenden. Die Straße speichert tagsüber Wärme, was den Insekten besonders gegen Abend behagt. Die nachtaktiven Igel finden auf dem Asphalt ein mit Insekten übersätes Futterrevier.

„Hans Widerborst ist Igelart, hält jedermann den Widerpart": Einem Auto aber kann der Igel kein Paroli bieten.

Die Jungfernrebe

Die Purpurröte ihres Herbstlaubes erinnert uns an die jungfräuliche Scham einer Braut in der Hochzeitsnacht. Parthenios, der griechische Dichter der Liebe, vergleicht die fünflappigen Blätter der Jungfernrebe Parthenocissus in ihrer scharlachroten Herbstfärbung mit dem natürlichen Gesichtsteint einer Liebenden. Die Jungfernrebe ist der Wilde Wein.

Die Heimat der wilden Weinrebe ist im Südosten Europas zu suchen. Dort rankte sie einst um den Parthenon, umschlang den Tempel der Athena Parthenos auf der Akropolis zu Athen. Die Plastiken im Ostgiebel des Tempels zeigen die jungfräuliche Geburt Athenas, deren heimliche Liebe zu einem freigelassenen Sklaven unerfüllt blieb. So fand sie schließlich an ihrem eigenen Körper Wohlgefallen.

Wohl gefällt uns das Laub des Wilden Weins in seinem herbstlichen Schmuck an der Hausfassade, wo er zu einem sozialen Mitbewohner wird, der den Vögeln Nistplätze und Nahrung bietet. Und wenn bereits alle Blumen verblüht sind, ziert er das Haus mit karminrotem Dekor. Der Wilde Wein hat im Herbst das farbenprächtigste „Hauskleid" unter allen Wandbegrünern.

Die Beschäftigung mit dem sommergrünen Mitbewohner, das Wahrnehmen seiner sich jahreszeitlich ändernden Geräusche, Gerüche, Farben und Bewegungen stellen positive Sinneserlebnisse dar, haben ästhetisch-psychologische Wirkungen.

Häuser mit grünem Pelz üben nicht nur architektonisch-gestalterische Effekte aus. Sie markieren oder kaschieren, betonen oder schwächen die Wirkung baulicher Elemente. Heute sehen wir in der Hausbegrünung eher einen Ersatz für ein verloren gegangenes Paradies, für die verwüstete und aus der Stadt vertriebene Natur.

Der Wilde Wein gehört zu den echten „Rankern". Er besitzt kräftige Ranken, die sich um Drähte und dünne Stäbe herumwickeln. An den Rankenenden bildet er zusätzlich Haftscheiben aus, die sich an allen nicht zu rauhen Oberflächen festsaugen. Ungestüm wie sein Name, braucht der schnellwüchsige Kletterer also keine „fremde" Kletterhilfe.

Mit seinem dichten Laubpolster bietet der Selbstklimmer auch dem Efeu Konkurrenz. Auch in seiner Wuchshöhe steht er mit 15 Metern dem immergrünen Efeu kaum nach. Anspruchslos was Boden und Standort angeht, liebt er aber sonnige Südfassaden. Er dankt es mit einer gelben bis leuchtend roten Herbstfärbung.

Auf Blüten legt er schon weniger Wert, eher noch auf seine blauschwarzen Beeren, die ungenießbar sind. Dafür eignen sich verwandte Arten besonders gut auch für Mauern und als Bodendecker. Der Wilde Wein integriert das Haus in die Natur. Der Gartenzaun wird erst durch ihn lebendig.

Mit der edlen Weinrebe ist die Zaunrebe nahe verwandt. Mit der Waldrebe Clematis hat er das Klettern und den Namen gemeinsam, verschwägert ist er mit ihr nicht. Die Waldrebe liebt einen schattigen Fuß und einen sonnigen Kopf. Sie dankt es mit einer großen Fülle von Blüten. Da kommt der Wilde Wein nicht mit.

Auf dem eigenen Mist gewachsen

Wo der Mistwagen nicht hin geht, da geht auch der Erntewagen nicht hin", heißt eine alte Bauernweisheit aus einer Zeit, als der Landwirt noch von seinem „eigenen Mist" abhängig war: Ohne herbstliche Düngung mit Stallmist gab es nur eine geringe Ernte. Der sprichwörtlich „dümmste Bauer mit den dicksten Kartoffeln" war gar nicht so dumm, hatte er doch seine Felder trefflich gemistet. Der Hof mit dem größten Misthaufen vor dem Stall zeigte an, wer der reichste Bauer im Dorf war.

Tierische Dünger, vornehmlich der früher so begehrte Stallmist, sind heute bei vielen Hobbygärtnern verpönt: „Mist stinkt", und der richtige Umgang mit ihm ist vielfach verloren gegangen. Zum andern wird festgestellt, daß die Anwendung von Geflügel- und Kaninchenmist im eigenen Garten wieder zunimmt: „Kleinvieh macht auch Mist", erinnert man sich einer alten Bauernregel.

„Es ist nicht auf seinem Mist gewachsen", gestehen manche Gärtner gerne ein, wenn sie bisweilen Tips und Tricks des Nachbarn im eigenen Garten mit Erfolg nachahmen.

Glücklich der Gärtner, dem Rindermist zur Verfügung steht! Natürlich muß man ihn – wenn er frisch vom Bauern kommt – mindestens ein halbes Jahr lang lagern, oder aber mit Stroh, Laub und anderen Gartenabfällen zusammen kompostieren. Abgelagerter Stallmist ist eine „Nährstoffbombe" und fördert das Gedeihen vor allem von Starkzehrern wie Gurken, Kürbis, Zucchinis, Kohlgewächsen, Rhabarber, Sellerie, Porree und Tomaten. Erbsen, Bohnen, Zwiebeln und Wurzelgemüse hingegen gedeihen auf einem mit Mist gedüngten Beet sehr schlecht.

Werden die verschiedenen tierischen Dünger aufgrund ihrer Eigenschaften und Stoffgehalte miteinander verglichen, fallen folgende Besonderheiten auf: Schweinemist ist „kalt". Vererdet bzw. als Kompost zubereitet, wirkt sich sein Kaligehalt förderlich auf die Entwicklung von Knollenfrüchten wie Sellerie aus. Pferde-, Schaf- und Ziegenmist ist „heiß". Der Rindermist nimmt eine Mittelstellung ein und hält zwischen „heiß" und „kalt" die Waage. Der Geflügeldung enthält einen relativ hohen Anteil an mineralischen Stoffen, vornehmlich Phosphor, so daß ihm die „mineralischste" Düngewirkung zukommt. Nur eine sorgsame Behandlung auf dem Kompostplatz und die Mischung mit stickstoffarmen Substanzen kann vor schädlichen Auswirkungen auf das Pflanzenwachstum bewahren. Richtig vererdet, fördert Geflügeldung die Blütenbildung nachhaltig und erfreut sich deshalb im Blumengarten großer Beliebtheit.

Die Kompostierung von Rindermist bereitet wenig Schwierigkeiten. Er soll locker und gut durchmischt aufgesetzt werden. Beigaben von guter Erde, Basaltmehl und Gesteinsmehl können nur förderlich sein. Die Rotte geht im Sommerhalbjahr problemlos vonstatten.

Bei der Kompostierung von Pferdemist muß man schon etwas auf-
passen. Das heikle, sehr zur Hitze neigende Material bedarf einer
guten Abpufferung mit pflanzlichen Substanzen und angefeuchteten
Erden. Wird der Pferdemist aus Reitställen bezogen, die mit Sägemehl
eingestreut werden, ist doppelte Vorsicht geboten. Das im Sägemehl
enthaltene Lignin benötigt zum Aufschluß viel Stickstoff. Eine
unvollständige Vererdung von Pferdemist hat den Befall von tierischen Schädlingen (z.B. Drahtwürmer bei Kartoffeln) zur Folge.

Verrotteter Mist wird auf den Beeten nicht tief eingegraben, wie es
früher oft gänzlich falsch praktiziert wurde. Er wird wie Kompost nur
oberflächlich leicht eingeharkt, so daß gleichzeitig eine Mulchwirkung
entsteht. „Kalk auf Mist ist Gift", sagten unsere Vorfahren richtig.
Auf ein mit Mist gedüngtes Feld darf kein Kalk gegeben werden, sonst
verpufft ein Großteil des Stickstoffes in die Luft.

Mit der scherzhaften Wetterregel „Wenn der Hahn kräht auf dem
Mist, ändert sich's Wetter oder es bleibt, wie es ist" verlassen wir den
herbstlichen Garten, wohl wissend, daß der „Wetterhahn auf dem
Mist" immer recht behält.

Von „Bengeln" und Nüssen

Wer erinnert sich in diesen Tagen nicht gerne an seine Kindheit zurück, als die Jungen im Frühherbst mit einem Knüppel oder einer Stange die reifen Walnüsse vom Nußbaum „bengelten". Und sie taten es „fachgerecht", denn Walnüsse werden bei Reife nicht wie Obst oder Haselnüsse gepflückt, sondern vom Baum geschüttelt oder mit Hölzern und Stangen vom Baum geschlagen. So war ein „Bengel" im ursprünglichen Sinne ein Stock zum Schlagen, und „bengeln" bedeutete „abklopfen" oder „abschlagen".

Die Walnüsse sind reif, wenn sich im frühen Herbst die grüne Fruchthülle von der braunen, harten Nußschale löst. Die frisch geernteten Walnüsse werden von der äußeren Hülle und von Schmutz und anhängenden Fasern befreit. Anschließend werden sie an der Sonne oder in geheizten Räumen getrocknet, wobei die Temperatur nie 25 Grad überschreiten darf. Getrocknete Baumnüsse sind Monate lang haltbar, frische Walnüsse nur sehr kurz. Sie werden leicht schimmelig.

Nur sehr selten gibt es bei uns eine reiche Walnußernte, weil der aus Vorderasien und dem Mittelmeerraum stammende Nußbaum gegenüber Maifrösten hochempfindlich reagiert. In Deutschland kultiviert man Walnüsse im milden Weinbauklima. Französische Walnüsse werden bei uns am meisten geschätzt. Sie kommen aus dem Perigord und aus Grenoble, „Noix de Grenoble" sind ein Begriff; sie sind in der Adventszeit besonders begehrt.

Mit dem riesigen Meeressäugetier hat der Walnußbaum nichts gemeinsam. Der Name kommt von „Welschen" oder „Walcher", wie die Bewohner Galliens einst genannt wurden. Der Walnußbaum kam über Gallien nach Deutschland, so daß er zu dem Namen „Walchbaum" oder „Welschbaum" kam. Im 18. Jahrhundert entstand daraus der Name Walußbaum. Auch der lateinische Name „Juglans regia" hat seine Geschichte. Die Griechen sahen in den Walnüssen die Speise ihrer Götter. Auch die Römer wollten die wertvollen Nüsse den Göttern weihen und nannten sie „jovis glans", Eicheln des Jupiter.

Insekten haben gar kein Interesse am Walnußbaum. Die Ausdünstungen seiner Blätter halten Stechmücken und Stechfliegen ab. Zerreibt man die Blätter zwischen den Händen, strömen sie einen aromatischen Duft aus. Der Duft galt im Mittelalter als reinigend. Die Krankenzimmer wurden damit ausgeräuchert, genau wie mit Weihrauch und Wacholder. Als Hofbaum war er beliebt, stand doch die Ruhebank darunter. Auf ihr war man vor stechenden Insekten sicher. Deshalb wurde er auch gerne in die Nähe der Jauchegrube gepflanzt.

Die grubig-gefurchte, braune und holzige Nußschale umschließt den hirnartig gelappten Nußkern. Dieser galt als Symbol der Fruchtbarkeit. Der Braut empfahl man in Süddeutschland, viele Nüsse zu essen. Das war eine unverblümte Forderung nach reichem Kindersegen.

Ein „Nußbauer" mußte beachten, daß Eiche und Nußbaum in alter Fehde standen. Nie wurden sie zusammengepflanzt, denn die Eiche wurde vom Nußbaum verdrängt. Tatsächlich hemmt der Walnußbaum Pflanzen, die unter seinem Laubdach wachsen.

Das harte, im Kern braune, oft streifige Holz, ist unser wertvollstes Nutzholz. Es ist das Lieblingsholz der Möbelbauer.

Der Walnußbaum ist auch eine uralte Heilpflanze. Die getrockneten Blätter sind die Drogen zur Zubereitung eines Kräutertees, der bei Entzündungen im Magen-Darm-Trakt hilft und äußerlich für Waschungen bei Hautkrankheiten, Ekzemen und Frostschäden angewendet wird. Man übergießt zwei Teelöffel der Droge mit einem Viertelliter kalten Wassers, erhitzt bis zum Sieden und läßt den Tee noch drei bis fünf Minuten ziehen.

Die grünen Fruchthüllen enthalten die „Nußbeize", ein braunes Öl, mit dem man früher die Haare färbte. Es ist gleichzeitig ein insektenabwehrendes Sonnenöl.

Oktober

Der Schuh auf dem Birnbaum

„Herr von Ribbeck auf Ribbeck im Havelland, ein Birnbaum in seinem Garten stand …" So lautet der Eingangsvers in einem Gedicht von Theodor Fontane, das früher in der Schule gelernt wurde.

Nicht der Apfelbaum, sondern der Birnbaum spielte im Volksglauben unserer Vorfahren und bei allen möglichen häuslichen oder kulturellen Anläsen auf dem Land die bedeutendste Rolle. In den Riten der bäuerlichen Familie nahm er einen festen Platz ein.

Der Birnbaum war insbesondere in der Umgebung des Hauses erwünscht. Man suchte seine unmittelbare Nähe, verhieß er doch Glück, Gesundheit und Reichtum. Häufig wurde der Birnbaum vor der Hausfassade gepflanzt, nicht allein aus einem ästhetischen Bedürfnis. Hier galt er auch als Beschützer des Hauses und seiner Bewohner vor Blitzschlag.

Doch war der Birnbaum häufig Träger einer Funktion, die weit über die schützende Bedeutung hinausging. Er war Mittelpunkt eines regelrechten Familienkults. Man pflanzte ihn beim Bau oder der Einweihung des Hauses in einer Ecke des Hofes, um die Grenze des Besitzes anzudeuten. Man pflanzte ihn anläßlich der Geburt eines Kindes, man hüllte ihn in Trauer, wenn ein Hofbewohner starb.

Vor allem aber war der Birnbaum Symbol der Fortpflanzung und der Fruchtbarkeit. Um ihn zu schützen, vergrub man an seinen Wurzeln eine Steinaxt oder eine Pfeilspitze. Um eine größere Ernte zu erreichen, verteilte man die Asche des „Weihnachtsscheitholzes" unter dem Baum. Die innewohnenden Kräfte konnten dem Menschen vermittelt werden, und umgekehrt strahlten auch die Eigenschaften des Menschen auf den Baum zurück.

Der wilde Birnbaum allerdings galt als Baum des Teufels. Er wurde in der Nähe des Hofes nicht geduldet.

Birnbaum und Apfelbaum sind das „Paar" im Obstgarten. Wurde der Apfelbaum schon in Urzeiten mit dem weiblichen Element in

Zusammenhang gebracht, so symbolisierte der Birnbaum das männliche. Eine alte Bauernregel sagt: „Willst du ein Kuhkalb, so vergrabe die Nachgeburt einer Kuh unter einem Apfelbaum; wünschst du lieber ein Stierkalb beim nächsten Mal, so vergrabe die Nachgeburt unter einem Birnbaum." Durch ihre Symbolik als Paar wurden beide, Apfel- und Birnbaum, als Liebesorakel gebraucht. Der Apfelbaum sollte die Fragen der jungen Männer beantworten, während es die Mädchen mehr zum Birnbaum hinzog.

In den Rauhnächten zwischen Weihnachten und Neujahr holten sie sich Auskunft über den Ablauf des kommenden Jahres. Um Mitternacht schlichen sich die Mädchen zum alten Birnbaum hinter dem Hof. Sie schlüpften aus ihren Holzschuhen und warfen sie auf den Baum. Blieb der Schuh an einem Zweig hängen, so sollte auch ein schöner Freier im nächsten Jahr an ihr hängen bleiben.

Hopfen und Malz

Die Tage des Sommers sind längst entschwunden, die Ernte ist eingebracht. Das alte Dorfgasthaus erwartet wieder stärkeren Besuch. Allabendlich künden rauhe Männerstimmen von einer laut „dosierten Biertischpolitik".

Jene „Wirtshauspolitologen" scheinen aus einer reich sprudelnden Quelle ihr Wissen zu schöpfen. Kein Wunder, hat doch der schäumende Gerstensaft seit eh und je die „Geister erregt".

Es ist nicht zu leugnen: Ein „Gläschen Bier", beim Wirt „an der Ecke" getrunken, hat schon viel Gutes gewirkt. Die kühle, bernsteinfarbene Labe nimmt auch dem heutigen Dasein vieles von seiner unerquicklichen Sprödigkeit.

Ein bißchen Poesie rankt sich um den „Trank der Labe". Daß dabei der Humor nicht fehlt, ist verständlich. Sprüche und Inschriften in alten Dorfschenken erinnern uns „an die gute alte Zeit", wo jeder seinen Maßkrug Bier am Stammtisch einnahm: „Die Imme bringt den Honig her, das Rößlein holt das Bier, o gelbe Last, so süß und schwer, wie schmeckst du uns und mir!" Doch mußte man auch damals schon die Warnung der Frau Wirtin vernehmen: „Die Maß – so heißt der Krug. Das Maß – nun ist's genug. Es sollen die Jungen wie Alten mit Maß die Maße halten!"

Bier und Gesang sind unzertrennliche Brüder: „Ein Liedelein ohne Bierchen, ist ein Vergnügen ohne Pläsierchen!"

Es gibt wohl unter uns Männern nur wenig „Bierverächter". Die es trotzdem sind – na – bei denen ist „Hopfen und Malz verloren".

November

Im Grauen erstarrt

Tief ist der Winter, die Nacht ist schwer.
  In den Wäldern starren Tod und Grauen,
Und aus dem Dunkel greifen tausend Klauen,
Bizarre Knochenhände, aus endlos grauem Meer.

Kalt ist das Feld, es stirbt der Teich.
Auf harten Äckern schreien tausend Krähen.
Aus eisgen Höhen klaffend Spalten gähnen.
Verschlingen Zeit und Raum und Ewigkeit.

Wenn die Blätter fallen

Die Blätter fallen, fallen wie von weit, als welkten in den Himmeln
  ferne Gärten …" So poetisch wie Rainer Maria Rilke den herbstlichen Laubfall sieht, sehen ihn die meisten Hausbesitzer und Hobbygärtner wahrlich nicht. Für sie stellt sich alljährlich immer wieder die
neue Frage: „Wohin mit dem vielen Laub?" Ihnen sei gesagt, daß Laub
eine vielfache Verwendung im Garten finden kann. Diese beginnt mit

der spätherbstlichen Mulchung junger Obstbäume, Beerensträucher und frostempfindlicher Ziergehölze, geht über die Laubbedeckung von Gartenbeeten und endet bei der Kompostierung und der Bereitung von Spezialkomposten. Man muß nur die Kniffs und Tricks kennen, wie man das in Massen anfallende Laub auf möglichst schnellem Wege wieder in den natürlichen Kreislauf der Stoffe zurückführt.

Andere verbinden mit dem Blattfall im November die tristen Tage im Nebel, der Felder, Wiesen und Gärten verschleiert und dem Monat seinen Namen gab: „Seltsam, im Nebel zu wandern! Einsam ist jeder Busch und Stein, kein Baum sieht den andern, jeder ist allein." So spricht Hermann Hesse vom Nebel im November, den unsere Vorfahren zu Recht „Nebelung" nannten.

Wandlung und Verwandlung beschert uns dieser Monat. So wie die Kälte den Saft in den Blättern erstarren läßt, sie dadurch in die Wandlung der bunten Farben treibt, so gibt es auch bei uns Menschen Außen-Ereignisse und Innen-Ereignisse, die die Ströme des Glücks, des Wohlseins verschließen, vorübergehend verstopfen.

Wandlung ist langandauernder Wechsel. Wie der Baum sein Laubkleid färbt, fallen uns zuweilen Stimmungen an. Wenn im November die Nebel wallen, leiden namentlich ältere Menschen unter Depressionen. Es fehlen die sympathisch empfundenen, aufhellenden Farbreize der Natur.

Und je älter wir werden, um so schmerzhafter empfinden wir, daß vieles plötzlich nicht mehr möglich ist: in der Familie, bei Freunden, im Beruf. Viel zu spät begreifen viele die versäumten Lebensziele, dann erst, wenn die oft grauen Jahre des Alters wehmütige Erinnerungen an längst vergangene Zeiten zurückrufen. Nichts in unserem Leben ist sicherer als der Tod. Täglich, viele, viele Male im Jahr greift er zu – und immer wieder neu sind wir ergriffen, nehmen Anteil, umso stärker, je älter und reifer wir sind.

Wir alle halten am Grab inne – einen Moment. Langsam, nachdenklich wenden wir uns ab. Plötzlich ist es so gleichgültig, daß wir es früher so unendlich eilig hatten.

Und wir werden nachdenklich beim Anblick der Grabsteine, wir lesen die eingemeißelten Inschriften, die Lebensdaten. Wir erschrecken über das Ungleichgewicht der den Menschen geschenkten Lebenszeit: „Der Tod ist groß. Wir sind die Seinen lachenden Munds; wenn wir uns mitten im Leben meinen, wagt er zu weinen mitten in uns" (Rainer Maria Rilke).

Die Zeit der Besinnung und inneren Einkehr, die jetzt ansteht, sollte uns Dank sagen lassen für die wunderbare Schöpfung, die wir Jahr für Jahr gerade in unserem Garten intensiv erleben dürfen. Diese Gedanken lassen dann auch die scheinbar grauesten Novembertage durchaus Farbe in sich tragen.

„Jägerlatein" am Hubertustag

Die ersten stillen Novembertage sind angebrochen, die ersten bunten Strecken gelegt, die hohe Zeit der Jagd gekommen. Die Jäger feiern den Hubertustag (3. November), den Gedenktag des Schutzpatrons der grünen Gilde. Manchen ist St. Hubertus Anlaß zu frisch-fröhlicher Jagd, anderen ein Tag der Besinnung über die Jagd schlechthin, über das Verhältnis zu Natur und Schöpfung.

Der heilige Hubertus war Bischof von Lüttich, der der Legende nach an einem Feiertag gejagt hat und durch das Erscheinen eines weißen Hirsches mit einem goldenen Kreuz zwischen dem Geweih zur Umkehr geführt wurde. Die Vorstellung vom Hirsch mit dem

Kruzifix zwischen den Geweihstangen fand Aufnahme in berühmten Gemälden von Lucas Cranach und Jan Breughel.

Aus der Zeit, in der durch das Verschwinden der großen wilden Wälder auch die Jagden reglementiert und durch die Stilisierung zu fürstlichen Hof- und Schauspielen wurden, stammen Sitten und Gewohnheiten, die an die handwerkliche Ausbildung der Jäger im 17. und 18. Jahrhundert erinnern: Gesellenzeit, Probestücke und Prüfungen, Jägerschlag zum Vollgenossen.

Jägerschlag und Jägerhänseln haben sich in manchen Gegenden Deutschlands bis in die heutige Zeit erhalten, wenn auch leicht verfremdet. So muß sich noch mancherorts der Schütze, der sein erstes Wild erlegt, mit einer Zeche lösen, also ein Faß Bier und einen Jagdimbiß stiften. Mit dem Hirschfänger umgürtet, erhält er vom Lehrherren einen Backenstreich, der an den Schwertschlag der Ritter erinnern soll. In Norddeutschland und in den Alpenländern haben sich solche Jagdriten teilweise bis zur Gegenwart erhalten.

Treibjagden werden am Hubertustag abgehalten, früher wahre Volksfeste, die morgens in aller Frühe mit Hörnerschall begannen und mit Jagdbällen endeten. Dazu gehörte auch das Schüsseltreiben, das gemeinsame Abendessen nach der Treibjagd. Der Jagdherr bringt ein Horrido auf das edle Waidwerk aus, der älteste oder würdigste Jagdgast bedankt sich im Namen aller anderen Jagdteilnehmer für Jagd und Gastlichkeit. Das Jägerlatein gehört zu solchen Festen: „Ein Jäger, der nicht raucht und trinkt, nicht lieber frohe Lieder singt und niemals spricht ein Wort Latein – das kann kein rechter Jäger sein."

Der Gegenspieler von St. Hubertus ist gewissermaßen der „Wilde Jäger", der aus germanischen Vorbildern entstanden ist und in der Phantasie unserer Vorfahren in unzähligen Gestalten erschien. Eng verbunden mit der Sage vom „Wilden Jäger" ist die Sage vom „Freischütz", der vielfach der Urgedanke vom ewig jagenden und nie fehlenden Jäger zugrundeliegt. „Was gleicht wohl auf Erden dem Jägervergnügen?" heißt es in der gleichnamigen Oper von Karl Maria von Weber.

Der biblische Nimrod war „ein gewaltiger Jäger vor dem Herrn". Doch das Bild des Jägers hat sich gewandelt, und heute schämt sich so mancher im grünen Rock, wenn er gar Goethes Götz von Berlichingen hört: „Die Jagd ist doch immer was und eine Art von Krieg." „Gar lustig ist die Jägerei" auch heute noch, doch vom „Jäger aus Kurpfalz" will niemand mehr etwas wissen.

„Naturgemäße Jagd" ist das Gebot der Stunde. Die Waidmänner von heute sind in erster Linie Heger und Pfleger. Sie nutzen stillgelegte Flächen als Wildäcker, pflanzen Sträucher, Hecken und Flurgehölze an Feldwirtschaftswegen, die einst dem Kahlhieb der Flurbereinigung zum Opfer fielen.

Auch mit dem Wetter legt sich der heilige Hubertus an: „Bringt St. Hubert Schnee und Eis, bleibt's den ganzen Winter weiß." „Wenn's an Hubertus stürmt und schneit, dann lege deinen Pelz bereit und heiz' im Ofen wacker ein – bald zieht die Kälte bei dir ein."

Rabenvögel im November

Novembervögel" hat sie einst ein großer deutscher Dichter genannt. Kein Zweifel, mit den „Krähen und Rabenvögeln" verbinden wir oft triste Novemberstimmung, trübe Nebeltage und

Einsamkeit: „Die Krähen schrein und ziehen schwirren Flugs zur Stadt: Bald wird es schnein – weh dem, der keine Heimat hat!" So spricht Friedrich Nietzsche in seinem Gedicht „Vereinsamt" von den Kündern des kommenden Winters.

Noch Großmutter war dem Aberglaube unserer Vorfahren verfallen und wußte zu berichten: „Wenn eine Schar Krähen am Abend auf dem Felde schreit, stirbt ein naher Verwandter." Das sagt man ja auch bis heute dem Kauz nach, wenn er in der Nacht „Kiwitt – kiwitt" („Komm mit – komm mit") ruft.

Im Volksmund machte man keine Unterschiede: Alle Rabenvögel, zu denen die verschiedenen Krähenarten gehören, wurden „in einen Topf geworfen". Es waren eben „Raben". Und das hat sich landläufig bis in die heutige Zeit gehalten. Dazu gehören auch die „eigentlichen" Raben, die Kolkraben, die früher einmal in allen waldreichen Gebieten Deutschlands Brutvögel waren, durch die starke Verfolgung seitens des Menschen aber heute nur noch im nördlichen Norddeutschland, in den Alpen und Voralpen anzutreffen sind. Da helfen auch keine Einbürgerungsversuche mehr. Selbst die „diebische Elster", die heute einen zweiten Frühling im Umfeld unserer Gärten erlebt, mußte herhalten, um das schlechte Image unserer Rabenvögel zu erhalten: „Sie klauen wie eine Atzel." „Wie ein Rabe stehlen" ist bis heute eine Redensart geblieben.

Kaum, daß im November die Nebel wallen, fallen große Scharen schwarzer Vögel auf den Feldern ein, gesellig pickend, fast im Takt. Nach ihrem heiseren, krächzenden Geschrei sind sie lautnachahmend als „Krächzer", eben Krähen, bekannt. Diese Namensgebung nach dem Ruf gilt zugleich für die gesamte Familie der Rabenvögel, zu denen sie gehören. Die Ornithologen haben sie in die Klasse der Singvögel eingereiht. Den Vogelkundlern ist dabei nicht die Schönheit des Gesanges ein Maßstab, sondern die Ausbildung des Gesangsorgans.

Schwarz bis violett-blau ist das glänzende Gefieder der Saatkrähe, die als geselliger Vogel gern in Kolonien auf Bäumen brütet, wo aus Reisig oft Dutzende Nester gebaut werden. Manchmal leben, trotz Geschrei und Gezänk, sogar Hunderte von Paaren zusammen. Saatkrähen durchsuchen gern, dem Pflug des Bauern folgend, die Ackererde nach Insekten und Würmern. Fallen sie über Getreidesaaten und reifende Feld- und Gartenfrüchte her, verursachen sie Schaden. Im Herbst und Winter treiben sie sich gerne in den Park- und Gartenanlagen der Städte umher.  Grau wie der Nebel ist die Nebelkrähe, die nur am Kopf, Vorderhals, Flügeln und Schwanz etwas schwarz ist. Sie ist im Herbst und Winter bei uns zu Gast, kommt sie doch aus Norden und Nordosten, aus den skandinavischen Ländern und aus Rußland, wo sie eigentlich ihre Brutplätze hat. Für sie ist in unserer Gegend bereits „Süden".

Ein völlig schwarzes Gefieder wie ihr größerer Verwandter, der Kolkrabe, hat die Rabenkrähe, die aber Waldbewohner ist.

Die schwarze Farbe, dazu das Krächzen, das freche Heranflattern („frech wie ein Rabe") und das scharenweise Auftauchen an grauen Novembertagen in der Nähe menschlicher Siedlungen haben bei unseren Vorfahren wohl einen so unheimlichen Eindruck erweckt, daß im Volksglauben und besonders im Märchen Rabenvögel als Unglücksvögel und Unglücksboten angesehen wurden: Ein „rabenschwarzer Tag" ist ein Unglückstag und ein „Unglücksrabe" eben ein Pechvogel. Das ging bei unseren französischen Nachbarn so weit, daß man gefangene Raben im Geäst eines Baumes vor dem Haus aufspießte, um dadurch Unglück vom Haus und seinen Bewohnern abzuhalten: „Die Raben müssen einen Geier haben." Bei alledem mag der Rabe als „Galgenvogel", der sich in der Nähe von Leichen aufhielt, eine Rolle gespielt haben.

Auch sonst mußte der Rabe als Symbol für Böses herhalten. „Rabeneltern" („Rabenvater" und „Rabenmutter") kümmern sich nicht um ihre Kinder. Beides beruht auf der falschen Annahme, daß die Rabenvögel ihre Jungen im Stich ließen. In Wirklichkeit sind die Jungkrähen wie alle anderen Rabenvögel nach dem Schlüpfen Nesthocker, die erst nach einigen Wochen flügge werden. Eine ausgeprägte Brutpflege durch die Eltern ist damit wie bei allen Singvögeln instinktmäßig festgelegt. Nach der Brutzeit halten die Geschwister in engem Verband bis zur Verpaarung zusammen: „Die jungen Raben sind wie die Alten geschnäbelt." Übrigens führen Raben eine Dauerehe.

Im germanischen Mythos hat der Rabe allerdings auch andere Fähigkeiten: So wird Odin ständig durch zwei Raben berichtet, was in aller Welt geschieht. Neben dieser Funktion als Nachrichtenübermittler wurde der „weise" Rabe vielfach auch als kluger Berater des Menschen angesehen. Teilweise sah man in ihm einen Seelenvogel, teilweise einen verwunschenen Menschen, wie es sich im Märchen von den „Sieben Raben" ausdrückt. Hier sucht das Mädchen ihre zu Raben verzauberten Brüder und erlöst sie aus einem gläsernen Berg.

Klug ist auch die Krähe in Äsops Fabel: Eine durstige Krähe fand einen Krug, halb gefüllt mit Wasser. Trotz allem Bemühen, ihr Schnabel war zu klein, um zu trinken. Da warf sie Stein um Stein in den Krug, bis sie mit dem Schnabel das Wasser trinken konnte.

In Bauernweisheiten spielen die Rabenvögel auch als Wetterkünder eine Rolle: „Eine Krähe macht keinen Winter." „Wenn Krähen und Raben schrein, stellt sich bald Regen ein." „Halten die Krähen Konzilium, sieh nach Feuerholz dich um!" „Ist groß und laut die Krähenschar, kommt bald Schnee. Das ist wahr."

Am Ende des Winters heißt es dann: „Tummeln die Krähen sich noch, bleibt noch des Winters Joch. Wenn sie vom Felde verschwinden, wärmere Tage sie künden."

Wenn die Nebel fallen

Der altdeutsche Name „Nebelung" drückt die graue November-stimmung aus. Regen- und Nebeltage, feuchte Kälte, Herbst-stürme und meist auch die ersten nassen Schneeflocken lassen den November von der Witterung her recht ungemütlich erscheinen. Im vorigen Jahrhundert waren es noch die Wölfe, die von Osten her mit der ersten Kälte in unseren Wäldern einfielen, so daß der „Nebel-mond" bei unseren Vorfahren auch „Wolfsmond" hieß.

Das Entscheidende für das bewußte oder unbewußte Unbehagen im November ist wohl die Tatsache, daß Nebel den Blick versperrt, daß er begrenzt und einengt. Wundert es, wenn der neblige November zum Totenmonat geworden ist? Geheimnisvoll und bedrückend, unklar und nicht greifbar, verschwommen etwas ahnen, ohne sicher zu sein – trifft das nicht auf den Nebel wie auf den Tod zu?

Unsere Vorfahren haben den Nebel in zahlreiche Bauernregeln ein-gebunden: „Wenn der Nebel fällt zur Erden, wird bald gutes Wetter werden; steigt der Nebel nach dem Dach, folgt bald großer Regen nach." Meteorologen bestätigen, daß nach Auflösung von Hochnebel-feldern, die auf die Erde niederfallen, wieder sonniges Wetter herrscht. Das wird auch durch diese uralten Bauernregeln erhärtet: „Grauer Morgen – schöner Tag!" „Nebliger Morgen, goldiger Abend." „Fallen-der Nebel und Nebelregen schönes Wetter zu machen pflegen." Bekannt aber ist auch: „Was als Dunst aufsteigt, fällt als Regen nieder."

Man mag dran glauben oder nicht – jedenfalls ist der Martinstag (11. November) einer der wichtigsten Lostage des Jahres, von dem man auf das spätere Wetter schließen kann. So soll der Vorbote des kommenden Winters sein: „Wolken am Martinstag, der Winter unbe-ständig werden mag." „St. Martin trüb, macht den Winter lind und lieb; ist er aber hell, macht er Eis gar schnell." „An Martini Sonnen-schein, tritt ein kalter Winter ein." „Wenn um Martini Nebel sind, so wird der Winter meist gelind; zieht die Spinne ins Gemach, kommt ihr gleich der Winter nach; hocken die Hühner in den Ecken, kommt der

Winter mit Frost und Schrecken." Und ein Spruch erinnert an den ersten Schnee, der an St. Martin fallen kann: „St. Martin kommt nach alten Sitten, gern auf dem Schimmel geritten."

Oft ist am Martinstag Schlachtfest. Meist muß auch die Martinsgans dran glauben: „Am Martinstag beißt jung und alt den Gänsebraten warm und kalt." Und aus diesem Braten konnte man nach altem Volksglauben sogar auf das Wetter schließen: „Ist die Martinsgans am Brustbein braun, wird man mehr Schnee als Kälte schaun; ist sie aber weiß, so kommt weniger Schnee als Eis."

Der Bauer mußte viel Holz vor der Hütte haben, denn nun wurde es draußen ungemütlich kalt. Schließlich durften die fleißigen Spinnerinnen und Weberinnen drinnen in der Stube nicht frieren: „St. Martin macht Feuer im Kamin, dann, oh Mädel, greif zum Rädel!"

In der Regel der Jahre aber bringt der heilige Martin noch die letzten schönen Tage des Jahres, den sogenannten Martinisommer. Davon allerdings wollen die heilige Elisabeth (19. November) und die heilige Kathrin (25. November) nichts mehr wissen. Die heilige Elisabeth bringt meist den ersten Schnee, der aber nur wenige Tage liegen bleibt. „Um die Zeit von St. Kathrein winterts gerne ein." „St. Kathrein läßt den Winter rein." Der Bauer weiß zwar, daß die heilige Katharina weiß gekleidet kommt, aber so gern hat er das nicht: „St. Katharinenschnee tut dem Kohl und Samen weh."

Die Singularitäten aber bestätigen es: Meist folgt auf einen frühen Wintereinbruch im November ein milder Hochwinter.

Ander Wind, ander Wetter

Schon seit Urzeiten bezieht der wetterkundige Bauer seine Weisheit aus erster Hand: Wind und Wolken zeigen ihm an, wie sich das Wetter wenden wird. Die uralte Bauernregel „Ander Wind – ander Wetter" wird von unseren Meteorologen bestätigt: Jede Änderung der

Windrichtung bringt ein anderes Wetter mit sich. Dreht sich der Wind urplötzlich, so kann sich der ganze Wettercharakter ändern. Fast immer verschlechtert sich das Wetter, wenn in unterschiedlichen Höhenlagen der Wind aus verschiedenen Richtungen bläst: „Ziehen die Wolken dem Wind entgegen, gibt's am anderen Tage Regen." Das ist auch bei plötzlicher Windstille der Fall: „Wenn heftige Winde sich legen, folgt Regen."

In unseren Breiten hat sich bis heute die alte Bauernregel bestätigt, daß westliche Winde feuchte Meeresluft mit sich bringen, aus dem Norden kalte Polarluft einströmt, von Osten ein trockener, recht unterschiedlich temperierter Wind weht und daß Winde aus dem sonnigen Süden unsere Temperaturen aufheizen können.

Um die Windrichtung zu messen, hatte die Landbevölkerung früher ein einfaches Mittel zur Hand: „Wirf Spreu in die Luft und du wirst sehen, woher der Wind kommt." Im allgemeinen legt sich der Wind bei Nacht, während er am Tag wieder auflebt. Ist es einmal umgekehrt, gilt die Regel: „Wind in der Nacht am Tage Wasser macht."

Der Westwind kommt vom Atlantischen Ozean her. Er führt der Atmosphäre die meisten Wassermengen zu. Über uns ballen sie sich zu dichten Wolkenfeldern und bescheren uns im Sommer manchen Landregen und im Winter bei gelinden Temperaturen Regen oder Schnee: „Oft gibt der West schönem Wetter den Rest."

Der Nordwind läßt die Temperaturen absinken. Er zieht kalte und feuchte Witterung ins Land. Vom Nordwind weiß der Landmann zu sagen: „Der Nordwind ist ein rauher Vetter, aber er bringt beständig Wetter." Beständig – das bedeutet nicht unbedingt schönes Wetter. Im Sommer heißt es über den rauhen Gesellen aus dem Norden oft: „Für die Jahreszeit zu kühl." Im Winter bringen die eher feuchten Luftmassen polaren Ursprungs Schneegestöber mit darauffolgender Kälte, die zu einer gewissen Wetterbeständigkeit führt.

Der über das große osteuropäische Flachland kommende Ostwind sorgt im Sommer für Trockenheit, im Winter für eisige Kälte. Mit Regen und Schnee hat er wenig zu tun: „Der Wind vom Aufgang ist schöner Wetters Anfang." Die trockene Luft aus dem Osten läßt eine gewisse Wetterbeständigkeit erhoffen, da sie die durch die große Wasserverdunstung über dem Atlantischen Ozean aufsteigenden Wolken nach Westen zurückdrängt: „Wenn der Wind der Sonne folgt, so bleibt das Wetter tagelang gut." Trotzdem hat es der Bauer gar nicht so gern, wenn der Wind lange aus dem Osten weht, weil man dann nicht unbedingt auf eine gute Ernte schließen kann: „Wenn der Ostwind lange weht, ein teures Jahr entsteht." Der trockene, im Winter eisige Wind, macht Menschen mit labiler Gesundheit Sorgen: „Wind im Ost bringt den Kranken schlechten Trost."

Der Südostwind hält sich nie lange. Er gleicht in seinem Charakter dem Ostwind, so wie der Südwestwind dem aus dem Süden ähnelt, ein warmer Wind, mit dem man auch seine schlechten Erfahrungen machen kann: „Weht der Wind dauernd aus Süden, ist uns Hitze und bald Ruhe beschieden." Wind aus dem Süden entlädt sich im Sommer oft in Gewittern. Im Winter taut er den Schnee weg.

Der heilige Martin und die Gans

Der heilige Martin ist der Schutzheilige der Armen, der Reiter und der Soldaten. Der Legende nach hat er seinen Mantel in zwei Stücke gehauen und mit einem Bettler geteilt. So ist er zum christlichen Symbol für Mildtätigkeit geworden. An seinem Tag begann früher das vierzigtägige Weihnachtsfasten, woran uns heute nur noch der pompöse Beginn des Karnevals erinnert. Sein Gedenktag, der 11. November, wurde in einen Zeitabschnitt gelegt, in der in vorchristliche Zeit ein dem Wotan geweihtes Herbstdankfest gefeiert wurde. Das ist auch der Grund, warum sich in das Martinsfest viele heidnische Bräuche mischen.

Martinisommer nennt man die letzte milde Wetterperiode im Jahr. Meist ändert sich das Wetter um Martini. Die Novembernebel werden oft durch den ersten Schnee verdrängt. Der Winter kündigt sich an: „Bringt Martinus Sonnenschein, tritt ein kalter Winter ein." Martini bildete vor allem in Süddeutschland den Abschluß des bäuerlichen Jahres. Ein neues Dienstjahr begann für das Gesinde. Es wechselte die Stelle und erhielt die Martinsbrezel mit auf den Weg. So wurde vielerorts gefeiert. Die jungen Leute kehrten zu den Eltern zurück und wurden dann mit Musik und Gesang zu den neuen Dienstherren gebracht.

Martini als Zinstermin war auch Ablieferungstag für Naturalien. So wurde die Martinsgans dem Pfarrer oder dem Lehrer als Deputat überreicht, später als Geschenk Verwandten und Bekannten gebracht. Fiel der Martinstag auf einen Sonntag, gab es im Dorf den Martinsball. Die jungen Burschen führten ihre Mädchen zum Tanz und mußten sie mit einem Gänsebraten bewirten: „Bei fetter Gans und Saft der Reben laß den heiligen Martin leben!"

Zu Martini hatte auch der Most ausgegärt, der neue Wein wurde getauft. Die Winzer fanden sich zum Martinstrunk zusammen und nahmen die erste Kostprobe vom Heurigen: „Kehrt Martin ein, ist jeder Most schon Wein."

Kinderfeste mit Bescherung nehmen im Namen des heiligen Martin schon die Sitten und Spiele vorweg, die eigentlich mit dem Nikolaustag verbunden sind. Äpfel, Nüsse, Pfefferkuchen, Zuckerwerk und Brezeln wurden verteilt. Martinshörnchen aus Mürbe- oder Hefeteig wurden in vielen Gegenden gebacken. Die Martinshörnchen in Hufeisenform erinnern an Wotans Roß, Sankt Martin, der Reitersmann, so heißt es, trug Wotans Mantel: „St. Martin kommt nach alten Sitten gern auf dem Schimmel angeritten."

Das Martinsfeuer wurde nach Einbruch der Dunkelheit angezündet. Tage zuvor sammelten die Kinder im Dorf und im angrenzenden Wald Reisig, Stroh und altes Kistenholz. Jedes Haus schichtete sich seinen eigenen Feuerstoß auf, so daß am Abend überall kleine Lichter aufflammten, um die die Kinder tanzten. Martinskartoffeln wurden ins

Feuer geworfen und mit schwarzer Pelle an Ort und Stelle heiß gegessen.

Auf dem ersten winterlichen Heische-Umzug sangen die Kinder Martinslieder. Sie erhielten Äpfel, Süßigkeiten oder Geld. Den singenden oder laternentragenden Kindern zog ein Junge voraus, als Sankt Martin verkleidet und auf einem Schimmel reitend. Als Laternen dienten hohle Kürbisse oder ausgehöhlte Runkelrüben. Mit einer Kerze erleuchtet und auf einen Stab gesteckt, dienten sie als Stocklaternen.

In vielen Gegenden war der 11. November der Beginn der Schlachtzeit. An Martini fanden die ersten Schlachtfeste statt: „Martini metzg ein fettes Schwein, dann wird mein Most zum Besten sein!" „Martini schlachtet man ein Schwein; es muß um Lichtmeß gegessen sein." Wenn früher im Dorf ein Schwein geschlachtet wurde, so war das nicht nur ein wichtiges Ereignis für den betreffenden Hof, sondern für alle Nachbarn und Freunde. Die Kinder auf den Bauerndörfern hatten an diesem Tag schulfrei. Der Schlachter kam ins Haus und alle Frauen, Familienangehörigen und Dienstboten halfen beim Zerlegen, Kochen, Hacken und Wurststopfen. Die Kinder bettelten um kleine, fingerdicke Würste.

Mit Freunden und Nachbarn feierte man am Abend die erledigte Arbeit. Meist gab es eine Schlachtplatte mit Wellfleisch, frisch gekochter Blut- und Leberwurst. Am anderen Tag gab es zu Mittag Fleischbrühe. Wer nicht zum Schlachtfest eingeladen wurde, der erhielt am anderen Tag Würste und Wurstbrühe ins Haus.

Wie nun die Gans und der heilige Martin zusammengekommen sind, ist umstritten. Die Gänse sind um diese Zeit zwar am fettesten; der Brauch, die Tiere feierlich zu schlachten und zu einem Festbraten zu verarbeiten, hängt wohl auch damit zusammen, daß man in heidnischer Zeit an Naturgeister glaubte und sie sich in Gestalt von Tieren vorstellte. Mit der Gans wurde also der „Sommer geschlachtet".

Damit nun der heilige Martin und die Gänse zusammenpaßten, hat man gleich mehrere Legenden erdacht. Nach der einen sollen ihn die Gänse durch ihr Geschnatter verraten haben, als er sich im Gefühl der Schwäche in den Gänsestall verkroch, um nicht das schwere Amt des Bischofs von Tours antreten zu müssen. Nach der anderen hat sich der Heilige beim Predigen durch Gänsegeschnatter gestört gefühlt. In einer Volksfabel preist schließlich die Gans, die dem Wolf entkommen war, den heiligen Martin als Nothelfer. Wie dem auch sei: Die Gänse haben stets zu Martini dran glauben müssen.

Spinn- und Strickabende

Dornröschen fiel in einen hundertjährigen Schlaf, nachdem es sich mit der vergifteten Spindel gestochen hatte. „Was ist eine Spindel?", würde heutzutage ein Kind fragen, dem man das Märchen vom Dornröschen erzählt.

In den Märchen spinnen die Königstöchter, in den Sagen die Göttinnen. Bis in die Mitte unseres Jahrhunderts gehörte das selbstgesponnene und selbstgewebte Leinen zum hochgeachteten Aussteuerschatz.

Spinn- und Strickabende gehören der Vergangenheit an. Erinnerungen an Spinnstuben und Bratäpfel werden wach. Die Bratäpfel brutzelten auf der heißen Ofenplatte. Aus der schwarzgebrannten Schale tropfte dicker, brauner Saft. Süßer Duft erfüllte den Raum.

Spinnen und Stricken waren die wichtigsten Winterarbeiten der Frauen. Zum ersten Spinnabend traf man sich in der Regel am letzten Donnerstag im November. Das konnte der Katharinentag sein. Die heilige Katharina ist die Patronin der Spinnerinnen.

In manchen Orten war es eine bestimmte Bäuerin, die die Spinnstube abhielt. In anderen Gemeinden wanderten die Spinnerinnen von
einem Haus zum anderen. Man sparte in den Dörfern. Kerzen waren
teuer, und auch das Petroleum war ein Luxus. Aber wenn man sich
abwechselnd in einer Stube zum Spinnen, Singen und Spielen traf,
dann konnte man in allen anderen das Licht sparen. Oft bildeten die
Mädchen und Frauen der verschiedenen Jahrgänge Spinngruppen, die
über die Winterarbeit hinaus zusammenhielten.

Die Spinnstube war auch eine „Erzählstube". Beim Spinnen des
Garns und beim Stricken der dicken Winterstrümpfe erzählten die
Frauen Geschichten, Märchen und Sagen. Spinnstubenlieder wurden
gesungen.

Meist trafen sich die Frauen am Nachmittag. Sie brachten Spinnrad,
Flachs und Netzetopf mit, ein Wassergefäß zum Benetzen der Finger.
Sie tranken zuerst Kaffee und aßen Kuchen, spannen dann bis zur
Dämmerung. Zu Hause wurden dann Kinder und Vieh versorgt. Mit
den Männern kehrten sie in die Spinnstube zurück. Wurst und Brot,
Branntwein oder Bier standen als Spätimbiß bereit.

Junge Mädchen schwärmten in den Arbeitspausen auch gern aus,
hielten heimlich Umschau nach ihrem Liebsten. Die jungen Burschen
durften erst später kommen, brachten Dörrobst und gebackene Süßigkeiten mit.

In den Jahren nach dem Ersten Weltkrieg wurden die Spinnabende
nach und nach zu reinen Strickabenden. Warme Pullover, Socken und
Strümpfe für den Winter wurden gestrickt.

Was aber hat der alte Bauernspruch „Spinne am Morgen, Kummer
und Sorgen. Spinne am Abend, erquickend und labend" mit der
Spinne zu tun? Die Spinne kann gar nichts dafür, daß man ihr solche
Sachen nachsagt. Die Bauern meinten einst, wer schon am frühen
Morgen mit Flachs- oder Leinspinnen anfangen müsse, der habe
Kummer und Sorgen, die es mit den Einnahmen aus dieser Arbeit zu
bannen gelte. Am Abend zu spinnen bedeutete aber, daß man es sich
gemütlich machen konnte, daß die Spinnerei eigentlich keine Arbeit,
keine auf dringenden Gelderwerb gerichtete Beschäftigung war, sondern eine liebevolle Unterhaltung und Entspannung. Man konnte

Sorgen und Kummer vergessen, Lieder singen, sich necken und vielleicht spann sich sogar manche Liebe an.

Nostalgische Erinnerungen an die „gute, alte Zeit"! Kommt sie wieder? Auf jeden Fall ist Stricken wieder zur Mode geworden.

Novemberstimmung

Regen und Wind, Nebel und Frost haben auch dem letzten Flor des Herbstes ein jähes Ende bereitet. Starr und tot erscheint uns jetzt die Natur.

Grau und geheimnisvoll umgibt uns der „Nebelung", wie der November bei unseren Vorfahren hieß. Sein milchigweißer Nebelschleier verschluckt Mensch und Tier, Baum und Strauch, Haus und Hof. Wie Phantome drehen sich die Dünste. Täuschen sie der lebhaften Fantasie nicht unheimliche Gestalten vor?

Und wie bizarr die kahlen Äste in die allzu frühe Dämmerung ragen! Gespenstisch greifen ihre knöchernen Hände in die einbrechende Dunkelheit, die alles verschlingt.

Auch das monotone Heulen der Stürme beängstigt uns; das gewaltige Rauschen der mächtigen Tannen am Rande des nahen Waldes läßt uns erschaudern.

Mit hochgeschlagenem Mantelkragen flieht man in die heimische Insel seiner Wohnung. Selbst hier ist man noch beunruhigt, wenn der Sturm an den Fensterläden rüttelt, durch die Ritzen der Rolläden pfeift und den Regen rasselnd gegen die Scheiben peitscht.

Gestecke im Herbst

Einst hießen sie „Blumenbouquets", heute nennt man sie „Gestecke". Doch schon vor mehr als 2000 Jahren war es Brauch, den Toten Blumengebinde mit in ihre Grabstätten zu geben. Und bei Ausgrabungen in jüngster Zeit stieß man auf mit Naturfasern zusammengebundene Blumenbeutelchen in ägyptischen Pharaonengräbern: Nahezu 3300 Jahre alt sind sie, noch gut erhalten, wenn auch verblaßt. In der frischen Luft hielten sie leider nicht mehr lange, jedoch blieben die verholzten Teile erhalten und gelangten in museale Aufbewahrung.

Der Kult des Blumensteckens hat sich bis in unsere Zeit erhalten, wenngleich sich die Moderichtungen über die verschiedenartige Weise des Blumenbindens zum Teil stark veränderten. Im vorigen Jahrhundert fanden Blumengestecke auch in bürgerliche Häuser Eingang. In der Romantik wandte man sich verstärkt dem liebevollen Umgang mit Blumen zu.

Unsere Großmütter besaßen in ihren Schränken viele zierliche irdene Krüge und Schalen mit durchlöcherten Deckeln, in die man frische Blumen aufrecht steckte. Von Spaziergängen brachte man Blumen nach Hause, konnte aber nicht allzuviel damit anfangen.

Man stellte ziemlich wahllos Sträuße zusammen; hier und da gab es hübsche Gebinde, die mit einer weißen Manschette zusammengehalten wurden. Aber der Wunsch, die Blüte in den Mittelpunkt zu stellen, ging in dem allzu üppigen Blattwerk, das die Blumen umgab, unter.

Anders war es in Japan, wo seit vielen Jahrhunderten ein wahrer Kult mit Blüten, Früchten und Zweigen getrieben wurde. Die japanische Kunst des Blumensteckens, das Ikebana, hat unsere heutige Auffassung, aus den Blütengeschenken der Gärten einen repräsentativen Blickfang durch bewußte und gezielte Anordnung aus Blumen, Gräsern und Rispen zu gestalten, befruchtet. Für jede Gelegenheit, ob zu Verlobung, Hochzeit, Taufe und Begräbnis, werden Blumengestecke unterschiedlicher Aussagekraft kreiert. Zu allen Festlichkeiten, zu Jubiläen und Geburtstagen, aber auch zum täglichen Erfreuen des Gemütes und zum Streicheln der Seele dienen Blumenarrangements. „Blumenbouquets" hießen sie früher, Gestecke heißen sie heute.

Für Gestveckliebhaber öffnet sich im Herbst ein Dorado unendlicher Möglichkeiten, Blumen zu stecken und zu arrangieren. Zu den letzten Dahlien und Astern gesellen sich als Dauersträuße und Trockengestecke Rohrkolben und schwingendes Schilf, Farnwedel und braune Rispengräser, Kiefern- und Fichtenzapfen, Baumporlinge und Wurzeln, Rindenstücke und Fruchtkapseln. Ein Linienspiel von Stielen, Ranken und Zweigen, ein wahrer Farbenrausch, ein Feuerwerk an buntgefärbtem Laub und grellen Früchten tobt sich aus.

Hilfsmittel finden sich immer wieder, um die üppigen Schützlinge aufzunehmen: gefütterte Weidenkörbe, Keramik in jeder Form und Farbe, Holzkübel, Tröge und Bodenvasen. Auch das Formenspiel verrät viel Phantasie: Kränze und Herzen, Kreuze und Sterne, Bogen und gefüllte Sonnen dominieren.

Wenn Bäume Trauer tragen

Tod und Trauer sind auch im Tier- und Pflanzenreich zuhause. Manche Blumen heißen im Volksmund Totenblumen. Sie gehören wie Tagetes und Ringelblume zum Grabschmuck auf unseren Friedhöfen. Die Totentrompete hat eine nebelgraue Farbe, gehört aber zu den besten Speisepilzen. Nicht oft ist der „Tod" Bestandteil eines Tiernamens. Solche Tiere sind beliebte Objekte des Aberglaubens, und manchen von ihnen haftet sogar etwas Unheimliches an.

Jedermann kennt den „Totenvogel". Wahrlich ein furchterregender Name für den harmlosen Steinkauz! Das nachtaktive Tier kann geräuschlos fliegen. Da es ferner menschliche Bauten, wie Scheunen,

Türme und Bunker, als Wohnort liebt und einen seltsamen Ruf ausstößt, war das Urteil des Volkes rasch gesprochen. Sein nächtliches Rufen „guh, kiwitt, kwiu" läßt sich mit einiger Phantasie auch als „komm mit" deuten. Der Totenvogel ruft also den kranken Menschen zum Friedhof.

Genauso unheimlich sind die Töne, die der Klopfkäfer hervorbringt. Im Volksmund heißt er auch die Totenuhr. Seine Larven leben im Holz, gerne in alten Möbeln. Der Käfer schlägt mit seiner Stirn von innen gegen das Holz, so daß es geheimnisvoll klopft und tickt wie eine Uhr. Sie mahnt an die Vergänglichkeit alles Irdischen und kündet den Tod eines Menschen an. Durch die Löcher alter „wurmstichiger" Möbel schlüpfte der Klopfkäfer aus seinem Gefängnis.

Auch der Totenkäfer beunruhigt abergläubische Menschen. Das schwarze Tier liebt dunkle Orte, morsches Holz in Ställen und Kellern, und manche glauben, sogar das Sargholz im Grab. Zu den Waldpolizisten aber gehört der Totengräber. Der Käfer verscharrt in Gemeinschaftsarbeit kleine Tierleichen und sichert damit seinen Larven eine üppige Speisekammer.

Der Totenkopfschwärmer ist wohl der größte Schmetterling Mitteleuropas. Seine Name kommt von der Zeichnung auf seinem Rücken her: Dort sieht man einen menschlichen Schädel mit zwei schwarzen Augenhöhlen, darunter gekreuzte Röhrenknochen. Das friedliche Tier ernährt sich gerne vom Saft „blutender" Bäume. Sein lateinischer Name läßt ebenso Schlimmes vermuten: „Acheron" ist der Fluß der Unterwelt, „Atropos" ist die Parze, die den Lebensfaden durchschneidet.

In seinem Bestand stark bedroht ist heute der Trauermantel, einer unserer schönsten Tagfalter. Seine glänzenden samtschwarzen Flügel gaben ihm den Namen. Mit ihm verbindet der Mensch kein drohendes Unheil.

Manche Bäume in Parks und Gärten „tragen Trauer". Sie lassen ihre langen, schlanken und biegsamen Zweige tief nach unten hängen. Die Gärtner nennen diesen merkwürdigen Wuchs der Bäume „Trauerform". Im Spätherbst und im Winter sehen diese „trauernden" Bäume geradezu majestätisch aus, wenn Rauhreif und Eis die hängenden Zweige bedecken.

Am bekanntesten ist die Trauerweide. Aber auch Ulmen, Birken, Eschen, Buchen und Zierkirschen können „Trauer tragen". Die Trauerformen von Bäumen hat kein Gärtner „erfunden", aber die Natur ist oft erfinderisch. Im engen Buchenwald hätte eine Trauerbuche keine Überlebenschance. Da muß jeder Baum in die Höhe streben. In Park und Garten dürfen sie ihre Äste hängen lassen. Uns Menschen gefallen solche merkwürdigen Pflanzen, deshalb werden sie als „Trauerbäume" gezüchtet.

Der beliebteste Baum unter den Weiden ist die Trauerweide, die ihren Standort in den Parkanlagen gefunden hat. Schon Napoleon liebte sie. In seiner Verbannung auf der Insel St. Helena hatte er seinen Lieblingsplatz unter dem mächtigen Schattendach einer Trauerweide.

Lange Zeit glaubte man, die Trauerweide stamme aus Babylon. Deshalb führt sie den lateinischen Namen „Salix babylonica". War sie der Baum in der Bibel, unter dem die Juden während ihrer babylonischen Gefangenschaft saßen und weinten? „An den Wassern zu Babel saßen wir und weinten, wenn wir an Zion gedachten. An die Weiden hängten wir unsere Harfen." Das Weinen und Klagen der Juden unter den babylonischen Weiden gab den Trauerweiden ihren ursprünglichen Namen.

Die alte babylonische Trauerweide wird jedoch heute bei uns nur noch selten angepflanzt, da sie nicht frostsicher ist. Heute „trauert" bei uns in den Parkanlagen eine Weidenart, die aus einer Kreuzung zwischen der alten Trauerweide und der heimischen Silberweide entstanden ist.

Wohin mit dem Laub?

„**D**ie Blätter fallen, fallen wie von weit, als welkten in den Himmeln ferne Gärten …" So poetisch, wie Rainer Maria Rilke den herbstlichen Blattfall beschreibt, denken viele Gartenbesitzer wahrhaftig nicht. Für sie stellt sich im November immer wieder die Frage: „Wohin mit dem Laub?"

Ahmen wir den natürlichen Kreislauf der Stoffe in einem Mischwald nach, löst sich die Frage von selbst. Die Natur füttert ihre Kinder nicht mit fertigen Nährlösungen. Sie ernährt vielmehr das millionenfache Leben im Boden mit den Abfällen der Pflanzenwelt, mit Laub und Nadeln, mit Zweigen und Früchten, Gras und Kraut.

Im Garten ahmen wir den natürlichen Vorgang der Humusbildung durch Kompostierung und Bodenbedeckung (Mulchung) nach. Dafür ist Laub ein wertvolles Material. Weil Bäume ausgedehnte Wurzelsysteme haben, holen sie ihre Nährstoffe tief aus der Erde herauf. Ein großer Teil dieser Mineralien gelangt in die Blätter. Das meiste Laub enthält Pfund für Pfund doppelt so viel Mineralstoffe wie Dung.

Viele Leute verzichten auf Laub im Kompost, weil sie Ärger damit haben, daß es zusammenbackt und der Verrottung widersteht. Laub ist relativ stickstoffarm, so daß ein Haufen Blätter allein vielleicht Jahre braucht, um sich völlig zu zersetzen. Unterscheiden aber muß man zwischen schwer verrottbarem Laub wie dem von Eiche, Walnuß, Kastanie, Weide, Buche oder Pappel und leicht rottbarem Laubmaterial wie dem von Birken, Eschen, Ulmen und Obstbäumen.

Bei der Kompostierung von Laub sollten verschiedene Regeln unbedingt beachtet werden: Verschiedene Laubarten sind zu mischen, wobei vorzugsweise leicht rottbares Laub zu nehmen ist. Das zu kom-

postierende Laub muß feucht sein. Es darf niemals in Klumpen aufgesetzt werden. Reines Laubmaterial läßt sich am besten mit gehäckseltem Heckenschnitt vermischen, damit eine bessere Sauerstoffzufuhr erreicht wird. Eine Vermischung mit anderen organischen Materialien fördert die Verrottung. Laub braucht unbedingt zusätzlichen Stickstoff, um den hohen Kohlenstoffgehalt auszugleichen. Empfohlen wird eine Beigabe von Stallmist zur Erreichung einer hohen Anfangstemperatur, eine Mischung von frischem Rasenschnitt und Laub im Verhältnis 1:1 und eine Zugabe von Blut- oder Knochenmehl, um den Stickstoffanteil zu erhöhen. Laubmaterial ist jedoch säurehaltig und sollte mit etwas Kalk bestäubt werden. Ein Zuschlag von Gesteinsmehl fördert die Verrottung. Der Ausspruch unserer Vorfahren „Laub macht den Boden taub" bezog sich vornehmlich auf die schwer verrottenden Laubarten Eiche und Walnuß. Reiner Laubkompost sollte unbedingt im späten Frühjahr umgesetzt werden.

Wenn nicht alles Laub kompostiert werden kann, so erfüllt es vornehmlich bei Dauerkulturen in Form der Bodenbedeckung eine ausgesprochen günstige Mulchwirkung. Hervorragend geeignet ist die herbstliche Bodenbedeckung der Beerensträucher. Auch unter Hecken und Obstbäumen erfüllt die Laubmulchung den natürlichen Prozeß des Recycling: Wertvolle organische Substanz wird von Regenwürmern und Mikroorganismen im Boden „verdaut" und schließlich mineralisiert. Bei der Mulchung von Beeten spielt sich der gleiche natürliche Stoffkreislauf ab. Im Frühjahr rechelt man das übriggebliebene Laub ab und mischt es in den Komposthaufen. Kälteempfindlichen Gehölzen hilft eine Laubmulchschicht als Frostschutz im Wurzelbereich der Pflanzen.

Die „Hefeimpfung", ein altes Hausrezept der Kompostierung, beschleunigt die Wärmeentwicklung bei kalter Herbstwitterung. In einem Eimer (10 Liter) mit ca. 40 Grad warmem Wasser löst man 400 Gramm Zucker und einen Würfel Backhefe auf. Die Lösung, die mit der Gießkanne gleichmäßig über das Kompostmaterial verteilt wird, bringt den Komposthaufen trotz Nachtfrost in wenigen Tagen zu 50 Grad Wärme.

❧ Dezember ☙

Licht im Advent

Im lichtarmen Monat Dezember verschlossen unsere Vorfahren Fenster und Türen, um Kälte und bösen Winterunholden keinen Einlaß zu bieten. In der häuslichen Gemeinschaft der Großfamilie aber brannten Dochtlampen und Kerzen, um in den dunklen Mittwintertagen den Raum zu erleuchten, denn Licht bedeutete Leben.

Es wundert nicht, daß bei vielen Völkern das Licht mit dem Leben gleichgesetzt wurde, die Finsternis aber mit Tod, Unglück und Untergang. Manche Mythen ranken sich um den Kampf lichter, strahlender Helden mit den Kräften und Mächten der Finsternis. Auch im Alten Testament beginnt die geordnete und lebendige Welt mit der Erschaffung des Lichtes: „Und Gott sprach: Es werde Licht! Und es ward Licht. Gott sah, daß das Licht gut war. Gott schied das Licht von der Finsternis."

Es erstaunt auch nicht, wenn der dunkelste Monat des Jahres voll von Sehnsucht nach Licht, Sonne, Wärme und Leben ist. Wolfsmond nannten unsere Vorfahren treffenderweise den Dezember, weil der Wolf mit seinem weiten Rachen das Licht der Sonne verschlungen hatte.

Die Sehnsucht nach Licht kam bei den mittwinterlichen Sonnwendfeiern der alten Germanen zum Ausdruck, und auch das Christentum hat an dieser symbolischen Gleichsetzung von Licht und Leben festgehalten.

Im Jahre 354 hat die Kirche das Geburtsfest Christi vom 6. Januar auf den 25. Dezember verlegt, um dem Mithraskult Anhänger abzuwerben. Bei Ägyptern, Syrern, Griechen und Römern wurde der Geburtstag des Sonnengottes Mithras am 25. Dezember gefeiert. Der Lichtgott Mithras tötete den Urstier, dessen vergossenes Blut zum Quell des Lebens wurde. Die Liturgie des Mithras kannte eine Taufe durch Untertauchen, ein Fasten und ein Opfermahl mit Wein und Brot.

Schon in vorchristlicher Zeit wurden die Nächte nach der Wintersonnenwende „geweihte Nächte" genannt. Nach germanischem Volksglauben stand am Tag des „Julfestes" (Wintersonnenwende) das Sonnenrad still. Dieser scheinbare Stillstand der Sonne dauert etwa zwölf Tage. Da die Germanen die Nächte und nicht die Tage zählten, spricht man von den „Zwölf Nächten". Wenn die Sonne wieder sichtbar höher stieg, so war damit der Beweis erbracht, daß die Kräfte des Lichtes über die Mächte der Dunkelheit gesiegt hatten.

Die „Zwölf Nächte" zwischen Weihnachten und Dreikönig heißen auch die „Rauh- oder Rauchnächte". Sie dienen als Orakeltage für Wetter und Schicksal in den kommenden zwölf Monaten. Der Name kommt vom Ausräuchern der bösen Geister und Dämonen.

In diesen Nächten „zwischen den Zeiten" ging es neben der Abwehr der bösen Geister durch Ausräuchern und Vertreiben mit Geknalle und lärmenden Umzügen vor allem um das Licht, das die Dunkelnächte im Mittwinter und das kommende Jahr erhellen sollte. So haben auch die Feuerwerke an Silvester ihren Ursprung in den alten Sitten unserer Vorfahren, durch Knallen und Licht die Dunkelheit zu verjagen.

Das Licht des Sterns von Bethlehem wies den Magiern aus dem Morgenlande den Weg. Im Advent zünden wir Kerzen an. Nur wegen des warmen und gemütlichen Scheins? Nur weil es so Brauch ist? Oder auch, weil diese Lichter Symbole der Hoffnung sind, Kennzeichen des Sieges über alles Dunkle, Starre und Unheimliche, Bedrohende und Bedrückende, ein Ausdruck der Freude? In weihnachtlichem Kerzenschimmer und Lichterglanz mögen viele Bedeutungen zusammenwirken: Vorfreude auf lange und helle Sonnen- und Sommertage, eine Atmosphäre der Feierlichkeit und Festtagsstimmung, christlicher Symbolcharakter und unbewußter Ahnenglaube. Aber eines ist sicher: Licht vertreibt die Dunkelheit.

„Trugen nicht tausend Bienen
den Sommer der Wiesen
heim und bauten daraus
die goldenen Waben?
Leuchten uns nicht
die jubelnden Gärten aus diesen
honigfarbenen Kerzen,
die wir entzündet haben?"

So spricht der saarländische Dichter Johannes Kirschweng vom Licht im Advent. Er gibt uns in den dunklen Mittwintertagen Hoffnung auf lichte Zeiten.

Den Winter überlisten

Blühende Kirsch- und Apfelbaumzweige bringen einen Hauch Frühling in die dunkle Mittwinterzeit. Wem das Warten auf den Lenz schwerfällt, der kann der ersehnten Blütenpracht schon mal auf die Sprünge helfen. Wie das geht? Erst Frost, dann Wärme!

Schon lange vor dem kalendarischen Frühling können Blütenzweige unsere Wohnung schmücken. Sie werden als Andreas- und Barbarazweige nach bestimmten Ritualen geschnitten und schließen einen Fruchtbarkeitskult unserer Vorfahren ein.

Dezember

Ende November oder Anfang Dezember sind die Knospenanlagen ausgereift, und die Zweige haben in der Regel den erforderlichen Kälteschock schon hinter sich. Von nun an können Kirsch- und Apfelzweige, Zweige von Wildkirschen, Zierquitten und Kornelkirschen, Birnen-, Pfirsich- und Pflaumenzweige, Zweige von Schlehen, Weißdorn, Blutjohannisbeere und Forsythia innerhalb von drei bis vier Wochen zum Blühen gebracht werden. Recht dekorativ ist dabei die bunte Mischung von Kirsch- und Apfelzweigen, Forsythia, Kornelkirsche und der Blutjohannisbeere, wobei die Blüten der letzteren wegen der fehlenden Taghelle nicht rot werden, sondern in einem blaßgrauweißen Schimmer blühen.

Hat es in einem milden Vorwinter bis Ende November noch keinen richtigen Frost gegeben, so lassen sich kleine Zweige durch einen kurzen Aufenthalt in der Tiefkühltruhe zur Blütenentfaltung überreden. Die Zweige sollten dabei drei bis vier Stunden dem Frost ausgesetzt werden. Nach der Kälteeinwirkung stellt man die Zweige zuerst mal für einen Tag zur Eingewöhnung in einen kühlen, luftfeuchten Raum, zum Beispiel in einen Keller. Schräg angeschnitten werden sie dann in eine Vase mit lauwarmem Wasser gestellt. Täglich sollte das Wasser gewechselt werden. Damit die zu trockene Heizungsluft den Knospen nicht schaden kann, müssen die Zweige täglich ein- bis zweimal mit Wasser besprüht werden.

Die Andreasnacht (30. November) galt bei unseren Vorfahren als Zauber- und Orakelnacht. In ihr öffnen sich in den Märchen die Berge: Elfen und Zwerge treiben ihr Wesen und verraten verborgene Schätze. Verwunschene Jungfrauen finden in den Mittagsstunden des Andreastages Erlösung. In den Seen hört man versunkene Glocken läuten, man kann die geheimnisvolle Wünschelrute finden, die Sprache der Tiere verstehen und den Liebenden wird auf jeden Fall geholfen. Und gibt man sich am Andreastag das Ja-Wort, so führt das zu einer besonders glücklichen und langen Ehe.

Der Apostel Andreas gilt als Künder der Zukunft. So befragen ihn die unverheirateten Mädchen, wer ihr Zukünftiger wird. Sie trinken vor dem Schlafengehen zwei Becher Wein und glauben dann, im Traum den zukünftigen Mann zu erblicken. Äpfel werden so geschält, daß eine unzerschnittene Schalenschlange entsteht. Diese wirft man hinter sich. Kann man aus der Schale einen Buchstaben lesen, so ist das der Anfangsbuchstabe vom Namen des Zukünftigen.

Andreaszweige werden am 30. November geschnitten. Sie blühen in der Weihnachtszeit und bringen besonders viel Glück, wenn man sie am Andreasabend um neun oder nachts um zwölf Uhr bricht. Die Andreasreiser müssen von sieben- oder neunerlei Sträuchern oder Bäumen stammen: Himbeeren, Johannisbeeren, Stachelbeeren, Holunder, Roßkastanie, Pflaume, Apfel, Birne und Süßkirsche. Beim Schneiden darf man nicht gesehen werden. Von den jungen Mädchen werden je drei Zweige mit einem farbigen Band umschlungen. Die drei Zweigbündel bedeuten drei Wünsche an Weihnachten, wenn sie aufblühen.

Im Bergmannsland an der Saar sind die Barbarazweige, geschnitten am 4. Dezember, bekannter als die Andreaszweige. Die heilige Barbara ist die Schutzpatronin der Bergleute. An ihrem Namenstag holt man Zweige vom Apfel- oder Kirschbaum ins Haus und stellt sie in eine Vase mit lauwarmem Wasser. In der Wärme des Zimmers schwellen und treiben die Knospen. An Weihnachten brechen die Blüten hervor. Der blühende Barbarazweig wird auch als Orakel betrachtet. Springen die Knospen tatsächlich auf, so deutet das auf eine baldige Hochzeit hin. In manchen Gegenden gaben die Mädchen jeder Rute den Namen eines Verehrers. Die zuerst aufblühende Rute weist auf den zukünftigen Bräutigam hin.

Anstelle von Kirsch- und Apfelzweigen werden heute vielerorts auch Zweige von der Forsythia, vom Schleh- und Weißdorn als Barbarazweige geschnitten. Sie blühen früher auf.

Eine alte Bauernregel sagt am Barbaratag das Weihnachtswetter voraus: „Geht Barbara in Grün, kommt's Christkind in Weiß."

Von primitivsten Wesen versklavt

„Drei Tage kommt er, drei Tage steht er, drei Tage geht er." Wer? Der Schnupfen, der zwar sehr lästig ist und das Wohlbefinden beeinträchtigt, in der Regel aber von kurzer Dauer ist. Durch ein Kitzeln in der Nase kündigt er sich gerne an. Mag das Kitzeln auch noch angenehm sein, das heftige Niesen ist es nicht mehr. Das ist zwar sprichwörtlich gesund, doch nur für den Absender, nicht für den Empfänger. Die in kleine Schleimtröpfchen vermummten Viren suchen sich neue Opfer. Von allein nicht lebensfähig – wie Köpfe ohne Körper – müssen sie sich fremdes Leben borgen. Rätselhaft: Die primitivsten Wesen der Erde sind fähig, das höchstentwickelte zu ihrem Sklaven zu machen.

300 verschiedene Viren sind als Erreger von Erkältungskrankheiten bekannt, die als „grippale Infekte" gelten, doch mit der echten Grippe (Influenza) nur wenig gemeinsam haben. Und 100 Virusarten können einen Schnupfen erzeugen. Man kann also sicher sein, mit jeder neuen Laufnase einen anderen Erreger zu Gast zu haben.

Tröpfcheninfektion nennen es die Mediziner, wenn die Schnupfenviren beim Niesen, Husten, Räuspern oder Sprechen übertragen werden. Und zwei Meter sind keine unüberbrückbare Distanz.

Lachen ist gesund. Das gilt auch für das Küssen. So jedenfalls die Psychologen. Aber wer läßt sich schon gerne mit schleimtropfender Nase und rot entzündeten Augen küssen? Nur der, den „Liebe blind macht".

„Böse Augen stecken durch den Blick, so wie böser Atem durch den Anhauch an, besonders, wenn der böse Wille damit verbunden ist." So steht es im „Magischen Handbuch der Sympathie von 1858". Auch bei anderen Symptomen von Erkältungskrankheiten wußten unsere Vorfahren Rat. Bei Halsschmerzen empfahlen sie: „Über Nacht einen wollenen Strumpf, den ein gesunder starker Mann getragen hat, um den Hals binden!" „Bei Fieber koche man ein Ei in des Kranken Urin und vergrabe es in einen Ameisenhaufen. Sobald die Ameisen das Ei verzehrt haben, ist das Fieber weg." Auch „ein Schwalbenherz, mit Honig gegessen", sollte bei Fieber Heilung verschaffen.

Das „fleißige Handauflegen" war ein viel gepriesenes Mittel bei Entzündungen im Kopfbereich. Der Glaube an Zauberei und Hexerei war noch gegen Ende des vorigen Jahrhunderts im Ostertal weit verbreitet. Das Handauflegen wird noch 1885 berichtet. So haben Marther Eltern ihre kranken Kinder nach Hoof gebracht, wo in der „Aacht" eine 80jährige Frau das „Brauchen pflegte".

„Beim Niesen soll man die Hände in warmem Wasser waschen, die Augen und Ohren und Fußsohlen mit den Fingern reiben." Das kitzelte wohl auch. Mag sein, daß der Reflex auf der Fußsohle, das Kitzeln in der Nase unterdrückte.

Bei Husten („Bettelmannshusten") – worunter wir heute wohl die Lungenschwindsucht vornehmlich der armen Leute zu verstehen haben – wurde „viel Küssen" empfohlen. Haben sich unsere Vorfahren daran gehalten, wird auch die epidemieartige Ausbreitung der Tuberkulose verständlich.

Gegen Schnupfen und Erkältungskrankheiten gibt es keinen Impfschutz, gegen die echte Grippe nur, wenn es sich um ein schon bekanntes Virus handelt. Doch Viren bedienen sich teuflischer Tricks, um den Abwehrmechanismus des menschlichen Körpers zu täuschen und zu hintergehen.

Es gibt wirklich typisches Grippe-Wetter: Naßkaltes, trübes, rasch wechselndes Wetter begünstigt das Entstehen von grippalen Infekten. Trockene Kälte behagt den Viren überhaupt nicht. Sonniges Winterwetter nimmt ihnen jegliche Chance der Verbreitung, und Sonne stärkt die Abwehrkräfte des Körpers.

Die Ärzte der Antike glaubten an einen „inneren Arzt" im Menschen, an jene Selbstheilungskräfte, die uns davor schützen, daß die ständig aus der Umwelt in unseren Organismus eindringenden Krankheitserreger eine Krankheit auslösen. Sie wußten auch, daß Vorbeugen besser als Heilen ist. Ein sicheres Mittel gegen Erkältungskrankheiten ist die konsequent betriebene Abhärtung des Körpers das ganze Jahr über. Ausgedehnte Spaziergänge, Bewegungs- und Atemübungen an frischer Luft, regelmäßige Saunabesuche und eine vernünftige Vitamin-C-reiche Ernährung tragen dazu bei, den Körper zu immunisieren. Wer sich täglich morgens zu Wechselduschen durchringen kann, hat auch einen wichtigen Schritt zur Vorbeugung getan: Drei Minuten so heiß wie erträglich, zwanzig Sekunden so kalt wie möglich – dreimal hintereinander. Ist die Erkältung trotz Abhärtung und Vitaminen nicht zu stoppen, sollte man nicht gleich mit „Kanonen auf Spatzen schießen". Altbewährte Hausmittel und Heilkräutertees sind zumindest einen Versuch wert. Kamillen-Dampfbäder, heißer Holunderblütentee und Lindenblütentee in Verbindung mit einer Schwitzkur sind zu empfehlen.

Dazu nehme man Heilpflanzenpräparate zur Steigerung der Abwehrkräfte mit den Wirkstoffen des Sonnenhutes (Echinazin) und des Wasserdosts (Eupatorium). Zum frischen Verzehr empfehlen sich keimtötende Heilpflanzen mit natürlichen „Antibiotika" wie Knoblauchzehen und Zwiebeln, Brennesselblätter und Senfsamen, Meerrettich, Kapuzinerkresse und Gartenkresse. Menschen, die regelmäßig frischen Knoblauch essen – mindestens ein bis zwei Zehen pro Tag – erkranken selten an grippalen Infekten. Doch leben wir nicht auf dem Balkon, wo der äußerst penetrante Geruch, der noch stundenlang nach dem Verzehr vom Körper ausgedünstet wird, von den Umstehenden nicht wahrgenommen wird, weil er dort zu den „täglichen Gerüchen" gehört.

Nikolaus kommt ins Haus

„Von draußen, vom Walde her" kommt Sankt Nikolaus am 6. Dezember zu den Kindern. Die christliche Legende besagt, daß der heilige Nikolaus von Myra wegen seiner Freigebigkeit sehr verehrt und geliebt wurde. So vernahm Nikolaus die Klage eines Vaters, der zu arm war, um seinen drei Töchtern eine Aussteuer zu geben. Dem Vater blieb nichts anderes übrig, als die Mädchen zum Betteln

auf die Straße zu schicken. Dies erregte das Mitleid des Heiligen. Er warf dem Vater in drei aufeinanderfolgenden Nächten Goldklumpen durch den Schornstein, so daß sie in den Strümpfen und Schuhen der Mädchen landeten, die dort zum Trocknen vors Feuer gehängt bzw. aufgestellt waren. Mit dieser Aussteuer bekam jedes Mädchen einen Mann.

Sankt Nikolaus hat bei uns mehr und mehr den hl. Martin verdrängt, der der erste volkstümliche Heilige in Europa war und die Kinder bescherte. Ursprünglich wurden nur die Knaben beschenkt, die Mädchen erhielten am Tag der hl. Lucia (13. Dezember) ihre Geschenke.

In vielen Gegenden zog der Nikolaus in schönem Gewande und auf einem Schimmel durch Dorf und Stadt, mancherorts im Schlitten über die Dächer, begleitet von Knecht Ruprecht oder anderen struppigen Gestalten, die die Kinder schreckten.

Der Streich mit der Rute bedeutete ursprünglich keine Strafe, sondern Segen: die Rute ist das lebendige Reis, dessen Berührung Fruchtbarkeit verheißt. Zur strengen und drohenden Rute ist der Zweig erst im Laufe der Zeit geworden, als man den alten Sinn völlig vergessen hatte und das Bestrafen der „bösen" Kinder eine größere Rolle spielte.

Im Gefolge des heiligen Nikolaus stoßen wir immer wieder auch auf seine bärtigen Begleiter, deren Namen anzeigen, daß es sich ursprünglich um böse Geister oder Winterunholde handelte: Pelznickel, Hans Trapp, Polterklaus, Schlagpelz. Diese sind aber durch die Kraft des Heiligen „gezähmt". Das Pferd des Heiligen erinnert an Sleipnir, das achtfüßige graue Pferd Odins in der nordischen Sage.

In manchen Orten tritt Nikolaus auch leibhaftig auf, im Bischofsgewand mit Mitra und Stab, fragt die Kinder aus, lobt und tadelt sie. Brave Kinder finden dann am nächsten Morgen Süßigkeiten in ihren Schuhen. Nicht „Nüsse und Mandelkern", sondern Äpfel waren früher in Deutschland das typische Nikolausgeschenk, die wohl nach der christlichen Legende die Rolle der Goldklumpen spielten. Zudem ist der Apfel der nordischen Göttin Iduna heilig. Sie ist die Göttin der ewigen Jugend und der Unsterblichkeit. In einer goldenen Truhe verwahrt sie die elf „Äpfel des Lebens", welche die Kraft der ewigen Verjüngung besitzen. Die Bescherung soll also auch andeuten, daß das Leben nach den dunklen Mittwintertagen weitergeht.

Mysterien um die Mistel

Wenn es um besonders ausgefallene Pflanzen gehen soll, wird gewöhnlich die exotische Botanik der Tropen bemüht. Tatsächlich lassen sich hier zahlreiche Arten auftreiben, deren Lebensumstände irgendwo zwischen kurios und phantastisch einzuordnen sind. Die heimische Pflanzenwelt kann da jedoch durchaus mithalten. Die sagenumwobenen Misteln sind beispielsweise solche Geschöpfe, die schon seit Jahrhunderten Verwunderung auslösen. Misteln sind für Biologen, Pharmazeuten, Mediziner, Kulturhistoriker und Kunstgeschichtler gleichermaßen ein Thema: Als Arzneipflanze, in Brauchtum oder Mythologien und natürlich in allen Arbeitsbereichen der wissenschaftlichen Botanik taucht die Mistel als echter Evergreen mit ungebrochener Attraktivität auf, zumal sie einen exponierten Wuchsplatz hat: Sie hat den Bodenkontakt vollends aufgegeben und hält sich nur noch in höheren Regionen des Geästs bestimmter Baumarten auf. Am bekanntesten sind die Laubholz-Misteln, die vor allem Weichholzarten wie Pappel, Linde, Weide, Ahorn und Apfelbaum heimsuchen; Rotbuchen sind gegen Misteln dagegen völlig resistent, und Eichen, Ulmen und wenige andere Gehölze werden höchst selten befallen.

In der Mittwinterzeit reifen ihre weißen Beeren mit dem ungewöhnlich schleimigen, zähklebrigen Fruchtfleisch, mit dem sogar Vögel ihre Schwierigkeiten haben. Sie versuchen, die Klebemasse mit den darin verpackten Samen an den Ästen abzuwischen, wo sie hängen bleiben und im nächsten Jahr zu keimen beginnen. Hungrige Wacholder- und Rotdrosseln und Seidenschwänze, meist Wintergäste aus dem hohen Norden, aber auch Spechte und Eichelhäher fressen mit Vorliebe die schleimigen Früchte. Früher wurde das Klebzeug den Vögeln oft zum Verhängnis: Vogelfänger bestrichen ihre Leimruten damit und machten so leichte Beute.

Hoch oben in den kahlen Baumwipfeln grünt das kugelige Büschelnest der Mistel, das von weitem einem Eichhörnchenkobel täuschend ähnlich sieht. Schließlich werden Misteln bis zu 70 Jahre alt und können dabei Kugeln mit über einem Meter Durchmesser entwickeln. Das Alter eines Mistelstrauches läßt sich durch Abzählen der Verzweigungsstellen zuverlässig ermitteln.

Misteln sind zweihäusig, tragen also jeweils nur weibliche oder nur männliche Blüten. Eigenartigerweise gibt es bei den Pflanzen wie sonst bei keinem anderen heimischen Gehölz einen deutlichen Frauenüberschuß: Es kommen ungefähr dreimal so viele weibliche wie männliche Büsche vor. Für die Bestäubung aber reichen die wenigen Mistelmänner offenbar vollends aus.

Die auf den Weihnachtsmärkten überall angebotenen Mistelzweige stammen fast ausschließlich aus der Lothringer Schichtstufenlandschaft des Muschelkalks und des Keupers, wo diese geheimnisvolle immergrüne Pflanze besonders häufig auftritt und auf Obstbäumen als Halbschmarotzer ein höchst ungern gesehener Gast ist. Jedenfalls braucht der Verbraucher noch kein schlechtes Gewissen zu haben, seine Wohnung in der Adventszeit mit einem Mistelzweig zu schmücken oder die zauberkräftigen Büschel als Glücksbringer über die Haustür zu hängen.

Immergrüne Zweige haben unsere Vorfahren schon in vorchristlicher Zeit in Haus und Hütte geholt. Sie sollten als Symbol der ewigen Lebenskraft die bösen Dämonen verscheuchen. Als besonders zauberkräftig galten Eibe und Buchsbaum, Fichte, Kiefer und Tanne, Efeu und Mistel, Wacholder, Rosmarin und Immergrün, die Stechpalme und der Lorbeer.

Die Stechpalme (Ilex) ist mit ihren stachligen Blättern Symbol der Dornenkrone, mit ihren roten Beeren Symbol der Blutstropfen Christi. Zudem wird die Stechpalme als männliche Pflanze betrachtet, die Kletterpflanze Efeu als Symbol für das weibliche Anschmiegen und Anklammern. Im Weihnachtsgrün wird auch der Kampf der Geschlechter dargestellt.

Eine wintergrüne Pflanze, die zudem nicht aus der Erde herauswächst, sondern in den Bäumen nistet, mußte bei unseren Vorvätern besonders geheimnisvoll sein. Die besondere Vorliebe für Mistelzweige ist sicherlich keltischen Ursprungs. Asterix-Kenner werden sich an den Druiden Miraculix, einen keltischen Zauberpriester erinnern, der die Misteln büschelweise von den Bäumen holte und daraus einen kräftespendenden Sud braute. In feierliches Weiß gekleidet, schritten die Druiden während der winterlichen Sonnwendfeiern in den Wald zu den heiligen Eichen, auf denen Misteln wuchsen. Der älteste Priester kletterte auf den Baum, schnitt mit einer goldenen Sichel die Mistelzweige ab, die in einem weißen Tuch aufgefangen wurden. Der Zweig durfte nicht die Erde berühren. Nach einem Stieropfer wurden die Zweige verteilt und in den Hütten aufgehängt. Sie galten als Friedenssymbol, sollten Wunder wirken, Glück bringen, vor Blitz, Krankheit und Hexen schützen und vor allem die bösen Geister abwehren, die dem Volksglauben nach um die Zeit der Wintersonnenwende die Menschen bedrohten. Man trug die Mistelbüsche auch als Freundschaftszweige in die Häuser der Nachbarn. Wenn sich Feinde unter einem Mistelzweig trafen, so umarmten und versöhnten sie sich. Das ist wohl der Ursprung des Kusses unter dem Mistelzweig.

England und Frankreich haben uns den Mistelzweig als Adventsgrün geschenkt, auch den Brauch, sich an Weihnachten unter dem Mistelzweig zu küssen. Für Paare bedeutet das eine ewig währende

Liebe. Im angelsächsischen Sprachgebrauch werden Mistelzweige meist schon gar nicht mehr als „mistle", sondern einfach als „christmas" bezeichnet.

Die Germanen glaubten, die Misteln seien vom Himmel gefallen und dabei im Geäst hängengeblieben; Grund genug, sie dem allmächtigen Donar zu weihen. Natürlich waren Misteln im Mittelalter auch als Hexen- und Zauberpflanzen offenbar unentbehrlich.

Bis in die heutige Zeit hat die Mistel ihre zauberkräftige Wirkung behalten. Seit geraumer Zeit beschäftigt sie auch die Phytochemiker. Da die Pflanze seit dem Altertum immer wieder für alle möglichen und zum Teil sogar recht obskuren Zubereitungen empfohlen wurde, erscheint dieses Interesse verständlich. So wird beispielsweise recht kontrovers diskutiert, worauf denn eigentlich die der Mistel nachgesagte blutdrucksenkende und auch immunsteigernde Wirkung zurückzuführen ist. Ebenso strittig ist, ob in Misteln wirklich ein tumorhemmendes Mittel enthalten ist und ob sich die Pflanze wirklich als geeigneter Kandidat für die Krebstherapie anbietet.

Der „Tannenbaum" an Weihnachten ist eine Fichte

In unserem Sprachgebrauch werden die Fichten als „Tannen" bezeichnet, und Fichtenzapfen sind eben „Tannenzapfen". Die Weißtanne, die man früher als Licht- und Weihnachtsbaum aufstellte, ist von der Massenware Fichte verdrängt worden. Zudem gab es in unserem Raum nie richtige Tannenwälder: Der „Tannenbaum" an Weihnachten ist eine Fichte.

Ausgedehnte, majestätische Tannenwälder, wie sie früher einmal im Gebirge anzutreffen waren, sind verschwunden. Nur in den Vogesen, im Schwarzwald, im Frankenwald und im Bayerischen Wald stehen noch kümmerliche Reste der einstigen Pracht. In den dunklen Hallen der früheren Tannenwälder haben viele unserer Märchen und Sagen ihren Ursprung. Dort haben sich solch abenteuerliche Geschichten ereignet, wie sie Christian Hauff in seinem Märchen „Das kalte Herz" erzählt.

Die Tannen sind wahrlich selten geworden. Viele verdorren, ihre verwegenen Kronen verwelken zu schäbigen Besen. Im Tannenwald begann das Waldsterben.

Von Natur aus sind Weißtannen anspruchsvolle Gebirgsbäume, die frische bis feuchte, tiefgründige, lehmige, fruchtbare Böden und schattige Lagen bevorzugen. Diese Bedingungen werden besonders an West- und Nordhängen im Gebirge erfüllt.

Der erste urkundlich erwähnte Weihnachtsbaum soll 1539 im Straßburger Münster gestanden haben. Doch die Kirche wetterte dagegen, waren es doch ursprünglich heidnische Bräuche, immergrüne Zweige, Bäume und Sträucher zu den Mittwintertagen in die Stube zu nehmen. Doch es nützte nichts. Der geschmückte Lichterbaum erfreute sich so großer Beliebtheit, ob heidnisch oder christlich, jede Elsässer Familie wollte zu Weihnachten ihren Tannenbaum. Die erste Beschreibung des weihnachtlichen Tannenbaumes stammt aus dem Jahre 1606: „Auff Weihnachten richtet man Dannenbäum zu Strasburg in den Stuben auff, daran hencket man roßen auß vielfarbigem Papier geschnitten, Aepfel, Obladen, Zischgold, Zucker. Man pflegt darum ein viereckent ramen zu machen ..."

1765 beschreibt der junge Goethe einen Weihnachtsbaum, der im Hause der Mutter von Theodor Körner in Leipzig aufgestellt war: „Mit allerlei Süßigkeiten behangen, darunter Lamm und Krippe mit zuckernem Christkind. Davor stand ein Tischen mit Pfefferkuchen für die Kinder." Aber erst um 1870 hat sich der Brauch über ganz Deutschland verbreitet.

Die Kraft und Majestät der Tanne, ihr balsamischer und belebender Duft, haben schon in früheren Zeiten die Menschen dazu angeregt, sie zu Heilzwecken zu gebrauchen. Das Tannenharz, als „Elsässer Terpentin" im Handel, war hochgeschätzt. Es strömte einen starken Duft nach Zitronen und Gewürzen aus. In vielen Salben und Pflastern war das Tannenharz enthalten. Heute wissen wird, daß es durch seine antiseptische Wirkung zu Recht als Wundheilmittel verwendet wurde. Das Harz wirkt außerdem durchblutungsfördernd und wird deshalb noch heute in Rheuma- und Arthrose-Salben gemischt.

Auch die frischen Triebe werden wegen ihres hohen Gehaltes an ätherischen Ölen zum Heilen verwendet. Sie wirken auswurffördernd bei Husten und Verschleimung, nervenstärkend bei Aufregung und Streß.

Neue Besen kehren gut

Unsere Vorfahren kehrten mit Besen („Hexenreisern") die Winterunholde, bösen Geister und Dämonen aus dem Haus, und der gesellig wachsende Besenginster war im Mittelalter ein wirksamer Schutz gegen Hexerei. Seine harten, zweigähnlichen Stengel wurden auch als Kaminbesen genutzt, wodurch verständlich wird, daß die Hexen nach dem endgültigen Sieg des Frühlingsgottes über die Mächte der Finsternis auf einem Besen reitend das Haus durch den Schornstein verlassen: Hexennacht – Walpurgisnacht.

Einzelne Besenruten lagen früher auf dem Küchenschrank und die Buben hatten einen Heidenrespekt davor. Das war der Schlagbesen des Vaters, der damit den Ungehorsam der Kinder bestrafte. Doch die strafende Rute des Nikolaus war ursprünglich das Reis, das Symbol der Fruchtbarkeit, durch dessen Berührung mitten im Winter die Hoffnung auf das Licht der Sonne wachgerufen wurde: Das Reis war die Lebensrute.

Das früheste geflügelte Wort aus dem deutschen Sprachschatz stammt aus Freidanks „Spruchdichtesammlung" (um 1230), betitelt „Bescheidenheit": „Der niuwe beseme kert vil wol, e daz er stoubes werde vol": „Der neue Besen kehrt sehr wohl, eh' daß er Staubes werde voll." Daraus wurde das sprichwörtlich gebrauchte „Neue

Besen kehren gut". Der Besen, das „Zusammengebundene", war der „Staubsauger" unserer Vorfahren.

Zu den bäuerlichen Winterarbeiten gehörten früher neben dem Flechten von Körben, Stühlen und Kuchendeckeln und dem Binden von Besen auch das Herrichten des Geschirrs und der Zugseile, das Ausbessern der Wagen und Wagenräder, das Schärfen der Äxte und Beile und das Anspitzen der Bohnenstangen.

Auf den Bauernhöfen standen neben den Obstgärten gewöhnlich an den Grenzen zu den Nachbargrundstücken sogenannte „wilde" Bäume: Birken zur Erlangung der nötigen Besenreiser, ein paar Weiden für Körbe, Stühle, Mulden, Schippen und Tröge, dazu Eschen, die jährlich geköpft wurden, so daß man die schlanken Zweige binden und zum Trocknen an Zäunen aufrichten konnte. Im Winter wurden sie den Schafen auf die Hilte gegeben. Die Tiere fraßen Blätter, kleine Zweige und die Rinde. Von den dicken Astteilen nagten sie den Bast ab. Mit diesen abgenagten Ästen wurden Zäune repariert und gebaut. Zwei bis drei Eichen standen auf dem Hof. Sie gaben Futter für die umherlaufenden Schweine. Schließlich gab es da noch den Walnußbaum und den Holunderstrauch, letzterer dicht an der Hauswand zur Abwehr von winterlichen Dämonen und zur Bereitung von heilenden Wintertees.

Ferne Erinnerungen an Groß- und Urgroßvaters Zeiten werden wach, Erinnerungen an die heimelige Atmosphäre in der gemütlich warmen Besenbinderstube: In mehreren Reihen lagen dicke Birkenreiser-Bündel („Birkenhecken") mit Ruten verschiedener Länge auf den Dielen. Im November wurden die Besenreiser draußen geschnitten, an Ort und Stelle die abstehenden Seitentriebe um die innere Rute aufgedreht und die Nebenästchen am Reiseranfang ausgeputzt. Über Winter wurden die Besenreiser auf dem Speicher getrocknet.

Am besten waren Reiser von sieben- bis achtjährigen Birken, weil sie noch schlanker und biegsamer sind als Ruten von älteren Bäumen. Diese sind meist zu storzig und brechen leichter. In der Besenbinderstube wurden die Reiser der Länge nach sortiert. In jede Hand kamen sieben lange Ruten, wurden nach unten fest zusammengedreht, über dem Knie mit einem Ring gespannt, die beiden Bündel überkreuzt und zum „Geißfuß" zusammengesteckt. Weitere Ringe aus Draht oder Seil – sechs bis sieben an der Zahl – wurden nach und nach um die gedrehten und gespannten Reiserbündel gesetzt. In einem der mittleren Ringe steckte man dann kürzere, etwas angespitzte Ruten rundum ein, bis der Besen eine bestimmte Handlichkeit hatte und die Kehrseite „bauschig" wurde. Der Griff wurde „bündig" geschnitten, noch vorhandene Stielreste glatt abgeschnitten, damit die Finger beim Kehren nicht aufrissen. Zum Schluß wurden die überstehenden Rutenspitzen an der bauschigen Kehrseite des Besens abgeschnitten.

Für die Herstellung der Besenringe haben früher die Besenbinder keinen Draht verwandt – der war zu teuer – sondern „Hassele-Stecke" (Haselstrauch), die „Scheenstecke". Die „Hassele" waren etwa 1,50 m lang und so dick wie Flaschenköpfe. Die „Stecke" wurden am Ende eingekerbt, von den Kerben aus die Rinde in $1/2$ cm breiten Riemen (Schalen oder Schienen) abgeschält. Die abgeschälte Rinde war das Flechtmaterial für das Zusammenbinden der Besenreiser.

Jeder Hof hatte früher ein ganzes Sortiment von Besen, zumeist aus Birkenreisern gebunden. Seltener waren Strohbesen, ganz selten Ginsterbesen. Letztere waren kurz und mit einem Stock versehen.

Die Besen fanden eine vielfältige Anwendung. Die Häuser wurden gekehrt, der Stall, der noch ungepflasterte Hof, die Scheune, die Wege, der Misthaufen, Laub im Herbst und Schnee im Winter.

„Nichts wurde unter den Tisch gekehrt" bei unseren Vorfahren. Doch den „Dorfbesen" gab es überall. Doch auch diese Zeiten sind längst vergangen: „Damals auf dem Dorf war vieles anders."

Kerzen im Advent

Der Adventskranz symbolisiert das magische Zeichen des Ringzaubers unserer Vorfahren: Der Kranz ist der geschlossene Kreis, in dessen Mitte man vor den bösen Geistern der Mittwinterzeit geschützt ist. Grüne Kränze oder Kränze aus geflochtenem Stroh bringen Segen und wehren das Unheil von allem, was Frucht tragen soll. Deshalb werden die Zauberkränze zusätzlich mit goldenen und roten Bändern umwunden: Gold und rot als Farbe des Lichts und des Lebens. Im Adventskranz kommt die Sehnsucht nach der Sonne zum Ausdruck, der Kranz symbolisiert auch das Sonnenrad. Mit dem Näherkommen der Wintersonnenwende zünden wir an jedem Sonntag im Advent eine Kerze mehr an. Damit versichern wir uns, daß es bald wieder heller wird. Die christliche Kirche hat das Fest der Geburt Christi auf die Tage der Wintersonnenwende verlegt: Es erscheint „das Licht der Welt".

Aus dem heidnischen grünen Zauberkranz hat der Hamburger Johann Heinrich Wichern, Begründer der Inneren Mission, den Adventskranz gemacht. Zuerst hat er die Adventstage nur mit Kerzen feiern lassen. Die erste Kerzenandacht war 1838. Jeder Tag im Advent wurde durch eine brennende Kerze symbolisiert, am Heiligen Abend brannten dann alle Kerzen. Für diese Kerzenfülle richtete ihm ein befreundeter Architekt einen gewaltigen Kronleuchter her, einen Holzreifen von zwei Metern im Durchmesser, der im Versammlungshaus des Rauhen Hauses hing.

Zuerst waren nur die Wände des Saales mit Grün geschmückt, dann umwanden die Brüder auch den Kranz mit Tannenzweigen. Das war 1860. Wicherns Mitarbeiter verbreiteten die Sitte des Adventskranzes in ganz Norddeutschland. Aus dem großen Kronleuchter von einst wurde der aus Fichten- oder Tannengrün geflochtene Kranz, der schließlich nur noch mit vier Kerzen besteckt war, für jeden Adventssonntag eine.

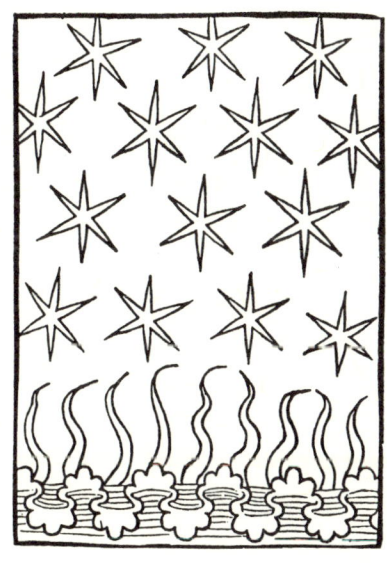

Die Donnerstage im Advent hießen „Klöpfelnächte" oder

„Klopfertage". An diesen Abenden zogen Erwachsene und Kinder von Haus zu Haus, klopften mit Ruten oder hölzernen Hämmerchen an Türen und Fensterläden und bettelten um Äpfel, Nüsse und Backwerk. Durch diese Klopf- oder Lärmumzüge sollten wohl auch die heidnischen Winter-Unholde vertrieben werden. Der Donnerstag war dem Donar heilig: Daß mit Holz auf Holz geschlagen wurde, mag auch mit dem Erwecken des organischen Wachstums zur Wintersonnenwende zusammenhängen.

Oder erinnert der Klöpfel-Brauch an die ersten Christen, die sich zu ihren heimlichen Versammlungen durch verabredete Klopfzeichen benachrichtigten? So deutet es die Kirche. Andernorts wird erzählt, das Klopfen gehe auf die Pestzeit zurück. Menschen liefen von Haus zu Haus, warfen Erbsen gegen die Fensterläden, um festzustellen, wer noch lebte.

Nikolaus und Ruprecht, Christkind und Hans Trapp, Andreas und Barbara, Luzelfrau (Lucia) und Thomas, Julbock und Frau Holle sind uralte Adventsgestalten, sonderbare Mischungen aus Heiligen und Naturgottheiten. Christlicher Segen und Wachstumszauber vermischen sich. Daß sich diese Gestalten fast alle an die Kinder wenden und ihnen Gaben bringen, hat ursprünglich nichts mit Liebe oder Kinderfreundlichkeit zu tun. Im Kind haben unsere Vorfahren die junge Lebenskraft verehrt. Die Verehrung des Kindes spiegelt den Kampf zwischen Winter und Sommer, zwischen Dunkelheit und wiederkehrendem Licht in der Mittwinterzeit. In der christlichen Deutung weist die Bescherung des Kindes auf die bevorstehende Geburt des Herrn hin.

Das Christkind kommt selten in Weiß

Vielfach regnerisch-mildes Wetter herrscht von Mitte November bis um den 9. Dezember, wobei die erste Dezemberwoche oft den ergiebigen „Adventsregen" bringt: „Andreas (30. November) öffnet die Schleußen, St. Nikolaus spült die Ufer aus, Barbara (4. Dezember) bringt Sturm und Regen, doch Lucia (13. Dezember) kommt er ungelegen." Immerhin ist Lucia die Lichtheilige, die in der Regel der Jahre Hochdruckwetter bringt.

Die Witterungsbeschreibungen der Literatur und in Gemälden sowie unser unzulängliches Gedächtnis, das regnerische Sommer und milde Winter gerne verdrängt und sonnige Sommer und strenge Winter vergangener Zeiten ins Bewußtsein zurückholt, prägen unsere Vorstellungen von den Jahreszeiten. So ein Schubladendenken über goldene Sommer und tief verschneite Winter ist natürlich auch bequem. Aber gerade in Mitteleuropa ist charakteristisch, daß Mittelwerte in den seltensten Fällen auftreten. Viel häufiger ist es eben „zu warm" oder „zu kalt", „zu regnerisch" oder „zu trocken". Gerade die Veränderlichkeit des Wetters ist also bei uns das Normale. Und das „Normale" gerät rasch in Vergessenheit.

Frühlingshaft warme November und Dezember hat es immer wieder gegeben, sie häuften sich allerdings im letzten Jahrzehnt. In den meteorologischen Aufzeichnungen von 1895/96 bis 1927/28 fehlen die strengen Winter. Für viele war darum der überaus kalte Winter 1928/29 eine Überraschung. Minus 37,8 Grad Celsius, am 11./12. Februar 1929 gemessen, stellen den absoluten Kälterekord der vergangenen 200 Jahre dar. Aber auch der Februar 1956 war wahrlich „arktisch". Schließlich ging auch der Winter 1962/63 als einer der kältesten in die Geschichte der Meteorologie ein. Über 90 Prozent unserer Schleiereulen fielen jenem Winter zum Opfer. Nach einer Pause von 133 Jahren ließ er den Bodensee wieder vollständig zufrieren.

Alte Chroniken berichten aber weit mehr von besonders milden Wintern. Ungewöhnliche Wärme brachte der Winter 1289/90. Bis

Weihnachten trugen die Bäume ihr grünes Laub, im Februar gab es schon reife Erdbeeren. Im Jahr 1328 sollen die Obstbäume bereits im Januar geblüht haben, die Weinstöcke im März. Als mildester Winter dieses Jahrhunderts wird der Winter 1974/75 bezeichnet. Damals war es um Weihnachten 14 Grad wärmer als an Ostern. Die Forsythien blühten an Silvester, die Hasel stäubte an Weihnachten. Die höchsten Wintertemperaturen wurden am 29. November 1930 mit plus 22,6 Grad, am 11. Dezember 1915 mit plus 19,7 Grad, am 9. Januar 1877 mit 19,5 Grad und am 26. Februar 1900 mit 24,5 Grad gemessen.

Die Wetterforscher wissen auch, daß es nur etwa alle zehn Jahre einmal weiße Weihnachten gibt. Das Christkind kommt also selten in Weiß, meist in Grün. Das sahen unsere Vorfahren höchst ungern. Sie wollten eine dicke Schneedecke im Dezember, daß die Saat nicht erfriert: „Im Dezember sollen Eisblumen blühen, Weihnachten sei nur auf dem Tische grün."

Nach den Dezember-Singularitäten stellt sich gerne um den 19./20. Hochdruckwetter mit Frost ein, das allerdings nicht lange anhält und um den 23./24. Dezember in Tauwetter übergeht. Dieses berühmte „Weihnachtstauwetter" ist eine „ganz normale" Wettererscheinung. Ist es von Weihnachten bis zum Dreikönigstag (6. Januar) sehr mild, so folgt in der Mehrzahl der Jahre auch ein milder Januar und Februar.

Bitten wir Petrus unseren Kindern zuliebe mal wieder um „weiße Weihnachten" und hoffen dann auf die Gültigkeit der Bauernregel, die uns ein zeitiges Frühjahr mit „grünen Ostern" verspricht.

Der „Weihnachtsstern" ist keine Blüte

Die beliebteste Blumentopfpflanze der Deutschen in der Weihnachtszeit ist der Weihnachtsstern, bei den Gärtnern auch Poinsettie oder Poinsettia genannt. Alle Jahre wieder hat er zur Adventszeit Saison: eintriebig-mehrtriebig, und jetzt sogar als

Hochstamm. An seiner Spitze trägt er einen Blätterstern – auffallend rot gefärbt, wie es sich eben für eine echte Weihnachtsfarbe gehört. Doch auch rosa, weiße, gelbe und zartgemusterte Sterne bringen mitten in der Winterzeit bunte Frühlingsträume in die warme Stube. Doch dieser auffallend gefärbte, große Blätterstern ist nicht die Blüte der Pflanze, die aus Mexiko zu uns gekommen ist. In Mexiko werden die wildwachsenden Büsche bis zu drei Meter hoch.

Die eigentlichen Blüten sind unscheinbar klein und gelb und fristen zwischen den roten Blättersternen ein bescheidenes Dasein. Damit sie aber trotzdem von Insekten besucht werden, die die Pflanze in ihrer Heimat bestäuben, täuschen die obersten Laubblätter in ihrer meist purpurroten Farbe eine große Blüte vor.

Übrigens ist der Weihnachtsstern mit unseren heimischen Wolfsmilcharten (Euphorbia) nahe verwandt. Auch aus ihm tropft eine milchige Flüssigkeit, wenn seine Blätter verletzt werden. Vorsicht vor der roten Schönheit! Der Milchsaft des Weihnachtssterns ist sehr giftig. Keinesfalls darf er kleinen Kindern in die Augen kommen.

„Aber ach, wie bald schwinden Schönheit und Gestalt!" Das trifft besonders auf den Weihnachtsstern zu, der schon gerne nach den Festtagen seine Blätter verliert und nach dem „Verblühen" in der Mülltonne landet. „Kalte Füße" darf der Weihnachtsstern nicht bekommen!

Die Pflanze hat natürlich ihre Standortwünsche. Ein möglichst helles, aber keinesfalls sonniges Plätzchen, fernab vom Heizkörper, ist ihr angenehm. Bei überhitzten Wohnräumen oder zu sonnigem Blumenfenster verblaßt der schöne „Blütenstern" bald. Und Zugluft verträgt der Weihnachtsstern überhaupt nicht! Hin und wieder sollte man ihn mit Wasser besprühen und während der Blütezeit alle vierzehn Tage mit Flüssigdünger versorgen. So gehegt und gepflegt, erfreut uns der Weihnachtsstern monatelang; oft blüht er noch zur Osterzeit. Aber spätestens dann hat er ausgedient und wirft die Blätter ab.

Jetzt greift man zur Schere und schneidet ihn bis auf fünfzehn Zentimeter zurück. Vorsicht! Der austretende Milchsaft darf nicht auf offene Wunden kommen! Man schützt sich mit Handschuhen. Im Laufe der nächsten Wochen treibt die Pflanze neu aus. Im Juli wird umgetopft und die Pflanze ins Freie an einen schattigen Platz gestellt. Sechs Wochen nach dem Umtopfen wird wieder gedüngt. Während der Sommerzeit bildet der Weihnachtsstern nur grüne Blätter. Aber wie kommt die Pflanze ein zweites Mal zum „Blühen"? Ab September braucht die Kurztagepflanze die lange Nacht, um wieder farbige Hochblätter zu bilden. Nicht mehr als zehn Stunden Licht am Tag darf der Weihnachtsstern bekommen. Die abendliche Zimmerbeleuchtung, das Licht des Fernsehgerätes, ja selbst das der Straßenbeleuchtung am Fenster stört ihn und verhindert die Knospen- und Sternbildung. Also muß dem Weihnachtsstern die lange Nacht vorgetäuscht werden. Man stülpt der Pflanze eine schwarze Folienhaube von 18 Uhr abends bis 8 Uhr morgens über. Die Dunkelheit regt sie an, ihre roten Blättersterne bis Weihnachten wieder auszubilden. Bei abendlichem Licht wuchert die Pflanze. Sie hat dann an den Festtagen zwar hübsche grüne Blätter, aber eben keine „Weihnachtssterne", die vom warmen Fensterplatz hinaus in den Wintertag leuchten.

„Es ist ein Ros' entsprungen …"

Sie ist eine echte Winterblume, ein Kind des Mondes, nicht der Sonne: Die Christrose oder Schwarze Nieswurz, im Volksmund auch als Christwurz, Schneerose und Schneekatze bekannt. In Frankreich heißt die Pflanze „Rose de Noel" und im englischen Sprachraum „Christmas Rose". Die Christrose erinnert an die Blüte Jesse, die mitten im Dunkel der unerlösten Welt aufblühte.

Sie verträgt extreme Kälte, liebt den Schnee, und vielleicht öffnen sich ihre weißen Blüten gerade über Weihnachten.

Eigentlich ist sie eine kalkliebende Pflanze der Gebirgswälder, unsere Christ- oder Schneerose. Wer sie als Topfpflanze im Dezember blühend kauft, stellt sie an einen kühlen Ort. Im späten Frühjahr läßt sich die abgeblühte Pflanze ins Freie setzen. Das Pflanzloch wird ordentlich mit Kalkschotter unterfüttert. Darüber liebt sie es humos: leichten Lehm mit Lauberde und reifem Kompost. Die Nieswurz liebt den lichten Schatten, zumindest während der sommerlichen Ruhezeit, die gern trocken sein darf. Sie hat ihren Platz unter Sträuchern und Bäumen. Sie ist empfindlich gegenüber Verpflanzungen: es kann zwei Jahre dauern, bis sie sich mit einem neuen Standort abgefunden hat. Im ersten Sommer hängt das Laub erschreckend welk. Sie trauert. Gießen hilft da nichts, nur Geduld.

Auf dem Land galt früher die Christrose als Orakelblume. Man stellte in der Weihnachtszeit zwölf Blütenknospen ins Wasser. Jede Knospe bedeutete einen Monat, und man las das Wetter des kommenden Jahres an der Art und Weise ab, wie sich die Knospen öffneten. Die geschlossenen Knospen bedeuteten schlechtes Wetter, die offenen schönes.

Was die Heilkunde früher über die Christrose berichtete, ist verwirrend. Griechische Philosophen sollen sie gegessen haben, um sich die Geisteskraft zu erhalten. Die Römer sagten von einem Dummkopf: „Er hat die Nieswurz nötig." Doch wenig mehr als ein Gramm von der pulverisierten schwarzbraunen Wurzel kann zum Tode führen. Achtung also vor der schönen Giftigen! Wurzeln und Blätter enthalten das Herzgift Hellebrin und das Reizgift Helletorin. Nieswurz-Tinkturen sollen gut sein gegen Krämpfe und Psychosen, auch gegen Ausschlag und Kopfschmerz. Das mag für Ärzte gelten, nicht aber für Gärtner, Blumenliebhaber und Selbstversorger. In Heilpflanzenbüchern wird vor der Nieswurz gewarnt: „Im Hause sollte die Christrose wegen ihrer Giftigkeit nicht benutzt werden." Der pulverisierte Wurzelstock erzeugt einen heftigen Niesreiz, worauf auch ihr Name zurückzuführen ist. Bei Schnupfen haben sich die Römer damit die Nase „geputzt".

Erfreuen wir uns lieber mitten im Winter an ihrer wundervollen Blüte: „Es ist ein Ros' entsprungen aus einer Wurzel zart."

Zwischen den Jahren

Zum Zeitpunkt der Wintersonnenwende feiert die christliche Welt „Weihnachten", das Geburtsfest Christi. In der Frühzeit des Christentums war der 25. Dezember das Fest von Johannes dem Täufer. Im Jahre 354 hat die Kirche das Geburtsfest Christi vom 6. Januar auf den 25. Dezember verlegt, um dem Mithraskult-Anhänger abzuwerben.

Die Bezeichnung „Weihnacht" taucht um 1170 zum ersten Mal in einem christlichen Gedicht auf. Doch schon in vorchristlicher Zeit wurden die Nächte nach der Wintersonnenwende „geweihte Nächte" genannt.

Die „Zwölf Nächte" zwischen Weihnachten und Dreikönig heißen auch die Rauh- oder Rauchnächte. Sie dienen als Orakeltage für Wetter und Schicksal in den kommenden zwölf Monaten. Der Name kommt vom Ausräuchern der bösen Geister und Dämonen.

In dieser Zeit zwischen den Jahren sollte man alle geliehenen Gegenstände zurückgeben. Man achte auf seine Träume, denn sie gehen in Erfüllung.

In den zwölf Nächten herrschte in vorchristlicher Zeit allgemeiner Friede; die Waffen ruhten, der persönliche Streit wurde in der Öffentlichkeit geschlichtet. Noch im Mittelalter gab es Männer, die über diese Feiertags- und Waffenruhe wachten. Bis in unsere Zeit hinein herrscht die Sitte, die die Sinnlosigkeit von Kriegen deutlich macht, in den Weihnachstagen das gegenseitige Feuer einzustellen.

Es ist die dunkelste Zeit des Jahres. In diesen langen, unheimlichen Rauhnächten haben die Dämonen und Geister die größte Macht über die Lebenden. Das „wilde Heer" Wodans braust über das Land, Frau Holle zieht mit ihrem Gefolge durch die Lüfte. Deshalb bleibt man im Haus, lädt Freunde ein, um den Schutz des Hauses noch zu verstärken. Man feiert nach Herzenslust.

Die erste Rauhnacht ist der Heilige Abend. In den Alpentälern gingen die Bauern durch Haus, Hof und Stall, um die bösen Geister mit christlichem Weihrauch und Weihwasser auszutreiben.

Gastlichkeit herrschte zwischen Weihnachten und Dreikönig überall. Die zwölf Tage lang stand jedem jedes Haus offen. Jeder tischte auf, was er besaß. Es wurde gesungen, gespielt und gerätselt. Es gab Musik und Tanz.

In diesen Nächten „zwischen den Zeiten" ging es neben der Abwehr der bösen Geister durch Ausräuchern und Vertreiben mit Geknalle und lärmenden Umzügen vor allem um das Licht, das die Dunkelnächte im Mittwinter und das kommende Jahr erhellen sollte. So haben auch die Feuerwerke an Silvester ihren Ursprung in den alten Sitten unserer Vorfahren, durch Knallen und Licht die Dunkelheit zu verjagen.

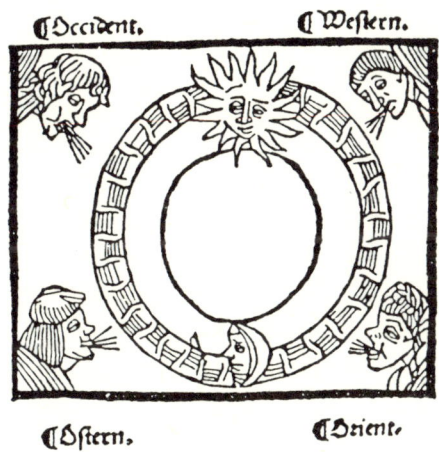

Ausgeprägte Singularitäten

Es gibt in Mitteleuropa Wetterlagen, die im Jahresablauf mehr oder weniger regelmäßig auftreten. Der Meteorologie spricht von Singularitäten. Aus mehr als hundertjährigen Beobachtungen weiß man, daß sich zu gleichen Zeiten im Jahr ganz bestimmte Wetterlagen auffällig oft einzustellen pflegen, was sich dann auf die Temperatur und andere Wetterelemente auswirkt. Es gibt zwar kein Jahr, in dem alle Singularitäten vorkommen, aber beinahe in jedem Jahr ist eine Anzahl von Singularitäten klar ausgebildet.

Die Eisheiligen
Im engeren Sinne vom 11. bis 15. Mai, im weiteren Sinne vom 1./2. bis zum 20./21. Mai
Arktische, kontinentale Luftmassen aus Nordosten bringen Kälterückfälle mit Nachtfrösten. Spätfröste um den 8. und 20./21. Mai sind häufiger als in den Tagen zwischen dem 11. und 15. Mai.

Der Maiensommer (Mariensommer)
Zwischen dem 23. Mai und dem 1./2. Juni
Erste, ziemlich regelmäßige, sommerliche Schönwetterperiode mit trockenen, warmen Tagen und Tageshöchsttemperaturen bis 30 Grad C.

Die Schafskälte
Zwischen dem 5. Juni und dem 22. Juni mit dem Höhepunkt der Schafskälte um den 15. Juni
Starke Kaltlufteinbrüche zunächst mit Nordwinden, später Nordwestwinden. Die Schafskälte kommt regelmäßiger als die Eisheiligen.
Unterbrochen wird die Schafskälte durch einen kurzen „Johannissommer" um Johanni (24. Juni).

Mitteleuropäischer Sommermonsun
Stellt sich in der Mehrzahl der Jahre im Frühsommer mit längeren Regenperioden ein (Westwindtrifte). Er dauert 5 bis 8 Wochen von der Schafskälte bis zum 30./31. Juli. Nur kurze Schönwetterzeiten dazwischen, z. B. 12. bis 15. Juli = „Heusommer".

Die Hundstage
Zwischen dem 23. Juli und dem 24. August

In der Mehrzahl der Jahre unbeständiges Wetter zu Beginn mit größerer Schönwetterperiode im August zwischen dem 4. und 11. (oft Rekordwerte der Temperatur). Die „engeren" Hundstage werden oft abgelöst von schweren Gewittern zwischen dem 12. und 18. August.

Spätsommer – Schönwetterperiode = Aegidiussommer
Hochsommerlich warmes Spätsommerwetter vom 31. August bis 10./11. September

Altweibersommer
Im engeren Sinne die Zeit vom 21./22. September bis zum 30. Sept./ 1. Oktober. Der Altweibersommer ist die beständigste Hochdruckwetterlage des ganzen Jahres. Er geht oft mit kurzen Unterbrechungen in den *„Michaelissommer"* bis 22./23. Oktober über (Goldener Oktober). Ab erster Novemberwoche folgt der *„Martinisommer"*, der als spätherbstliche Schönwetterlage mit Nebel, Rauhreif und Frost bis zum 20. November andauern kann.

Weihnachtstauwetter
Milde Meeresluft bestimmt oft das Wetter zwischen dem 23./24. und dem 31. Dezember. Weiße Weihnachten gibt es bei uns im Schnitt der Jahre nur einmal alle zehn Jahre.
Dem Weihnachtstauwetter geht in der Regel ein kurzes Frostwetter voraus, der *„Adventsregen"* zwischen dem 15. und 19. Dezember mit Temperaturen bis 15 Grad C.

Hochwintersingularitäten
zwischen dem 15. und 27. Januar, dem 6. und 12. Februar und dem 19. bis 24. Februar: Strenges, trockenes Frostwetter mit den Tiefsttemperaturen des Jahres.

Märzwinter
in der ersten und zweiten Märzwoche
Kälteperiode mit Schneefällen verbunden: Ein Märzwinter stellt sich jedes 2. Jahr ein.

Literaturhinweise

Aloys Bernatzky, Leben mit Bäumen, Deutscher Fachschriften-Verlag, 1988
M. Cunow, Handbüchlein der Sympathie, Aurum-Verlag, 1978
Herve Filliptti, Zauber, Riten und Symbole, Bauer-Verlag, 1979
Ernst Daßler/Gisela Heitmann, Obst und Gemüse, Verlag Paul Parey, 1991
Susanne Fischer, Blätter von Bäumen, Hugendubel-Verlag, 1980
Brigitte und Peter Franke, Hausbuch für die Familie, Auer-Verlag, 1988
Frohne/Pfänder, Giftpflanzen, Wissenschaftliche Verlagsges., 1987
Georg Haddenbach, Bauernregeln, Bauernweisheiten, Bauernsprüche,
  Falken-Verlag, 1986
Werner P. Heyd, Bauernweistümer, 2. Band, Maximilian Dietrich Verlag,
  1973
Norbert Jorek, Gewürzpflanzen, Belser-Verlag, 1982
Klaus-Dietrich Petersen, Zitaten-Lexikon, Merit-Verlags GmbH, 1984
Vera Schauber/Hanns Michael Schindler, Heilige und Namenspatrone im
  Jahreslauf, Pattloch Verlag, 1992
Ernst Schneider, Nutze die Heilkraft unserer Nahrung, Saatkorn-Verlag, 1985
Sybil Gräfin Schönfeldt, Feste und Bräuche, Ravensburger Verlag, 1980
Bruno Vonarburg, Das Kräuterjahr, Gräfe und Unzer, 1983
Michael Zohary, Pflanzen der Bibel, Calwer Verlag, 1983